suhrkamp taschenbuch
wissenschaft 1273

In der Geschichts- und Literaturwissenschaft wird der Beginn des modernen deutschen Nationalismus gemeinhin mit der Französischen Revolution und den Befreiungskriegen angesetzt. Diese Datierung wird in dem hier vorgelegten Band als historisch falsch und sachlich ungenügend kritisiert. Er zeigt, daß deutsche Schriftsteller schon seit der Mitte des 18. Jahrhunderts an der Ausformung eines aggressiven und fremdenfeindlichen Vaterlandsdiskurses gearbeitet haben; bereits 1740, 1760 und 1770 wurde in literarischen Texten Haß auf die Feinde des eigenen Volkes gepredigt und für Deutschland gestorben und gemordet. Dieser frühe, bisher unterschätzte »dunkle« Nationalismus mitten in der »hellen« Aufklärung ist hervorgegangen aus männlichen Identitätswünschen in der sozialen Umbruchsituation des 18. Jahrhunderts; er verschärft die frauenfeindlichen Züge des zeitgenössischen Patriarchismus. Nach 1800 verbindet er sich mit dem traditionellen Judenhaß und öffnet den Weg zum modernen Antisemitismus. – Die historisch und systematisch argumentierende Darstellung stützt sich auf die Arbeiten der neueren Nationalismusforschung (Benedict Anderson, Ernest Gellner, M. Rainer Lepsius). Der Ansatz, Nationalismus als eine »gedachte Ordnung« zu begreifen, ermöglicht es zum ersten Mal, die Trennung in einen Gemeinschaft stiftenden »guten« und einen ausgrenzend aggressiven »bösen« Nationalismus zu überwinden; mit ihm lassen sich zwei weitere, für die deutsche Nationalismusforschung wichtige Problemkomplexe sinnvoller untersuchen als bisher: die Rolle, die Schriftsteller und »Dichter« bei der Entwicklung nationaler Vorstellungen gespielt haben, und die Entstehung des deutschen Nationalismus zu einer Zeit, in der ein deutscher Nationalstaat noch gar nicht erkennbar war.

Hans Peter Herrmann, geb. 1929 in Weimar, studierte Deutsche Literaturgeschichte und Geschichte in Göttingen und Freiburg i. Br.; 1952 Dr. phil., 1967 Habilitation, 1968-1994 Professor für Neuere Deutsche Literaturwissenschaft an der Albert-Ludwigs-Universität in Freiburg.

Hans-Martin Blitz, geb. 1967 in Konstanz, studierte Deutsche Literaturgeschichte, Geschichte und Philosophie in Konstanz, Hamburg und Freiburg i. Br.; 1995 Erstes Staatsexamen in Freiburg.

Susanna Moßmann, geb. 1966 in Freiburg i. Br., studierte Deutsche Literaturgeschichte, Volkswirtschaftslehre und Geschichte in Hamburg, Grenoble und Freiburg i. Br.; 1994 Magister Artium der Albert-Ludwigs-Universität Freiburg.

Machtphantasie Deutschland

Nationalismus, Männlichkeit und Fremdenhaß
im Vaterlandsdiskurs deutscher Schriftsteller
des 18. Jahrhunderts

Von Hans Peter Herrmann
Hans-Martin Blitz
Susanna Moßmann

Suhrkamp

Die Deutsche Bibliothek – CIP-Einheitsaufnahme
Machtphantasie Deutschland :
Nationalismus, Männlichkeit und Fremdenhaß
im Vaterlandsdiskurs deutscher Schriftsteller
des 18. Jahrhunderts /
von Hans Peter Herrmann ; Hans-Martin Blitz ;
Susanna Moßmann. –
1. Aufl. – Frankfurt am Main :
Suhrkamp, 1996
(Suhrkamp-Taschenbuch Wissenschaft ; 1273)
ISBN 3-518-28873-3
NE: Herrmann, Hans Peter; Blitz, Hans-Martin; Moßmann, Susanna;
GT

suhrkamp taschenbuch wissenschaft 1273
Erste Auflage 1996

Satz und Druck: Wagner GmbH, Nördlingen
Printed in Germany
Umschlag nach Entwürfen von
Willy Fleckhaus und Rolf Staudt

1 2 3 4 5 6 – 01 00 99 98 97 96

Inhalt

»*Nation! Volk!* einen Körper, der *Vaterland* heißt.«
(Johann Gottfried Herder, 1774)

»Es ist der Nationalismus, der die Nationen hervorbringt, nicht umgekehrt.«
(Ernest Gellner, 1983)

Hans Peter Herrmann
Einleitung

1. Zum Stand der Nationalismusforschung

Vom Nationalismus wird wieder gesprochen und geschrieben. Seit die vereinigten Deutschen neue Formen für ihr Zusammenleben suchen und ihre nationale Rolle in der Welt neu definieren müssen, seit rechtsradikale Gewalt in Deutschland ein innen- und außenpolitisches Problem geworden ist, seit der Zusammenbruch der sozialistischen Staaten nationale Identitätswünsche freigesetzt und Völker für nationalistische Parolen anfällig gemacht hat: seither sind nationale Themen in der Medienöffentlichkeit wie in der Wissenschaft »in«.

Das war nicht immer so. In den siebziger Jahren war Nationalismus politisch kaum noch ein öffentliches Thema, und wissenschaftlich schienen die intensiven Forschungen im Gefolge von Krieg und Naziherrschaft einen gewissen Abschluß gefunden zu haben.[1] Der Umschwung kam allerdings nicht erst 1989. Bereits gegen Ende der achtziger Jahre bewiesen repräsentative Sammelbände ein neu erwachtes Interesse am Thema[2]; der Historikerstreit von 1986 spiegelte dieses Interesse und trieb es weiter an. Und in der wissenschaftlichen Grundlagenforschung hatten bereits in den späten siebziger Jahren George L. Mosse[3] und Klaus Theweleit[4] neue methodische Wege der Nationalismusforschung eingeschlagen, waren 1983 die beiden das Feld neu ordnenden Arbeiten von Benedict Anderson und Ernest Gellner erschienen,

1 Einen guten Überblick über den damaligen Forschungsstand bietet Winkler 1978 a.

2 Weigelt 1984; Büsch/Sheehan 1985 (die zugrundeliegende Tagung war 1983); Garber 1989 a (Tagung: 1986).

3 Mosse 1976 (amerik. Original 1975).

4 Theweleit 1977; Theweleits Untersuchungen zur Freikorpsliteratur sind im akademischen Bereich bisher kaum rezipiert worden, obwohl ihr methodisches Verfahren und ihre Einsichten in die psychische Konstruktion und die Körpererfahrungen faschistischer Männer auch der Nationalismusforschung wichtige Anregungen und Einsichten zu geben haben.

die in Deutschland seit einigen Jahren zu wirken beginnen.[5] Seit Anderson und Gellner kann mit Recht davon gesprochen werden, daß »die Nationalismusforschung in Bewegung geraten« sei; mit Wolfgang Hardtwigs Aufsatzband, der diesen Satz an den Anfang seiner Einleitung stellt[6], ist die jüngste, exponierte Position in dieser neuen Richtung genannt.

Anderson wie Gellner brachen entschieden und methodisch reflektiert mit der Vorstellung, Nationen seien historisch notwendige, aus dem geschichtlichen Prozeß gleichsam von selbst herauswachsende Gebilde und der Nationalismus sei Begleiterscheinung dieser Entwicklung, logische Folge oder vernünftige, zukunftsträchtige Vorwegnahme des Entstehens einer Nation. In ihren erfrischenden, anregenden Untersuchungen beschrieben beide Autoren Nationen als kollektive Konstruktionen, als »invited communities« (Anderson) oder »imagined communities« (Gellner), und sie beschrieben den Nationalismus als diejenige Form kollektiven Bewußtseins, die allererst dazu führt, daß Menschen sich und ihre Gruppe als »Nation« definieren: »Es ist der Nationalismus, der die Nationen hervorbringt, nicht umgekehrt.«[7]

Der Ansatz, Nationalismus als eine »gedachte Ordnung« zu begreifen[8], ermöglicht es zum ersten Mal, die Trennung in einen Gemeinschaft stiftenden ›guten‹ und einen ausgrenzend aggressiven ›bösen‹ Nationalismus zu überwinden, die die Forschung bis dahin beunruhigt und gelähmt hatte. Und mit ihm lassen sich zwei weitere, gerade für die deutsche Nationalismusforschung wichtige Problemkomplexe sinnvoller untersuchen als bisher, zum einen die Rolle, die Schriftsteller und ›Dichter‹ bei der Entwicklung nationaler Vorstellungen gespielt haben, und zum andern die Frühgeschichte des deutschen Nationalismus im 18. Jahrhundert, zu einer Zeit, in der eine deutsche Nation, gar ein deutscher Nationalstaat auch nicht von ferne als realhistorische Gebilde prognostizierbar waren.

Diese drei Problemkomplexe stehen auch im Mittelpunkt unseres Bandes. Um dessen eigene Fragestellung zu entwickeln, muß ich

5 Anderson 1988 (engl. Original 1984); Gellner 1991 (engl. Original 1983).
6 Hardtwig 1994, S. 7.
7 Gellner 1991, S. 87; die Gegenposition z. B. bei Alter 1985, S. 14.
8 So Lepsius 1990, passim.

jedoch etwas ausführlicher auf den Forschungsstand hinsichtlich des 18. Jahrhunderts eingehen. Dazu im folgenden drei Positionen.

Zuerst die Überblicksdarstellung eines Literaturwissenschaftlers:

Die eigentliche Herausbildung nationaler Identitäten ist ein modernes Phänomen und in Europa im wesentlichen seit dem späten 18. Jahrhundert zu beobachten. Es war die Französische Revolution, die für den modernen Nationalismus eine besondere Wirkung zeitigte.[9]

Frühformen eines »kollektiven, ja nationalen Bewußtseins« habe es zwar schon bei Walther von der Vogelweide, im Humanismus und im Barock gegeben, aber erst im 18. Jahrhundert beginne die eigentliche Geschichte des modernen Nationalismus. Träger dieser Entwicklung sei in Deutschland die »bürgerliche Intelligenz«, die seit der Mitte des Jahrhunderts Vorstellungen von einer »nationalen Idee« ausgearbeitet habe. Diese nationale Idee sei ethisch und kulturell orientiert, postuliere die Liebe zum Vaterland und wolle der eigenen, erst noch zu schaffenden Nation einen angemessenen Platz in der Völkergemeinschaft sichern. Erst die Französische Revolution habe diesen humanistisch und kosmopolitisch ausgerichteten »Patriotismus« in einen militanten »Nationalismus« umgewandelt, dessen Verschärfungen und Ideologisierungen die Geschichte des 19. und des 20. Jahrhunderts in wachsendem Maße bestimmten – allemal, seit nach 1848 mit dem Ende der bürgerlichen Emanzipationsbewegung auch »die alten universalistischen Ideale von Freiheit und Gleichheit, Toleranz und Humanität« dem Streben nach nationaler Einheit untergeordnet wurden.

Ähnlich argumentiert der Historiker Ernst Schulin; auch er läßt die Geschichte des deutschen Nationalismus im weiteren Sinn mit dem 18. und im engeren Sinn mit dem Anfang des 19. Jahrhunderts beginnen[10], und er trifft sich darin mit dem historisch interessierten Soziologen: Bernhard Giesen beschreibt im 18. Jahrhundert ein geschichtlich neues »Gemeinschaftsdenken«, einen kollektiven »Code«, der um die Vorstellung der Nation

9 So Helmut Scheuer im jüngsten literaturwissenschaftlichen Sammelband zum Thema »Nationalismus in Deutschland«: Scheuer 1993, S. 9; die folgenden Stellen S. 9-11.

10 Auch er faßt in einem auf die aktuelle ›Einheitsdiskussion‹ bezogenen Sammelband die Forschung zusammen: Schulin 1992.

herum konstruiert worden sei; und auch für ihn besteht eine scharfe Trennung zwischen dem moralisch und weltbürgerlich ausgerichteten Patriotismus der Aufklärung und dem auf Abgrenzung und Hypostasierung der Nation ausgerichteten Nationalismus der Romantik.[11]

Die fachübergreifende Ähnlichkeit dieser drei Urteile ist signifikant für den breiten Konsens einer interdisziplinär gewordenen Forschung, in der sozialwissenschaftliche Einsichten in die Literatur- und Geschichtswissenschaft eingedrungen sind, in der die Historiographie sich der sozialen Bedeutung kultureller Phänomene zugewandt hat und die Soziologie sich für die historischen Umbruchsprozesse am Beginn der modernen Kultur interessiert. Das komplexe, folgenreiche und immer noch aktuelle Phänomen des Nationalismus kann offenbar nur mit einer Kombination unterschiedlicher Methoden und Sichtweisen verstanden werden, wobei es mit einem bloßen Überschreiten akademischer Fächergrenzen nicht getan ist[12], sondern gesellschaftstheoretische, geschichtstheoretische und sozialpsychologische Erklärungsansätze herangezogen werden müssen.[13]

Schulin und Giesen gehen von sozialpsychologischen Überlegungen aus, um die Entstehung des Nationalismus zu erklären. Giesen leitet ihn aus der Situation des Bildungsbürgertums im

11 Giesen 1993, S. 102 ff. und 130 ff.; die gleiche Position schon bei Giesen/Junge 1991.

12 Die Notwendigkeit disziplinübergreifender Forschung betont erneut und sehr entschieden Hardtwig 1994, S. 8. – Einen ganz eigenen, methodisch ehrgeizigen und interessanten Weg geht Dörner 1995 mit seiner an neueren Mythos-, Symbol-und Texttheorien orientierten Untersuchung. Auf seine Dissertation hatte schon ein methodisch pointierter Aufsatz neugierig gemacht: Dörner 1993. Dörners Buch konzentriert sich inhaltlich allerdings auf das 19. und 20. Jahrhundert (mit breitem Rezeptionsmaterial, das um Kleists *Hermannsschlacht* und das Detmolder Hermannsdenkmal herum gruppiert wird) und übernimmt für das 18. Jahrhundert unbesehen das traditionelle Patriotismus-Bild, auch in der überarbeiteten Taschenbuchfassung von 1996.

13 Für unsere Arbeiten wären weitere zu nennen, vor allem ein hermeneutischer Umgang mit den Texten sowie die Übernahme von Einsichten der Diskurstheorie und der Objektpsychologie. Die Liste ist nicht abschließbar, und ein einheitliches theoretisches Konzept, gar so etwas wie eine ›Nationalismustheorie‹ intendieren wir nicht, auch sind unsere eigenen Herangehensweisen durchaus unterschiedlich.

18. Jahrhundert ab. Sie sei bestimmt von der gruppenspezifischen Erfahrung umfassender sozialer, politischer und ideologischer Modernisierungsprozesse im 18. Jahrhundert; den damit verbundenen Orientierungsschwierigkeiten begegneten die Angehörigen dieser Schicht mit der Entwicklung neuer Vergemeinschaftungsformen (Lesegesellschaften, Vereine) und neuer handlungsleitender, kollektive Identität stiftender »Codes« wie dem Patriotismus.[14]

Den gleichen Sachverhalt benennt Schulin genauer als Zerfallsprozeß der feudal-ständischen Gesellschaft; durch ihn würden

> die traditionellen sozialen Bindungen der Menschen, besonders im Bürgertum, in Frage gestellt, gelockert, z.T. aufgelöst – personale, sichtbare Bindungen an die Herrschaft, an lokale, regionale, ständische oder religiöse Gruppen. Das Individiuum emanzipiert sich, bekommt Eigenwert, tritt in die unpersönliche, in den Abhängigkeiten nicht sichtbare commercial society, die beginnende Verkehrs-und Marktgesellschaft ein, sieht sich dem abstrakten Staat gegenüber, soll sich als ›Mensch‹, als Stück der (noch abstrakteren) Menschheit verstehen. Sozialpsychologisch läßt sich hieraus neben der Begeisterung für unbeschränkten Individualismus auch das Gefühl neuer Desintegration, das unsichere Gefühl der Heimatlosigkeit erklären.[15]

Aus dieser Heimatlosigkeit heraus würden die Konzepte einer neuen Heimat, des Vaterlands und der Nation, entwickelt.

Schulin wendet seine Beschreibung ins Allgemeine: »Nationales Denken, Nationalismus gehört zum Wandlungsprozeß jeder Gesellschaft beim Übergang in die Moderne.« In der Tat ist der »Zusammenhang zwischen Nationalismus einerseits und Modernisierung und Industrialisierung andererseits«[16] eine der am besten abgesicherten, breit akzeptierten Einsichten der Nationalismusforschung im europäischen wie im außereuropäischen Rahmen.

Sozialgeschichtliche Forschungsmethode, allgemeine Modernisierungsthese und spezielle Fundierung des modernen westeuropäischen und des deutschen Nationalismus in der gesellschaftlichen Umbruchsituation des 18. Jahrhunderts: das sind die drei Grund-

14 Giesen 1991, S. 263-273.

15 Schulin 1992, S. 110. Das folgende Zitat ebd.

16 Winkler 1978 b, S. 26. Ganz auf den Übergang zur Industriegesellschaft stellt Gellner 1991 seine Überlegungen zur Entstehung des Nationalismus ab.

linien eines breiten Forschungskonsenses[17], der auch für unsere Untersuchungen die Basis abgibt.

Aber jenseits solcher allgemeinen Übereinstimmungen widersprechen die Texte, die wir untersucht haben, wichtigen Details des oben referierten Bildes vom Nationalismus im 18. Jahrhundert. Sie widersprechen der beruhigenden Aufteilung in einen friedlichen, aufklärerischen Patriotismus während des 18. Jahrhunderts einerseits und einen militant-aggressiven, romantischen Nationalismus um 1800 andererseits. Bereits zu Beginn der Aufklärung zeigt sich deren Dialektik am Werke: bereits in den vierziger Jahren, mitten in der freiheitssüchtigen, vernunftorientierten, ›hellen‹ Aufklärung, wurden auch ›dunkle‹, irrationale und machtorientierte Selbstbehauptungswünsche und militante Aggressionsphantasien zu Papier gebracht. Patriotismus und Nationalismus lassen sich nicht in eine geordnete historische Abfolge bringen, beide gehören auch systematisch zusammen als die zwei miteinander verbrüderten Seiten neuzeitlicher Selbst- und Weltanschauung.

Unsere Texte widersprechen damit auch der säuberlichen Zäsur, die den ›eigentlichen‹, den aggressionsbereiten Nationalismus erst mit der Französischen Revolution und – für Deutschland – mit den Befreiungskriegen ansetzt. Diese Zäsur scheint uns, weitgehend, berechtigt, wenn es um den Nationalismus als Massenphänomen mit Religionsersatz-Charakter geht[18]; sie scheint uns unhaltbar im Hinblick auf den sogenannten »Eliten-Nationalismus« der Schriftsteller. Dessen Funktion in der Geschichte des Nationalismus muß unserer Ansicht nach anders bestimmt werden als bisher.

Unsere Texte widersprechen auch der Meineckeschen Entgegensetzung von »Kulturnation« versus »Staatsnation«, wie sie z. B. Wolfgang Frühwald benutzt hat, um einmal mehr die Trennung zwischen freiheitlich-kulturellem 18. Jahrhundert und ideologisiert-nationalistischem 19. Jahrhundert zu behaupten.[19] In den

17 So auch die eher konservativen, von den angelsächsischen Forschungen wenig beeinflußten Arbeiten von Dann 1993 und Schulze 1985 und 1985/1994.

18 Winkler 1978 b, S. 5.

19 Frühwald 1986. Vor allem bei Klopstock verschweigt Frühwald alles, was nicht in seine großräumige, oberhalb der historischen Realität an-

Vaterlandsphantasien Klopstocks und der Göttinger werden Sehnsüchte nach einer »Volksnation«[20] sichtbar, die Meineckes Schema sprengen.
Und unsere Texte widersprechen der These von der Unschuld eines »linken«, emanzipatorischen Nationalismus, der sich erst später in einen »rechten« Nationalismus wandelte. Diese These wurde in der Geschichtswissenschaft für das 19. Jahrhundert von Heinrich August Winkler aufgestellt[21]; sie wurde jüngst von Barbara Vogel mit historischen und systematischen Argumenten kritisiert.[22] In der Literaturwissenschaft ist die gleiche These, mit zeitlicher Vorverlegung ins 18. Jahrhundert, von Christoph Prignitz und Harro Zimmermann vertreten worden[23]: das bürgerliche, gegen fürstlichen Despotismus gerichtete Emanzipationsstreben eines Autors wie Klopstock schien ihnen ein hinreichender Garant dafür, daß er gegen die bösen Versuchungen eines aggressiven Nationalismus gefeit war. Entgegenstehende Textpassagen wurden dabei übersehen oder umgedeutet[24], vage Freiheitsformeln schnell mit politischen oder sozialen Emanzipationszielen gleichgesetzt.[25] Demgegenüber meinen wir, an den Texten

gesiedelte Geschichtskonstruktion paßt; »patriotische Hermannsdramen« kennt er erst zur Zeit der Romantik (ebd. S. 139); etc.

20 Zum Begriff der »Volksnation« und deren durchaus bedenklicher Nähe zur »Kulturnation« siehe Lepsius 1990, S. 235-240; vgl. auch unten in diesem Buch, S. 87 (Anm. 29).

21 Winkler 1978 b, S. 28 f., und Winkler 1979.

22 Vogel 1992. Ähnlich Dörner 1995, S. 37.

23 Prignitz 1981; H. Zimmermann in einer Serie von Klopstock-Arbeiten 1974, 1981, 1987, 1993 (z. Z. mit H. Dzwonek u. a.).

24 Eine allgemein beliebte Argumentationsfigur sieht so aus, daß die Texte, wenn man sie denn zur Kenntnis nimmt, als jugendlicher Überschwang, als bedauernswerte Entgleisungen oder als eigentlich anders gemeint interpretiert werden. Belege dazu unten in den Einzelaufsätzen.

25 Es spricht vieles dafür, daß das stereotype Freiheitspostulat etwa der Arminius-Dramen auch von deren Autoren als Kampfformel gegen Fürstenwillkür und Adelsvormacht gemeint war; der heutige Interpret aber tut gut daran, die Texte auf die Einlösung solch allgemeiner emotionaler Formeln hin zu befragen, anstatt schon ihr bloßes Vorhandensein für die inhaltliche Präsenz umfassender Aufklärungsziele zu halten. Zumindest in den Arminiusdramen ist eine inhaltliche Entlee-

wahrzunehmen, wie wenig bürgerliches Freiheitsstreben und aggressiver Nationalismus einander ausschließen müssen. Die aktive Bejahung des gesellschaftlichen Umbruchs im 18. Jahrhundert und die regressive Flucht vor den Folgen dieses Prozesses stehen oft nahe beieinander, manchmal sogar im selben Text.

Nun stehen wir mit unserer Ansicht über das Vorhandensein offen nationalistischer Texte vor 1789 nicht allein. Auch anderen ist aufgefallen, daß »patriotische« Texte von Gleim, Thomas Abbt oder Möser, Klopstock oder des Göttinger »Hain«-Bundes ein erhebliches Aggressionspotential aufweisen und in den üblichen Literaturgeschichten, aber auch in den Darstellungen zum nationalen Denken im 18. Jahrhundert meist verharmlosend interpretiert werden. Dennoch sind aus solchen, oft sehr entschieden vorgetragenen Einzelerkenntnissen bisher kaum weiterreichende historiographische Folgerungen gezogen worden.[26] Nur langsam wächst die Erkenntnis, daß die Wurzeln nationalistischen Denkens weit in das 18. Jahrhundert zurückreichen[27], und nur schwer ist offenbar die Einsicht zu gewinnen, daß die ›hellen‹ und die ›dunklen‹ Seiten des Nationalismus systematisch und historisch untrennbar zusammengehören.[28]
So müssen für das 18. Jahrhundert die Konsequenzen aus den neuen Erkenntnissen der Nationalismusforschung erst noch gezogen werden, und ebenso müssen die zu wenig beachteten Texte aus dieser Zeit ernst genommen und auf ihre Bedeutung für die

rung des Freiheitsbegriffs auf dem Weg von J. E. Schlegel zu Klopstock und Kleist offensichtlich; siehe dazu unten S. 44 ff.

26 Zu nennen sind hier die interpretatorisch äußerst wichtigen Untersuchungen von Schönert 1983; Schrader 1984; Miller 1984 oder Kaufmann 1993. Auch Sahmland 1990 behält das historische Schema bei.

27 So z.B. Segeberg 1988; Kaufmann 1993.

28 Wolfgang Hardtwig spricht von der grundsätzlichen »Janusköpfigkeit des modernen Nationalismus«, in dem »Demokratisierungs- und Egalitätsverlangen einerseits und letztlich zerstörerische(n) nationale(n) Macht- und Vorrangambitionen anderseits« sich »nicht auf Dauer trennen ließen«. Hardtwig 1994, S. 12 f. Sehr entschieden wendet sich auch Michael Jeismann gegen den Versuch, durch künstliche Unterscheidungen in »gute« und »schlechte« Nationalismen der Frage nach dem Zusammenhang beider auszuweichen: Jeismann 1993, S. 11; ähnlich hatte schon seine instruktive Dissertation von 1991 argumentiert: Jeismann 1992. Die gleiche Position auch bei Barbara Vogel 1992.

Geschichte und die Systematik nationalen Denkens hin befragt werden. Deshalb soll jetzt detaillierter auf die Entwicklung nationalen Denkens in Texten des 18. Jahrhunderts eingegangen werden anhand des noch allgemein gefaßten Problems »Patriotismus versus Nationalismus« im 18. Jahrhundert. Die ausführlichen Fallstudien sollen dann das im Überblick Dargestellte anschaulich machen, vertiefen und erweitern.

2. »Patriotismus«: Probleme des Vaterland-Diskurses im 18. Jahrhundert

Vom »Patriotismus« im 18. Jahrhundert wird in der Historiographie noch nicht lange gesprochen. Daß es »Patriotische Gesellschaften« gab, war zwar bekannt, seit in den 60er Jahren ein neues Interesse für die Epoche der Aufklärung und ein neues Interesse an sozialhistorischen Fragen zusammentrafen und die Geschichts- wie die Literaturwissenschaft das 18. Jahrhundert neu entdeckten.[29] Aber die These, daß es im 18. Jahrhundert eine relevante patriotische Strömung gegeben habe, vertrat erst 1980 Rudolf Vierhaus mit einem seither viel zitierten Aufsatz und einem Sammelband.[30]

Patriotismus, so Vierhaus, sei in der zweiten Hälfte des 18. Jahrhunderts eine verbreitete moralisch-politische Haltung im Bürgertum und ein ausgearbeitetes Programm gewesen; er habe das Ziel gehabt, den einzelnen Bürger auf seine Verantwortung für das »Gemeinwohl«, das »gemeine Beste«, zu verpflichten, ihn unabhängig von der Standeszugehörigkeit für praktische Gemeinschaftsaufgaben zu interessieren und ihn in die Verantwortung für das Ganze einzubeziehen: »der Bürger Wohl zu baun, den Staat beglückt zu machen«.[31] Der Patriotismus sei eng mit den humanistischen und universellen Zielen der Aufklärung verbunden gewesen; anders als der partikulare »Nationalismus« habe er vaterländische Ziele und Weltbürgertum zu vereinen gewußt.[32]

29 Hinweise bei Dann 1989, S. 212, Anm. 3.

30 Vierhaus 1980 a und b. Die zugrundeliegende Wolfenbütteler Tagung fand bereits 1977 statt.

31 Wolfgang Eschenburg: Der Patriot (1766). Zitiert bei Kopitzsch 1980, S. 80.

32 Der aktuelle politische Bezug dieser Unterscheidung liegt von Anfang

Andererseits sei der Patriotismus im 18. Jahrhundert nicht mit der Aufklärung identisch. Er habe viele Gesichter; neben einer im engeren Sinn aufklärerischen Form, reformwillig und vernunftorientiert, gebe es eine historisch-traditionell ausgerichtete (Beispiel: Carl von Moser) und eine ausgesprochen emotionsbetonte Variante (Beispiel: Gleim oder Klopstock); in dieser Vielfältigkeit habe er bis weit ins 19. Jahrhundert hinein gewirkt. Der Patriotismus habe seinen Ausgang in den norddeutschen Städten genommen, vor allem in Hamburg, habe sich aber sehr bald über das ganze Deutsche Reich verbreitet; »Vaterland« im Sinne patriotischer Forderungen seien sowohl die Stadt gewesen wie das Territorium eines absolutistischen Fürsten oder das Deutsche Reich insgesamt. Neben schlichten patriotischen Handlungsmaximen und manchen Schwärmereien habe es ein anspruchsvolles Schrifttum gegeben, das den Patriotismus theoretisch ausgearbeitet und praktisch propagiert habe.

In dieser Form gehört der Patriotismus seither[33] zum Grundwissen über das 18. Jahrhundert; in Einzeluntersuchungen und Gesamtdarstellungen wird er behandelt[34], und auch dort, wo das Wort nicht oder nur am Rande verwendet wird[35], gliedert der Begriff mit seiner Zäsur um 1790/1800 die Darstellung des nationalen Denkens der Deutschen.[36]

Auch für die Binnengliederung patriotischen Denkens hat sich in der Forschung ein gewisser Konsens durchgesetzt. Im zeitlichen Ablauf hat offenbar der Siebenjährige Krieg eine Verbreiterung,

an offen zutage; Vierhaus geht gleich zu Beginn seines Aufsatzes auf Christian Graf Krockows Forderung nach einem »Patriotismus in weltbürgerlicher Absicht« ein, der für die Deutschen heute notwendig wäre: Vierhaus 1980 b, S. 9.

33 Wenn ich richtig sehe, so ist in der Literaturwissenschaft der Begriff durch Christoph Prignitz eingeführt worden, wenig später als Vierhaus' Buch, aber offenbar unabhängig von ihm: Prignitz 1981; Untertitel »Deutscher Patriotismus von 1750-1850«. Vgl. dort besonders das Kapitel »Patriotismus im Zeitalter der Aufklärung«, S. 7-38.

34 Einen stofflich guten Überblick gibt die inhaltlich allerdings schönfärbende Darstellung von Otto Dann 1987, eine knappe Zusammenfassung Dann 1993; ein erneuter Überblick bei Giesen 1991.

35 Schulze 1985 vermeidet den Begriff auffällig, benutzt ihn S. 62 nur als Zitat.

36 So z.B. im ersten Band von Ulrich Wehlers Gesellschaftsgeschichte, Wehler 1987, S. 506ff.

Aktualisierung und Intensivierung patriotischen Denkens und patriotischer Dichtungsproduktion bewirkt; 1770/76, also während des poetischen »Sturm und Drang«, finden sich gehäuft Zeugnisse einer patriotischen Literaturmode[37]; eine dritte Konjunktur erlebt der Patriotismus nach 1790 – sie geht in die durchweg als »früher Nationalismus« bezeichnete literarisch-politische Bewegung der Befreiungskriege über.

Inhaltlich wird, neben der schon genannten Unterscheidung in einen reichsstädtischen, einen territorialen und einen Reichs-Patriotismus, meist – und mit Recht – darauf hingewiesen, daß viele der bekannten, ›großen‹ Autoren des 18. Jahrhunderts sich vom Patriotismus mehr oder weniger ferngehalten und ein explizit weltbürgerliches Denken ausgebildet haben, z. B. Lessing, Wieland oder Goethe.[38] Und dieser Aspekt führt dann in das schwierige und vielfach bearbeitete Gelände einer Unterscheidung zwischen kulturellem und politischem Patriotismus (Arbeit an einer deutschen Nationalliteratur versus Forderung nach einer politischen Neuorganisation in Deutschland).

Solche Unterscheidungen können für historiographische Darstellungen vielleicht nützlich sein – für grundsätzliche Fragen nach der Herkunft und dem Status patriotischen Denkens, Fühlens und Dichtens blockieren sie den Blick eher, als daß sie ihn öffnen. Denn sie trennen künstlich und oft in erkennbar exkulpierender Absicht, was gerade in seinem Zusammenhang zu begreifen wäre.[39]

Dies um so mehr angesichts eines Textbefundes, in dem die verschiedenen Formen von »patriotischem« Denken offenbar bunt durcheinandergehen. Schon beim einzelnen Autor sind oft kulturpatriotische und politische Intentionen kaum voneinander zu trennen (z. B. bei Herder), können patriotische und weltbürgerliche Äußerungen oft hart nebeneinander stehen (z. B. bei Lessing, Klopstock oder Schiller), kann ein äußerst aggressiver

37 Otto Dann möchte zu deren Beschreibung den von Dilthey erfundenen, von Nohl vehement protegierten, nach 1945 praktisch verschwundenen Begriff der »Deutschen Bewegung« (1776 bis ca. 1785) reaktivieren. Dann 1989 und 1993.

38 Zur komplizierteren und umstrittenen Position Herders siehe unten in diesem Band, S. 178 ff.

39 Solche ›typologischen‹ Unterscheidungen (»Risorgimento-Nationalismus – Reform-Nationalismus – Integraler Nationalismus«) bestimmen z.B. die Darstellung von Alter 1985.

Nationalismus urplötzlich ausbrechen (z. B. bei Gleim) oder nach kurzer Zeit wieder abgelegt werden (z. B. bei den Mitgliedern des Göttinger »Hain«). Und die Voraussetzung all dieser Einteilungen, die halbwegs säuberliche Trennung von Patriotismus und Nationalismus, wird, wenn man genauer hinschaut, durch die Texte widerlegt, wie unsere Untersuchungen zeigen.[40]

Offenbar handelt es sich beim Patriotismus/Nationalismus im 18. Jahrhundert nicht um einen »Begriff« mit einem einigermaßen definierbaren Inhalt, auch nicht um eine »Bewegung«, die einen Kern, Ränder, Flügel und Abteilungen hätte; vielmehr handelt es sich um etwas sehr viel weniger Bestimmtes, um eine Art von versuchsweisem Spiel mit Worten, Begriffen, Gefühlen und Bildern, die eine relativ große Breite an inhaltlichen Bedeutungen, aber einen relativ festen Kern an emotionalen Besetzungen aufweisen. Nationales Denken im 18. Jahrhundert: das ist ein noch ziemlich vager, noch recht frei flottierender Diskurszusammenhang, in den sehr unterschiedliche Positionen eingetragen werden können. Bei aller Unbestimmtheit aber muß dieses diskursive Spiel mit den Worten »Patriot«, »Vaterland« und »Deutschland« für die schreibenden und lesenden Zeitgenossen etwas so Verlockendes gehabt haben, daß viele sich dem nicht entziehen konnten – daß andere hingegen mit heftiger Abwehr reagierten, während nur wenige gar nicht versuchbar waren. Selbst Goethe, später der Weltbürger *kat exochen*, schwamm 1771 mit auf der patriotischen Welle und schrieb mit dem *Götz von Berlichingen* ein betont vaterländisches Drama.

Eines des auffälligsten Momente am »Patriotismus« des 18. Jahrhunderts ist, daß nicht bestimmt werden kann, was die »patria« ist. Die Hamburger Patrioten meinen ihren zu bürgerlichem Wohlstand aufsteigenden Stadt»staat«, Thomas Abbt meint das kriegerische, friderizianische Preußen, und Friedrich Carl von Moser sagt »Vaterland« zu einem »Reich«, das es nicht gibt und nie gegeben hat, obwohl er behauptet, daß es der »Geist« des gegenwärtigen sei. Jeder meint etwas anderes – und was ist das Gemeinsame?

40 Im folgenden wird deshalb »Nationalismus« oder »nationales Denken« als übergreifender Begriff für die friedlichen, ›guten‹, wie für die aggressiven, ›bösen‹, Beispiele des Vaterlandsdiskurses benutzt. Das zugehörige Adjektiv ist »national«. »Nationalistisch« bezeichnet im üblichen Wortgebrauch, und so auch hier, die aggressive Variante.

Wenn man eine vorschnelle Zuweisung vermeiden will, kann man vorerst nur sagen, daß dieses Gemeinsame offensichtlich nicht etwas ist, das »draußen« in der Wirklichkeit existiert, sondern ein inneres Gefühl, eine Vorstellung, die der, der »Vaterland« sagt, mit dem verbindet, was er da sagt. Gäbe es auf der Ebene des Gemeinten nicht ein Gemeinsames, wäre die zeitgenössische Konjunktur des Begriffs nicht zu erklären; läge das Verbindende auf der Ebene des Wirklichen (und nicht auf der des Meinens und Fühlens), wären die unterschiedlichen Denotationen und die erbitterten Streitigkeiten um den richtigen Referenten nicht denkbar: Thomas Abbt findet absurd, daß Moser das zerrüttete Deutsche Reich zum Vaterland nehmen will, Justus Möser versteht nicht, daß Abbt Preußen als sein Vaterland ansieht, etc.

Ganz korrekt ist diese Beschreibung übrigens nicht. Die Vorstellung »Vaterland« bezeichnet nicht nur eine innerpsychische Wirklichkeit, sie lebt vielmehr – auch – davon, *daß* sie sich auf so etwas wie einen Referenten bezieht; dessen Gestalt aber ist vage, sein historischer Ort beliebig. Erst Kleist mit seinem Willen, Gefühle ins Extreme zu steigern und dadurch auf den Punkt zu bringen, ist bereit, auf diesen Bezug zu einem Referenten ganz zu verzichten und »Germanien« schlichtweg als – machtgestütztes – Gruppenphantasma zu beschreiben.[41]

»Deutschland? Aber wo liegt es? Ich weiß das Land nicht zu finden«: Schillers berühmte Distichonzeile bringt das Problem wirklich auf den Punkt.[42] Der Patriotismus war da, bevor es sein Objekt, das Vaterland, überhaupt gab. Der Patriotismus war eine kollektive Wunschphantasie, daß es ein Vaterland geben möge. Phantasten, Schwärmer waren sie alle, die da vom Vaterland schrieben, aber indem sie davon schrieben und sich aufeinander bezogen und sich über die rechte Form des Vaterlands stritten, schufen sie ihm eine imaginäre, eine literarische Wirklichkeit.

Mit dieser Einsicht in den imaginären, diskursiv-literarischen Charakter des Patriotismus aber bekommt das Nachdenken über ihn durchaus Boden unter die Füße: es fügt sich in die Erkenntnis

41 Siehe unten in diesem Band, S. 188 f.

42 Veröffentlicht 1796 in den gemeinsam mit Goethe verfaßten Xenien, greifbar in jeder Schiller- und vielen Goethe-Ausgaben. Abgedruckt auch, mit vielen weiteren einschlägigen Aussagen von Literaten, in der lesenswerten Arbeit von Scheuer 1990.

der neueren Nationalismusforschung vom imaginativen Charakter des Nationalismus und der Vorgängigkeit des Nationalismus gegenüber den Nationen. An der Entwicklung des Patriotismus in Deutschland läßt sich die Entstehung der nationalen Gruppenimagination »Deutschland« mustergültig beobachten.

Wenn es richtig ist, daß der Begriff »Deutschland« im 18. Jahrhundert nicht als Bezeichnung einer politischen oder sozialen Wirklichkeit zu begreifen ist, sondern als eine diskursiv erzeugte Vorstellung von Schriftstellern, bleibt die Frage nach den Ursachen und Anlässen für diese kollektive Imagination. Die Patriotismusforschung ist sich an diesem Punkt einig und nimmt durchgängig als Ursache für die Entstehung nationaler Vorstellungen eine durch die sogenannten Modernisierungsprozesse im 18. Jahrhundert erzeugte »Identitätssuche« bei den Intellektuellen im allgemeinen und den Schriftstellern im besonderen an.

Die Schriftsteller erfuhren in besonderem Maße die Schwierigkeiten und Chancen des Epochenumbruchs, aus dem unsere heutige Gesellschaft hervorging mit ihrer »dreifachen Entzweiung des modernen Ich mit äußerer Natur, Gesellschaft und innerer Natur«.[43] Sie teilten die allgemeine Situation des deutschen Bildungsbürgertums im 18. Jahrhundert: einerseits ökonomisch schwach und politisch ohnmächtig zu sein, weil durchweg an den bürokratischen Apparat des absolutistischen Staates gebunden, andererseits sozial in Bewegung, intellektuell rege und zukunftsorientiert, kulturell erfindungsreich und entschieden auf geistige und literarische Partnerschaft mit den westeuropäischen Kultureliten ausgerichtet.[44] Die Schriftsteller waren darüber hinaus früher und schärfer als andere den Widersprüchen des entstehenden literarischen Marktes ausgeliefert, in dessen Zwängen und Verheißungen sie die Strukturmerkmale der kapitalistischen Gesellschaft erfuhren, am eigenen Leib und deutlicher, als es der Gesamtlage Deutschlands um diese Zeit entsprach.

Diese allgemeinen Probleme verschärften sich noch für *junge*

43 Habermas 1976, S. 102. Habermas' linkshegelianische Formel umreißt m. E. sehr präzise, was die moderne, bürgerliche Gesellschaft von den traditionellen Gesellschaftsformationen unterscheidet.

44 Die Forschung zu Begriff, Bedeutung und Historiographie des »Bildungsbürgertums« ist inzwischen unabsehbar; zur Einführung etwa Wehler 1987, S. 210 ff. mit weiterer Literatur in den Anmerkungen; in unserem Zusammenhang besonders Schulze 1985 und Giesen 1993.

Autoren, die an der Grenze zwischen Schule und Beruf besonderen Belastungen ausgesetzt waren. Der gesellschaftliche Umbruch im 18. Jahrhundert hatte auch hier eine neue Situation geschaffen. In den traditionsgeleiteten Sozialverbänden noch des 17. Jahrhunderts war die Berufsfindung durch Stand und Familie weitgehend festgelegt; in der in Bewegung geratenen Gesellschaft des mittleren und späten 18. Jahrhunderts war die Frage »welcher Beruf?« vor allem für junge männliche Aufsteiger ein drängendes Problem[45] und war die Universitäts- und Nachuniversitätszeit für Akademiker eine Zeit erhöhter psychischer Labilität.[46] Bei einigen – nicht bei allen – der am Patriotismusdiskurs beteiligten Autoren steht ihre nationale Begeisterung offenbar im Zusammenhang mit dieser Übergangssituation; für die Dichter des Göttinger »Hain« und für Achim von Arnim werden wir das belegen.[47]

Die Schriftsteller haben ihre eigene Situation selbst als durchaus prekär wahrgenommen[48]; die Auswege, die sie suchten, waren vielfältig. Einer der Auswege war die Arbeit an einer neuen, kollektiven Identität.

45 In den *Moralischen Wochenschriften* gibt es über diese Frage heftige Diskussionen, und mit dem Bildungsroman hat das Problem seine eigene Gattung kreiert.

46 Goethes Werther hat sich in diesem Lebensabschnitt umgebracht. Sozialgeschichtliches hierzu bei Hornstein 1965.

47 Bei den Göttingern spielte der Zwiespalt zwischen Brotstudium und ersehnter Schriftstellerkarriere eine wichtige Rolle, bei Arnim die erste Reise- und Fremdheitserfahrung zwischen Schule und Universität. Dazu weiter unten in diesem Buch, S. 116 f. und 129. Wie die individuelle Entwicklung dann weiterging, hing offenbar stark von der zeitgeschichtlichen Situation ab. Für den Nationalismus der Göttinger gab es nach 1776 keine Konjunktur: sie kamen schnell von ihm herunter; Arnim geriet in den Aufbruch der napoleonischen Zeit und entwickelte seinen Nationalismus kräftig weiter. – Die Nationalisierung der studentischen Verbindungen seit dem ausgehenden 17. Jahrhundert beschreibt ausführlich, in zwei Aufsätzen, Hardtwig als ein Problem notwendig gewordener Identitätsfindung in einer sozialen Übergangssituation: Hardtwig 1994, S. 79 ff. und 108 ff., dort besonders S. 89 ff.

48 Material zur gesellschaftlichen Selbsterfahrung und Selbstinterpretation deutscher Schriftsteller bei Irmtraud Sahmland im Kapitel »Reflexionen deutscher Literaten über die Rahmenbedingungen ihrer Arbeit in Deutschland in der zweiten Hälfte des 18. Jahrhunderts«. Sahmland 1990, S. 8-30.

Mir ist es wichtig festzuhalten, daß sich den deutschen Schriftstellern nicht nur der eine, der vaterländische Weg anbot, sondern daß sie auch andere Auswege aus den realen und intellektuellen Problemen ihrer Misere gesucht und beschritten haben. Irmtraut Sahmland hat mit Recht parallele Projekte neben ihn gestellt: die »Pläne zur Gründung einer deutschen Akademie von Leibniz bis Herder«, den Entwurf eines neuen Geschichtsmythos, der die antiken Griechen an den Beginn der europäischen Kulturgeschichte rückte[49], und schließlich die massiv einsetzende Beschäftigung mit der deutschen Geschichte und der Geschichtsschreibung.[50]

Der erste Weg hätte den Vorteil gehabt, den Intellektuellen in Deutschland auch praktisch einen Ort zur Orientierung und zum Austausch zu verschaffen. Der zweite Weg gab den deutschen Intellektuellen mit ihren Problemen einen überzeugenden Ort in der neu konzeptionalisierten europäischen Kulturgeschichte: als diejenigen, die die moderne Entzweiung exemplarisch zu bewältigen hätten, so wie die Griechen einst die ursprüngliche Einheit exemplarisch darstellten. Und der dritte Weg suchte dem eigenen, unsicheren Standort dadurch ein eigenes Profil und eine größere Festigkeit zu geben, daß man seine historischen Tiefendimensionen freilegte; er hatte die größte Nähe zu dem Weg, der hier interessiert: dem Versuch zur Konstruktion einer nur den Deutschen eigenen kollektiven Identität: »Vaterland«, »Deutschland«.

Was aber heißt in diesem Zusammenhang nun »Identität« und die Suche nach ihr?

49 Die identitätsstiftende Bedeutung des Griechenmythos von Winckelmann bis zu den Schlegels (und über sie hinaus) charakterisiert Sahmland, indem sie einen der besten Kenner dieses neuen ›Glaubens‹ der deutschen Intellektuellen zitiert: »Dem römischen Reich deutscher Nation setzt die deutsche Klassik das griechische Reich deutscher Nation entgegen.« Walther Rehm, *Griechentum und Goethezeit*, 1934/1969 [recte: 1936], S. 15, zitiert bei Sahmland 1990, S. 64.

50 Weitere Auswege waren z. B.: die Suche nach dem eigenen Ort in der neuen sozialen Form der bürgerlichen Familie; die Suche nach neuen Formen der Geschlechterbeziehungen; die imaginative Arbeit an einem Ort außerhalb der bürgerlichen Gesellschaft: Landschaft. – Darüber hinaus war die Arbeit an der eigenen Karriere für sie alle der Weg, den sie gehen mußten, um in den »neuen Unübersichtlichkeiten« Stand und Sicherheit zu gewinnen.

Die gelungene Ich-Identität bedeutet jene eigentümliche Fähigkeit sprach- und handlungsfähiger Subjekte, auch noch in tiefgreifenden Veränderungen der Persönlichkeitsstruktur, mit denen sie auf widersprüchliche Situationen antwortet, mit sich identisch zu sein.[51]

Die griffige Definition, mit der Habermas die Identitätsproblematik in unserer heutigen »komplexen Gesellschaft« zu beschreiben versucht, bewährt sich auch bei der Anwendung auf frühere Stufen unserer Gesellschaft, auf denen offenbar vergleichbare gruppenspezifische Erfahrungen »widersprüchlicher Situationen« gemacht worden sind. Denn Habermas verbindet die Möglichkeit individueller Identität auf bestimmte Weise mit der Existenz einer sozialen Bezugsgruppe. Selbstidentität setze bestimmte Formen von Gruppenzugehörigkeit voraus:

Das Sich-Unterscheiden von anderen muß von diesen anderen anerkannt sein [...] Eine die individuelle Lebensgeschichte übergreifende Identität der Gruppe ist deshalb Bedingung für die Identität der einzelnen.[52]

Alle drei an diesem Wechselspiel beteiligten psychischen Tätigkeiten sind symbolische Akte, sowohl die Erfahrung meiner selbst (als eines Wesens, das auch in unterschiedlichen Situationen weiß, daß sie ihm selbst zugestoßen sind) wie die Anerkennung meiner selbst (als einer von andern unterschiedenen Person in der Bezugsgruppe) wie die Existenz und Gestalt dieser Gruppe (deren Anerkennung mir wichtig genug ist, um meine eigene Identität von ihr anerkannt zu wissen). Es ist der symbolische Charakter der individuellen wie der gruppenbezogenen Seite jeder Identitätserfahrung, durch den der »phantasmagorische« und »imaginative«, der »Diskurs-«Charakter von Vorstellungen wie »Vaterland« und »Deutschland« im 18. Jahrhundert allererst erklärbar wird.

51 Habermas 1976, S. 93 in einer Zusammenfassung der wichtigsten sozialpsychologischen Theorien und Forschungen zum Thema »Identität«.

52 Habermas, ebd. – Zu einer solchen Anerkennung reicht im Extremfall eine andere Person aus: deshalb der Ruf nach neuen, intensiven und emphatischen Formen von Freundschaft und Geschlechterliebe in der Übergangszeit des 18. Jahrhunderts, der seither nicht verstummt ist. Eine solche Anerkennung aber will auch auf die breitere Basis einer Gruppe gestellt werden können, die möglichst weit, aber mit klaren Grenzen gefaßt sein muß und die bei Personen mit einem erhöhten Labilitäts-und Gefährdungspotential einen starken emotionalen Gehalt besitzen muß, um Halt und Heimat zu bieten.

»Vaterland«, »Deutschland«, »Germanien«: das waren symbolische Konstruktionen zur probeweisen diskursiven Erzeugung von Identitätserfahrungen. »Probeweise«, weil die identitätserzeugenden Vorstellungen mit ihrem brüchigen Bezug zu historischen Realitäten und mit ihrer (vorerst noch) schwachen Verankerung in den Köpfen und Herzen anderer Gruppenmitglieder wenig Tragfähigkeit besaßen; »diskursiv«, weil diese Vorstellungen nicht immateriell in einzelnen Köpfen erzeugt wurden, sondern nur entstehen konnten in der kontinuierlichen Arbeit vieler Köpfe und Schreibfedern an einer gemeinsamen literarischen, durch Buchdruck verbreiteten Bilder- und Begriffssprache.

Dabei erlaubt der Begriff der »symbolischen Konstruktion der Identität« genauere Differenzierungen als die einfache Entgegensetzung von Phantasie versus Realität, die vielen Nationalismusforschungen zugrunde liegt. Frühere Arbeiten hatten sich oft in dem unergiebigen und hilflosen Denkbild vom »Irrationalismus« nationalistischen Denkens verfangen, und noch jüngst begrenzte die stoffreiche Arbeit von Bernd Fischer die Tragweite ihrer Ergebnisse durch die Vagheit des Begriffsrahmens, mit der sie den Nationalismus als irrationale, nur gefühlshafte »Ideologie« etikettierte.[53] Die dichotomen Formeln von Irrationalismus versus Vernunft, »Ideologie« versus »Realität« öffnen nicht, sondern blokkieren den Zugang zu nationalistischem Denken: sie grenzen aus, was heimgeholt werden müßte, und machen zum Monstrum, was nur in seiner Nähe zum Normalen dem Verständnis zugänglich ist. Denn nationalistische Identitätskonstruktionen stellen nur eine besondere Variante symbolischer Identitätsbildungen dar, und wie jede Form von Sinnproduktion müssen sie auf ihr spezifisches Verhältnis von interessegeleitetem Wunschdenken und Realitätsverarbeitung hin untersucht werden. An der für nationalistisches Denken typischen Konstruktion eines (äußeren oder inneren) Feindes und an den mythischen Geschichtskonstruktionen kann diese Verquickung von Imaginärem und Realem gezeigt werden. Das wird in unseren folgenden Einzeluntersuchungen

53 Fischer 1995, besonders S. 21 ff.; aber auch seine ausführlichen und informativen Interpretationskapitel mit ihrer oft sehr überzeugenden, kritischen Deutungsarbeit kommen über ein recht allgemeines Begriffsraster nicht hinaus. Äußerst nützlich die ausführlichen Auseinandersetzungen mit bisherigen Forschungspositionen.

anhand konkreter Äußerungen in historischen Texten geschehen.

Zwei Momente sind dabei noch gesondert zu nennen, die die nationalen Identitätskonstruktionen vor anderen auszeichnen. Es sind, erstens, Männer, die hier an der Herstellung einer betont männlichen Identität arbeiten; dementsprechend werden im folgenden nicht nur phallische Bilder begegnen, sondern auch spezifische Formen einer abgrenzenden, auf Konkurrenz und Leistung bedachten, Herrschaft über Frauen beanspruchenden Männlichkeitskonstitution. Und diese Männer spielen, zweitens, nicht nur in historisch zunehmendem Maß ihre männliche Macht über Frauen aus, sondern das nationale Projekt, über das sie sich selbst zu definieren suchen, ist generell ein Instrument zur (imaginierten und realen) Gewinnung von Macht. Der literarische Nationalismus der Schriftsteller im 18. Jahrhundert ist immer auch ein Weg zur probeweisen diskursiven Erzeugung bürgerlicher Machtansprüche – und zur Teilhabe an der realen Macht durch literarischen Erfolg.

Der Zerfall der feudalen Strukturen ist für diese bürgerlichen Intellektuellen Bedrohung und Chance zugleich: Bedrohung durch Heimatverlust, Chance durch ein erhofftes Machtvakuum. Ihr Nationalismus antwortet auf beides; Freiheitssehnsucht und Unterordnungsphantasien, Emanzipationspotentiale und Herrschaftsansprüche nach außen wie nach innen konvergieren in diesem Punkt.

Das war bei den nationalen Intellektuellen im 18. Jahrhundert nicht anders als bei ihren Nachfolgern und Erben im 19. und 20. Jahrhundert, bei denen die Machtansprüche dann nicht mehr nur probeweise formuliert wurden, sondern mit dem Ziel, reale Machtpositionen für sich und die eigene nationale Gruppe zu nutzen. Die Nation ist das größtmögliche Ganze, in dem der einzelne Mann aufgehen kann, um an der Macht des Ganzen um so triumphaler teilhaben zu können.

Zu den von uns untersuchten Texten noch eine Anmerkung. Wir haben sie bewußt mit literaturwissenschaftlichem Blick gelesen. Daß literarische Texte als Quellen zur Frühgeschichte des Nationalismus in Deutschland herangezogen werden, ist an und für sich nichts besonderes; gerade die neueren historischen und soziologischen Arbeiten, etwa von Dann, Giesen oder Hardtwig, stützen sich auf solches Material.[54] Doch wenn wir richtig sehen, sind diese Dramen und Gedichte bisher weitgehend behandelt worden wie andere historische Quellen auch: sie wurden auf ihre expliziten Aussagen zum Thema hin untersucht. Demgegenüber haben wir versucht, sie zugleich als *literarische* Schriften zu lesen, also als Texte, in deren Gestalt Emotionen, Wunschphantasien und Bedürfnisse der Verfasser konstitutiv mit eingegangen sind. Das hat methodische und inhaltliche Konsequenzen.

Die Literaturwissenschaft geht davon aus, daß es sich bei solchen Emotionen, Wünschen und Bedürfnissen in literarischen Texten nicht um rein individuelle Angelegenheiten handelt, sondern daß die Formbestimmtheit literarischer Texte dem, was in ihnen zur Sprache kommt, einen hohen Allgemeinheitsgrad verleiht. Die Form, deren sich ein literarischer Autor bedient, setzt seine individuellen psychischen Bedürfnisse und Probleme in Beziehung mit den kulturellen Standards seiner Gegenwart; erst diese Vermittlung, die über die historisch gewachsenen und kommunikativ akzeptierten Sprachformen und Gattungskonventionen läuft, ermöglicht seinen Texten die Rezeption bei seinen Zeitgenossen und die Interpretierbarkeit durch spätere Leser und Leserinnen. Hermeneutische Lektüre eröffnet den Zugang zu diesen Tiefenstrukturen, die literarischen Texten eine – im Einzelfall jeweils zu bestimmende –Repräsentativität für ihre ›Zeit‹ und für die gesellschaftliche Gruppe geben, für die sie sprechen.

Das bedeutet, daß literarische Texte, wie wir sie hier – vorwiegend – untersuchen, der Sozialgeschichte genaueren Einblick in das Entstehen nationaler und nationalistischer Vorstellungen geben können, als politische Texte und Manifeste es in der Regel vermögen. Die politische Historiographie wird mit Recht darauf hinweisen, daß es sich beim Nationalismus des 18. Jahrhunderts um die Wunschphantasien einer schmalen Bildungselite ohne Breitenwirkung handelte. Die Sozialgeschichtsschreibung wird dessen ungeachtet in diesen wenigen Texten frühe tentative Formulierungen einer »Weltanschauung« sehen, die im 19. Jahrhundert allmählich massenhaft wurde; und sie kann darauf verweisen, daß der Vaterlandsdiskurs dieser begrenzten Schicht eine wirkliche Mode und damit ein Gruppenphänomen darstellte. In dieser literarischen

54 Jüngst hat Michael Jeismann ein solches Verfahren noch einmal ausdrücklich gerechtfertigt: Jeismann 1992, S. 29.

Mode wird ein neuer Sprachcode entwickelt und ausprobiert, mit dem die Autoren sich, ihren Lesern und einer imaginierten neuen Gemeinschaft ihre Gefühle und Sehnsüchte in der Umbruchssituation des 18. Jahrhunderts auszulegen suchen.
Die sozialgeschichtlich interessierte Hermeneutik kann dabei in der literarischen Tiefendimension dieser Texte die Identitätsbedürfnisse und Wunschstrukturen erkennen, die auch im späteren Nationalismus wirksam waren und die wir in diesem Buch historisch als Gleichzeitigkeit und systematisch als Verwandtschaft von Patriotismus und nationalistischem Denken gedeutet haben.

3. Zu diesem Buch

Was wir hier vorlegen, ist keine Geschichte des Vaterlandsdiskurses im 18. Jahrhundert. Daß eine solche monographische Darstellung fehlt, ist verschiedentlich bemängelt worden.[55] Sie zu schreiben, lag nicht in unserer Absicht. Wir wollten mit neu interpretierten Quellen, genauer Textlektüre und eigenen Überlegungen Position beziehen in der aktuellen wissenschaftlichen und politischen Diskussion.
Die fünf Artikel in diesem Band sind in den letzten Jahren im Zuge inneruniversitärer Zusammenarbeit entstanden: ein Aufsatz, der aus Reaktionen auf studentische Kritik an einer Vorlesung über das Deutsche Geschichtsdrama hervorging (ihr Verlauf wurde durch den Golfkrieg nachhaltig beeinflußt)[56]; (Teil-)Zusammenfassungen zweier ungedruckter Magisterarbeiten, die als interdisziplinäre Untersuchungen zwischen Geschichtswissenschaft und Deutscher Literaturwissenschaft angelegt waren[57]; ein Aufsatz in einem Zeitschriftenband zum Thema »Männerbilder«[58]; zwei neue Beiträge, die bei den Vorarbeiten zur Einleitung in diesen Band entstanden.[59] – Sie legen auf je unterschiedliche Weise Längs-und Querschnitte durch den Gesamtkomplex.

55 So z. B. Fohrmann 1988, S. 297 f. (Anm. 119).
56 Herrmann 1993.
57 Die zugrundeliegenden Arbeiten: Blitz 1995; Moßmann 1994.
58 Herrmann 1995. Beide Aufsätze wurden für diesen Band leicht überarbeitet und in den Anmerkungen auf den neuesten Stand gebracht, sonst aber in ihrer ursprünglichen Gestalt gelassen.
59 Unten, S. 66 ff. und 178-185.

Mit den vier großen Arminius-Dramen des 18. (und beginnenden 19.) Jahrhunderts, den Vorläufern von Kleists *Hermannsschlacht*, (1.) ist ein Motivkomplex angesprochen, der seit Huttens Arminius-Dialog im Zeitalter des Humanismus immer wieder im Zentrum nationalen und nationalistischen Denkens gestanden hat; für das 18. Jahrhundert bieten diese Dramen unerwartet frühe Zeugnisse eines Diskurses, in dem Bilder und Wünsche eines aggressiven, fremdenfeindlichen und machtbetonten Nationalismus ausprobiert wurden, der dann bei Kleist zu mörderischen und menschenverachtenden Formen führte und zur Konstituierung einer frühen Männergemeinschaft im Namen Deutschlands. – Gleims und Thomas Abbts Reaktionen auf den Siebenjährigen Krieg (2.) banden die bereits entwickelten Vorstellungen vom Kampf und Opfertod fürs Vaterland an die konkrete Gestalt eines »nationalen« Führers und eines vorhandenen absolutistischen Machtstaates, gaben diesen Vorstellungen religiöse Legitimationen, steigerten die Feindbilder und erlangten eine erste öffentliche, politische Wirksamkeit. – Die Vaterlands-Lyrik Klopstocks und, mehr noch, der Dichter des Göttinger »Hain«-Bundes (3.) entwickelte die Abgrenzungsformeln gegen einen äußeren Feind weiter, die das Identitätsprojekt »Vaterland« benötigte; sie sprach zum ersten Mal von einem inneren Feind, den es ebenfalls zu bekämpfen gelte. Im Nationalismus Achim von Arnims (4.) wird dieser innere Feind mit der Gestalt des Juden identifiziert: nationaler und antisemitischer Diskurs finden sich und verwandeln einander. – Der Blick auf die Männerbilder der nationalen Texte (5.) rückt den Geschlechter-Aspekt in den Mittelpunkt, der in den anderen Aufsätzen immer schon mit anklingt, aber hier eine gesonderte Darstellung erfährt, denn nationales und nationalistisches Denken ist nur verständlich, wenn man es als eine Phantasie spezifisch männlicher Identitätswünsche begreift, die sich als Macht über Frauen definiert; diese Darstellung stützt sich auf Ergebnisse der neueren Frauenwissenschaft und der Freiburger Dissertation von Klaus Theweleit.[60]

Die Liste der Gegenstände und Aspekte, die wir mit diesen Aufsätzen behandeln, verweist auf Defizite. Es fehlt eine Untersuchung der Germanophilie und Bardendichtung in der Frühaufklä-

60 Theweleit 1977.

rung; in dieser »Bardenmode« hatte der nationale Diskurs deutscher Schriftsteller bereits eine gewisse Breitenwirkung beim gebildeten Publikum erzielt, die erneut, mit nunmehr geschärftem Blick analysiert werden müßte[61]; eine solche Untersuchung müßte auch die lyrische Bearbeitung der Arminiusfigur einbeziehen.[62] Es fehlt eine Untersuchung der Lyrik zum Siebenjährigen Krieg, die im Gefolge von Gleims *Grenadierliedern* entstanden ist.[63] Es fehlen eine erneute Darstellung der »Deutschen Bewegung«[64] und eine erneute Untersuchung von Herders »Volks-« und »Nations-«Begriff.[65]

Weit unterrepräsentiert sind in unserem Band diejenigen Autoren und Schriften, die sich mit dem vaterländischen Identitätsprojekt kritisch auseinandersetzten und/oder die »Liebe zum Vaterland« mit weltbürgerlichen Perspektiven zu verbinden suchten. Überzeugende Beispiele für die letzteren finden sich in den Untersuchungen der Patriotismusforschung.[66] Daß es sie gibt, ist kein Einwand gegen unsere Darstellung; sie in größerem Umfang zu

61 Hierzu immer noch wichtig die geistesgeschichtlich beschreibende Arbeit See 1970.

62 Ein Beispiel, auf das mich mein Freiburger Kollege Heinrich Bosse aufmerksam machte, wird unten, S. 168, Anm. 28, wenigstens genannt.

63 Bisherige Literatur dazu unten, S. 69, Anm. 10.

64 Zu den einschlägigen Arbeiten von Otto Dann siehe oben, Anm. 34 und 37.

65 Ein schmaler Aspekt aus Herders Schriften wird unten, S. 178 ff. behandelt. Zur Widersprüchlichkeit seines Denkens jetzt auch Fischer 1995, S. 183-229, zur Diskussion um seinen Nationalismus Knoll 1996.

66 Eine besonders eindrückliche Stelle zitiert Vierhaus 1980 b, S. 16; sie sei auch hier angeführt:
»Also eine lebhafte und unwandelbare Empfindlichkeit der Seele gegen alles, was das Vaterland angeht, genährt aus richtigen Grundsätzen; ein feuriger Eifer, ausgebreitet über die Erhaltung seiner Gesetze, seiner Ordnung, seiner Sicherheit, über die Vermehrung seines Wohlstandes, seines Ruhmes, seines Ansehens bei anderen Staaten; eine immer gleiche Bereitwilligkeit, ihm in jeder Verlegenheit mit Einsichten, mit Erfahrung, mit Mühe, mit Nachtwachen, selbst mit den liebsten Gütern beizustehen, es gegen alle Anfälle gern zu schützen, gerne zu seiner erforderten Verteidigung Blut und Leben aufzuopfern, und dies alles aus herzlicher Liebe des Vaterlandes, ohne Rücksicht auf persön-

berücksichtigen, hätte unserer Meinung nach an unseren Ergebnissen nicht viel geändert.

Es fehlt, zeitlich *nach* der von uns behandelten Periode, eine Untersuchung des Nationalismus der sogenannten »Deutschen Jakobiner« und des Deutschlandbildes Hölderlins. Es fehlt, zeitlich *vor* unseren Texten, ihre Abgrenzung gegen das frühe, kulturpatriotische nationale Denken von Hutten bis ans Ende des Barocks.[67] Die Arminiusfigur und wichtige Formeln des späteren nationalen und nationalistischen Diskurses stammen aus dieser Frühzeit. Aber nationales Denken hat in der repräsentativen Gelehrtenliteratur des 16. und 17. Jahrhunderts eine andere literarische und gesellschaftliche Funktion als in der marktförmigen Publikumsliteratur des 18. Jahrhunderts; die Texte sind rhetorisch bestimmt, nicht individualistisch verfaßt, ihnen fehlt der entscheidende subjektive Identifizierungsaspekt auch dort, wo persönliche Lebenserfahrung und Lebensproblematik in sie eingegangen sind. Gleichklingende Formeln haben in einem anderen kulturellen System andere Bedeutungen. So bestätigt uns diese Vorgeschichte nationalen Denkens durchaus die allgemeine Ansicht, den ›modernen‹ Nationalismus erst im 18. Jahrhundert beginnen zu lassen. Dies an den Texten im einzelnen zu zeigen, hätte jedoch eine ebenso eingehende Interpretation auch der früheren Texte gefordert, wie wir sie den späteren haben zuteil werden lassen.[68]

Eine Gesamtdarstellung schließlich dürfte den deutschen Patriotismus und Nationalismus nicht als isoliertes deutsches Phänomen betrachten, sondern müßte ihn im internationalen Rahmen, mit dem Blick vor allem auf Frankreich und England, diskutieren.[69]

Wenn wir trotz solcher Defizite diesen Band veröffentlichen, so geschieht das nicht nur aus der Einsicht in die begrenzten Mög-

liche Befriedigung, dies ist Patriotismus.« Ch. C. L. Hirschfeld: Betrachtungen über die heroischen Tugenden. 1770. (In: Vierhaus, 1980 a, S. 16, zit. nach H. König, *Zur Geschichte der Nationalerziehung in Deutschland* ..., 1960).

67 Zu Hutten jetzt: Hardtwig 1994, S. 15-33.

68 Zu Huttens *Arminius* zuletzt Roloff 1995; Roloff gibt eine sorgfältige Interpretation des Textes, seinen rhetorischen Charakter betonend (zugleich werden Text und deutsche Übersetzung hier wieder zur Verfügung gestellt). Ähnlich für Lohenstein: Spellerberg 1995.

69 Zu Frankreich: Fink 1984 und 1993.

lichkeiten unseres temporären Arbeitskollektivs, nicht nur aus Skepsis gegenüber umfassenden Gesamtdarstellungen zum gegenwärtigen Augenblick und nicht nur, um über einer größeren Aufgabe den Zeitpunkt aktueller Diskussionen nicht zu verpassen; es geschieht vor allem aus der Erfahrung, daß nur die genaue und intensive Lektüre der Texte, der bekannten und der weniger bekannten – möglichst vorurteilsfrei, aber vom bewußten, durch Diskussion kontrollierten Erkenntnisinteresse gesteuert –, daß nur eine solche intensive Auseinandersetzung mit den Texten selbst neue Erkenntnisse bringen kann.[70]

70 Nach Drucklegung des Manuskripts erschien: Ulrich Herrmann (Hg.): *Volk – Nation – Vaterland*. Hamburg 1996. (= Studien zum 18. Jahrhundert. Bd. 18). Der umfangreiche Sammelband ergänzt unsere Untersuchungen vor allem stofflich in vielerlei Hinsicht, berührt aber unsere Gegenstände nur gelegentlich, unser Erkenntnisinteresse und unsere Thesen kaum je. Eine ausführliche Auseinandersetzung mit Fragestellung, Methodik und Ergebnissen des Bandes war hier nicht mehr möglich und wird an einem anderen Ort erfolgen.

Hans Peter Herrmann

»Ich bin fürs Vaterland zu sterben auch bereit«. Patriotismus oder Nationalismus im 18. Jahrhundert? Lesenotizen zu den deutschen Arminiusdramen 1740-1808

1. Die Fragestellung

Es ist derzeit Forschungsstandard, den Patriotismus des 18. Jahrhunderts vom Nationalismus des frühen 19. Jahrhunderts zu unterscheiden. Demnach bildeten sich in Deutschland patriotische Strömungen im mittleren 18. Jahrhundert im Kontext »der antifeudalen bürgerlichen Emanzipationsbewegung« heraus; sie waren der »bürgerlichen Freiheitsidee« verpflichtet, kosmopolitisch orientiert, in hohem Maß »kulturell-literarisch« ausgerichtet und auch politisch durch ein freiheitliches, ja »antidespotisches patriotisches Pathos« bestimmt. Nach 1789 und unter dem Druck der napoleonischen Besetzung verwandelte sich dieser »progressive« Patriotismus – zumindest teilweise – in einen politisch »konservativen« Nationalismus, der seine freiheitlichen Ursprünge aufgab, »obrigkeitshörige, reaktionäre« Züge in sich aufnahm und eine dem Patriotismus fremde »nationale Aggressivität anderen Völkern gegenüber« entwickelte.[1]

Die Zahl der Aufsätze, Artikel und Bücher, die solche Erkenntnis, in der referierten oder einer anderen Terminologie, verbreiten, ist stattlich.[2] Die Forschung verdankt ihnen neue Einsichten in die

1 Prignitz 1981, S. 185 ff. Scharfe Kritik an Prignitz bei Sahmland 1990, S. 79 u. ö. Sahmland zeichnet inhaltlich ein komplexeres Bild des Patriotismus im 18. Jahrhundert, arbeitet aber methodisch mit der gleichen »Voraussetzung, daß Patriotismus als Erscheinungsform des 18. Jahrhunderts inhaltlich vom Nationalismus abzugrenzen ist, der ein beherrschendes Thema besonders im 19. Jahrhundert werden sollte« (ebd.).

2 Drei Beispiele: programmatisch (den »wahrhaften« Patriotismus der zweiten Hälfte des 18. Jahrhunderts scharf gegen den »forcierten Nationalismus« des 19. Jahrhunderts setzend) der kurze grundlegende Auf-

komplexen Zusammenhänge des frühen deutschen Nationalgedankens sowie die beruhigende Gewißheit, daß selbst den Exzessen des wilhelminischen und des nationalsozialistischen Nationalismus die Gnade einer unschuldigen Geburt beschieden war. Der Nationalgedanke war offenbar nicht von Anfang an verderbt, es hat ein Sündenfall stattgefunden, und über ihn wird in der Geschichts- und der Literaturwissenschaft seit einigen Jahren gerne geforscht. Auf diese Weise läßt sich die Zeit beschwören, als alles noch rein und unschuldig war. Natürlich wird dabei von den Autoren, berufshalber um Genauigkeit bemüht, »eingeräumt«, »daß die Grenzen zwischen Nationalmythos und Ideologie fließend« sind, aber wichtiger als die Vermischungen sei denn doch der »Unterschied« zwischen Mythos und Ideologie; schließlich geht es um den Sündenfall, der die unschuldige Vorgeschichte von der blutigen Geschichte trennt, geht es um »die Kluft zwischen den älteren Vorstellungen von einer ›deutschen Nation‹ und der Ideologie des Bismarckschen Deutschland«[3], von späteren Ideologien zu schweigen.

In der deutschen Literaturwissenschaft war einstmals anders über diesen Gegenstand gesprochen worden. 1966 etwa galt »Nationalismus in Germanistik und Dichtung«[4] als ein eher beunruhigendes Thema, dessen explizite Behandlung auf dem Münchner Germanistentag der mächtige Benno von Wiese lieber verhindert hätte.[5] In Klopstocks und Kleists Schriften waren durchaus bedenkliche, aggressiv- nationalistische Züge wahrgenommen worden; Gerhard Kaiser und Beda Allemann hatten sich mit ihnen auseinandergesetzt und erhebliche Mühe damit gehabt, das, was sie gleichlautend als »befremdlich« empfanden, als bedauernswer-

satz von Vierhaus 1980 b. – Die Französische Revolution als Scheidelinie auch bei Alter 1985, z. B. S. 45. – Ebenso der Artikel *Patriotismus* im *Historischen Wörterbuch der Philosophie*, Busch/Dierse 1989; die umfangreiche Zitatensammlung hat einen zentralen Ordnungsgesichtspunkt: mit der Französische Revolution und den Befreiungskriegen beginne ein »Prozeß«, »der den Patriotismus mehr und mehr in den Gegensatz zum Kosmopolitismus bringt [...] und schließlich zum Nationalismus steigert und zum Chauvinismus pervertiert« (Bd. 7, Sp. 211).

3 Johnston 1990, S. 10f.

4 Wiese/Henß 1967.

5 Zur konfliktreichen Vorgeschichte dieses Germanistentags: Conrady 1988.

ten Abfall beider Dichter von der sonstigen Höhe ihrer religiösen oder kosmopolitischen Gefühle und Gedanken darzustellen.[6] Wie aber dies? Finden sich etwa bereits in Klopstocks »Bardieten«[7] (1767-1787), oder in der Germanenschwärmerei der Göttinger Hain-Bündler (1773) diese »fließenden Grenzen«, die Johnston erst in der napoleonischen Zeit gesehen haben will? Wäre der Sündenfall des Patriotismus etwa schon vor 1789, mitten im paradiesischen Ursprungsfeld aufklärerischen Freiheitsstrebens anzusiedeln?

Jost Hermand hat 1979 konstatiert, das »Konzept Deutschland« sei in der BRD »kein zentraler Diskussionsgegenstand mehr«.[8] Die Feststellung galt nur wenige Jahre; der Historikerstreit und die Auseinandersetzungen über die politische (Wieder-)Vereinigung haben zumindest vorerst Deutschland als Thema wieder in den Vordergrund gerückt. Anlaß genug, sich über die Entstehung dieses Konzeptes im 18. Jahrhundert erneut Gedanken zu machen. Denn die Patriotismusforschung der 80er Jahre steht in der Gefahr, zaghafte Einsichten ihrer Vorgänger zu verdrängen und im Bestreben einer durchgreifenden »Entsorgung der Vergangenheit«[9] Widersprüche in den Texten selbst zu übersehen.

Ich möchte deshalb die allgemeine These vom grundlegenden Unterschied zwischen dem Patriotismus *vor* 1789 und dem Nationalismus *nachher* an einem kritischen Punkt überprüfen: durch eine erneute Lektüre der vier Arminius-Dramen, die zwischen 1740 und 1810 von namhaften deutschen Autoren geschrieben worden sind.[10] Meine Lesart dieser Texte, die ich zur Debatte stelle, ist

6 Allemann 1967; Kaiser 1967; »befremdlich« dort S. 168 und 310.

7 Mit dem selbsterfundenen Namen »Bardiet« (abgeleitet vom damals beliebten germanischen ›Barden‹) bezeichnete Klopstock seine drei epischen Dramen zum Arminius-Stoff.

8 Hermand 1979, S. IX.

9 Titel des streitbaren Buches von Wehler 1988.

10 In historischer Reihenfolge (bibliographische Angaben im Literaturverzeichnis): Johann Elias Schlegel: *Herrmann. Ein Trauerspiel* (entst. 1740/41; gedr. 1743). – Justus Möser: *Arminius* (gedr. 1749). – Friedrich Gottlob Klopstock: *Hermann's Schlacht. Ein Bardiet für die Schaubühne* (gedr. 1769). Im gleichen Band auch die Fortsetzungsstücke *Hermann und die Fürsten* (1784) und *Hermanns Tod* (1787), die ich ebensowenig behandele wie die zeitgenössischen epischen Darstellungen von Schönaich und Wieland. Zu ihnen die ideologiekritische

nicht voraussetzungslos; sie bringt bewußt die eigene historische Erfahrung und die wissenschaftliche Auseinandersetzung mit nationalsozialistischer Praxis und Ideologie in die Lektüre mit ein.

II. Interpretationen

1. Haß, Blut und Rachetaten

Liest man die Arminius-Dramen hintereinander, fällt auf, wie häufig hier Affekte, die üblicherweise negativ bewertet werden, im Kontext patriotischer Situationen eine explizit positive Bedeutung erhalten. In der Auseinandersetzung zwischen Germanen und Römern legitimiert schon Schlegels *Herrmann* den Haß als Tugend eines nationalen Helden:

> Wer Rom nicht hassen kann, kann nicht die Deutschen lieben.
> Was teilest Du Dein Herz? Sei treu mit ganzen Trieben
> Sei römisch oder deutsch! Jetzt wähle deinen Freund;
> Rom oder deinem Volk sei günstig oder feind.[11]

Die Fähigkeit zum Haß als Forderung des wahren »Deutsch«-Seins – nationales Denken als Freund-Feind-Denken, das keine Alternative erlaubt –, die Formeln bürgerlicher Liebesideologie (das ungeteilte Herz, Treue als Tugend) funktionalisiert für das Objekt »Volk«: aus dem Zusammenhang gerissen (und vom Alexandriner-Versmaß abgesehen), würde man diese Stelle eher für ein Dramenzitat von 1914 oder 1933/39 halten als für eines von 1740.[12]

Arbeit von Kuehnemund 1966, S. 61-73; über die beiden Klopstock-Bardiete informiert auch Fischer 1995, S. 170-182. – Heinrich von Kleist: *Die Hermannsschlacht. Ein Drama* (entst. 1808). – Stellenangaben in meinem Text mit Akt, Szene bzw. Szene und Seitenzahl der benutzten Ausgaben; bei Kleist zitiere ich nach Akt, Szene und Verszahl. Im Kommentar der Kleistausgabe von I.-M. Barth, S. 1076-1084, ein knapper, wenn auch etwas auf das eigene Kleist-Bild zugeschnittener Überblick über die Motivgeschichte bis ins 19. Jahrhundert. – Weitere Literatur in den verschiedenen Artikeln von Wiegels/Woesler 1995. Zu weiteren Aspekten des Arminius-Mythos vgl. unten in diesem Band S. 161 ff.

11 Schlegel I,2, S. 318.

12 In Schlegels Drama ist Flavius, Hermanns mit Rom verbündeter Bruder, die Figur, die den ›humanistischen‹ Versuch unternimmt, einen

Dem Haß auf den Feind entspricht die blutige Gewaltsamkeit des dargestellten Volkskrieges. In Schlegels Drama beschreibt ihn eine Frau, Thusnelda, während sie auf den Ausgang der Schlacht wartet, die ihr Mann, der germanische Cheruskerfürst Herrmann, dem römischen Feldherrn Varus liefert:

> Mein Geist ist in der Schlacht, mein Herz klopft hoffnungsvoll.
> O Deutschland, freue dich, nun wirst du neugeboren.
> Mir schallt der Barden Lied noch immer vor den Ohren.
> Ihr mutiger Gesang, der ein Geschrei gebar,
> Durch das er selbst gedämpft und überstimmet war!
> Wieviel wird Herrmanns Arm schon hingestrecket haben,
> Und Leichen unter Blut und Leichen tief begraben.
> Wie mancher tapfre Schritt wird, Deutschland zu befrein,
> Schon über Schanzen, Feind und Tod gestiegen sein![13]

Auch dies verwundert in einem Text von 1740: die Vorstellung von der Wiedergeburt Deutschlands aus dem Blutbad der nationalen Befreiungsschlacht.

Man wird solche Stellen nach zwei Richtungen hin lesen. Auf der einen Seite sind sie Erbe des Barockdramas, dem die Blut- und Tötungsmetaphorik selbstverständlicher war als späteren Zeiten; die Sublimation von Blut und Gewalt in der Literatur, an die wir uns gewöhnt haben, so daß das Gegenteil uns auffällt, ist ein Ergebnis von Aufklärung und Klassik. Doch auf der andern Seite scheint es mir legitim, eine historisch so frühe relevante Verbindung von Aggressivität und Nationalismus auch mit den Augen dessen zu lesen, der die Ereignisse von 1914, 1933 und 1939 aus seinem Kopf tilgen müßte, würde er nicht auch danach fragen, in welcher Relation der historische Text zum weiteren Gang der Geschichte steht.

In Mösers *Arminius* ist »Rache« das Motiv, mit dem das Volk nach der gewonnenen Vernichtungsschlacht im Teutoburger Wald dem Cheruskerfürsten Herrmann zur endgültigen Zerstörung Roms

Ausweg aus der Alternativlosigkeit solcher Frontstellung »Römer oder Deutscher« zu finden. Der Versuch wird im Drama breit dargestellt und kritisiert. – Zur Flaviusgestalt jetzt Krebs 1995, der (S. 308) das deutsch-französische Beziehungsgeflecht von Schlegels Drama ausführlich darstellt und das Werk durch solchen Kontext als über jeglichen Nationalismus-Verdacht erhaben ansieht.

13 Schlegel IV,1, S. 356f.

zu folgen bereit ist.[14] Wenn auch, bedingt durch eine andere Handlungsanlage, die unmittelbaren Schlachtbilder hier fehlen: die Polarisierung, die in den Römern die Feinde der Menschheit sieht und nur in ihrer Vernichtung Schutz vor ihnen erwartet, ist auch bei Möser am Werk; bei ihm äußert sich die Angst vor den (römischen) Feinden in der bezeichnenden Motivik von Überflutungsphantasien und Eindämmungsbestrebungen, und auch bei ihm rauscht es vielfach von Blut.

> Roms Herrschsucht sinkt nicht eh als mit ihm selbst zu Grunde:
> Und krankt es jetzo gleich an der empfangnen Wunde:
> So wird es, lassen wir ihm durch den Frieden Zeit,
> Mit ausgeruhter Macht und bei Gelegenheit
> Urplötzlich, unverwandt uns stärker überschwemmen;
> Dann werden wir zu spät den wilden Ausbruch dämmen.
> Jetzt kommt es nur allein auf einen Sieg noch an:
> So ist Rom und die Welt uns Deutschen untertan.
> Des Friedens Hinterhalt droht tückisch mit Gefahren;
> Vor jeden Tropfen Blut, den wir jetzt scheinbar sparen,
> Strömt in der Folgezeit vielleicht ein ganzes Meer.
> [...]
> Seufzt nicht mein Kind und Weib noch in der Römer Ketten?
> Schreit dir dein Blut nicht zu, wie Rom uns mitgespielt?
> Wie ihr entmenschter Grimm in unserm Blut gewühlt?
> Wie oft der Rhein erstaunt von unserm Blut sich färbte?
> Wie mancher in dem Haus, das er vom Vater erbte,
> Und dessen heißen Schutt verschmorend aufgebrannt?
> Verfluchte Friedenslust! verratnes Vaterland!
> Gott! Deutsche! Sigismund! Ich soll der Römer schonen?[15]

In solchen Versen wird barockes Alexandrinerpathos gleichsam an den Sublimationsmechanismen von Aufklärung und Empfindsamkeit vorbei in das neue nationale Thema und seine dramatische Gestaltung überführt. Dabei überrascht der Text mit einer frühen, durchaus beachtenswerten Version deutscher Weltherrschaftsphantasien.[16]

14 (Das Volk:)

> Es raucht von Streitbegier und harrt, du werdest ihm
> Die Bahn zum Capitol durch deinen Vorgang brechen
> Um sich durch dessen Sturz in Rom an Rom zu rächen.

(Möser S. 137/5 ff.).

15 Möser S. 134/18 ff. und 136/3 ff.

16 Solche Weltherrschaftsphantasien sind den barocken Königsdramen

Auch in Klopstocks »Bardiet« *Hermann's Schlacht* sind »Rache« und »Blut« beherrschende Leitworte. Bereits die Konstruktion des Dramas ist darauf ausgerichtet: die Schlacht im Teutoburger Wald ist sein Schauplatz und sein Thema. Zehn Szenen lang kommentieren ein Druidenchor und wechselnde germanische Heerführer das blutige Geschehen hinter der Bühne mit berichtenden Schilderungen und anstachelnden Gesängen; in ihren Worten »fließt« ständig verhaßtes »Römerblut«, aber auch kostbares germanisches Blut in Strömen, wird der »Blutring« zitiert, den ein Germane für erschlagene Römer erhält[17], spielen »Römerleichen« und die weißen Gebeine der Toten eine beachtliche Rolle. Die dreitägige Schlacht wird mit erkennbarer Ästhetisierung als ein blutiges Opferfest gefeiert[18]; vier weitere Szenen dienen der nicht weniger emphatischen Feier des gloriosen Siegs. Damit nicht genug: das Stück endet nicht mit dem Glück des endlich beendeten Kampfes, sondern mit der Aussicht auf einen neuen, nicht weniger blutigen, und der steht vollends im Zeichen der Rache, der Rache an den Römern für den in der Schlacht gefallenen Vater Hermanns. Alle anwesenden germanischen Krieger und alle betroffenen germanischen Stämme schwören, zu »Kriegsgeschrei« und Hörnerton,

zu rächen an den neuen Legionen Siegmars Tod, der ein Mann des Vaterlands war, ein ganzes Heer *er*, der Eine, mit nie vergessender, nie verzeihender Rache, durch Fessel oder Blut, zu rächen Siegmars, Siegmars Tod! Siegmars Tod![19]

Nicht nur »Blut«, sondern auch »Fessel« sollen die Mittel der Rache sein: diejenigen, die Krieg führten, um sich von Sklaverei zu befreien, tragen bei Klopstock keine Scheu, die anderen, die sie versklavten, ihrerseits zu Sklaven machen zu wollen. Das Unrecht, das man erfuhr, rechtfertigt, daß man nun selbst die gleichen Taten begeht. Es wird sich zeigen, daß uns diese Figur nicht nur bei Klopstock begegnet.

nicht fremd; ich denke aber, daß der Wechsel von der Objekt- zur Wir-Phantasie einen durchaus qualitativen Sprung darstellt.

17 Klopstock 6. Szene, S. 298, und 14. Szene, S. 349.

18 »Diese lang beratschlagte, kühne Schlacht, die so schön begann und so schön fortschlug«, erinnert sich der alte Siegmar wehmütig, als sie verloren scheint. (Szene 8, S. 310).

19 Klopstock 14. Szene, S. 348 f.

Die Aggressivität und Brutalität von Kleists *Hermannsschlacht* ist immer gesehen worden; nur ihre Wertung steht zur Diskussion. Ich brauche nicht zu betonen, daß mir eine beschwichtigende Deutung unangemessen erscheint. Schon die Vorgängerreihe der Arminius-Dramen verbietet m. E. eine Perspektive, die sich zur Erklärung dieses befremdlichen Textes mit Hinweisen auf Kleists besondere, zu Extremen neigende Dichtungsweise und auf die besondere politische und biographische Situation um 1808 begnügt.[20]

Ich will mich bei der Interpretation der *Hermannsschlacht* auf die berüchtigte Bärenszene konzentrieren, in der Hermanns Gattin Thusnelda den Römer Ventidius auf offener, dunkler Bühne von einem Bären zerfleischen läßt, um sich an ihm zu rächen dafür, daß er ihr Liebe geschworen, in Wahrheit es aber auf ihr »goldenes« Haar abgesehen hatte, das er der Kaiserin in Rom als Kriegsbeute zu übersenden versprach. Für die Bewertung dieser brutalen Rachehandlung scheint mir die kurze Replik im Gespräch Thusnelda–Gertrud wichtig, weil Kleists Text hier selbst die Instanzen thematisiert, vor denen eine solche Tat traditionell und für seine Figur zu beurteilen ist:

> GERTRUD:
> Hier werf ich mich zu Füßen dir:
> Die Rache der Barbaren sei dir fern!
> Es ist Ventidius nicht, der mich mit Sorg' erfüllt;
> Du selbst, wenn nun die Tat getan,
> Voll Reu' und Schmerz wirst du zusammenfallen!

20 Ich werde in dieser Skizze auf allgemeine Forschungsliteratur zu den behandelten Dramen und Autoren nicht weiter eingehen. Vor allem bei Klopstock wird das Thema des Patriotismus, bei Kleist sein Nationalismus und sein Verhältnis zur Gewalt in vielen Untersuchungen mitbehandelt; aber eine Auseinandersetzung mit den säkularisationsgeschichtlichen Klopstock- oder den diskursanalytischen Kleistinterpretationen zum Beispiel würde den Rahmen dieses Aufsatzes sprengen. Hinweisen muß ich jedoch auf die verschiedenen Arbeiten von Harro Zimmermann, der seit 1974 die These vom emanzipatorisch-freiheitlichen Charakter von Klopstocks politischer Dichtung vertritt, die mit unseren Ergebnisse nicht vereinbar ist (Dzwonek/Ritterhoff/Zimmermann 1974; Dzwonek/Zimmermann 1975; Zimmermann 1981, 1987, 1993), und auf einen Titel für Kleist, weil er die umstrittenste neuere Theaterrezeption des Werkes betrifft: Peymann/Kreutzer 1984.

THUSNELDA:
Hinweg! – Er hat zur Bärin mich gemacht;
Arminius' will ich wieder würdig werden.[21]

Gertrud bringt nicht nur abstrakt die allgemeinen Werte von Moral und Humanität (keine »Rache der Barbaren«!) ins Spiel; sie appelliert unmittelbar an die zentrale Instanz, in der das Menschenbild des deutschen Idealismus Moral angesiedelt hatte: das Gewissen, die Selbstidentität des Menschen, der in sich selbst einen Kern von Humanität hat, welcher zwar situativ übertönt, aber nicht zerstört werden kann.

Gertruds Appell geht jedoch ins Leere. Thusnelda ist offenbar nicht nach der Individuums-Vorstellung des deutschen Idealismus konstruiert. In sich selbst findet diese Frau keinen Wert der Selbstidentität, an den sie sich halten könnte; ihre Identität wird nur durch den Bezug zum anderen konstituiert: »Arminius' will ich wieder würdig werden«. Nur im Bild des Arminius existiert sie. In Arminius' Augen hat Ventidius sie »zur Bärin gemacht«, zum Objekt, zum bloßen Tier erniedrigt; dem Arminius gegenüber muß sie sich von dieser Schande wieder reinigen.[22]

Man begreift die Konstitution dieser Dramen erst, wenn man sie vor dem Hintergrund anderer Gestaltungsmöglichkeiten sieht. In

21 Kleist V,15; Vers 2316ff.

22 Thusnelda weiß nicht, daß ihr Mann sie bewußt in die Situation getrieben hatte, in der sie glaubt, nicht mehr vor ihm bestehen zu können; das widerlegt nicht, sondern bestätigt die hier vorgetragene Interpretation. – An der Figur der Thusnelda exemplifiziert übrigens das frühe nationalistische Drama die betonte Einbeziehung auch der Frau in den kriegerischen Gewaltzusammenhang. Dabei kommt es zu durchaus zeittypischen Unterschieden. Schlegels Germanenfürstin ist noch eine selbstbewußte Herrin; aus eigener Entscheidung zieht sie mit in den Kampf, die Männer zu unterstützen. Bei Möser und bei Klopstock ist Thusnelda bereits auf die dienende Funktion einer Heldengattin oder Heldenbraut und auf die häusliche Sphäre beschränkt: bei Möser verharrt sie in beklagenswerter Passivität, während ihr Mann umgebracht wird; bei Klopstock darf sie Köcher und Pfeile allenfalls zur Jagd, nicht aber im Männerkampf einsetzen. Bei Kleist schließlich ist Schlegels frühaufklärerisches Frauenbild einer durchaus spießbürgerlichen Weiblichkeitsrolle gewichen; das hübsche Dummchen wird von seinem Mann nach Belieben manipuliert und als Köder für einen fremden Mann ausgelegt – dann allerdings zu einer brutalen Rachehandlung aufgestachelt.

Kleists Drama sind die Wertvorstellungen negiert, die im idealistischen Drama den Bezug der Person zu sich selbst ausmachen – und dies, wie der kurze Dialog zeigt, bewußt. Zumindest die hier dargestellte Frau existiert nicht als Person ›für sich‹, sondern nur als Objekt eines anderen Willens.[23]

Das Schema der »verfolgenden Unschuld« gilt im übrigen für die Handlungsanlage aller hier behandelten frühen nationalistischen Dramen. Die Taten der Feinde, der Römer, sind so schlimm zu bewerten, daß ihnen gegenüber, und um sie zu vernichten, jede eigene Untat erlaubt ist.[24] Kleists *Hermannsschlacht* ist für dieses

23 Parallel zu Thusnelda ist die Figur der Hally zu sehen, in deren Darstellung die einfachste traditionelle Achtung vor der Würde und der Unversehrtheit des andern Menschen außer Kraft gesetzt ist. Die ungewöhnlich brutale Erfindung, die Tötung und Zerteilung einer Frau (IV,4), ist in ihrem kunstvollen Arrangement (Vergewaltigung der unschuldigen Tochter eines besonders wehrhaften Mannes, rituelle Ermordung durch die nahen männlichen Verwandten, wobei das Objekt fremder Begierde vollends und auf besonders brutale Weise zum bloßen Ding gemacht wird) durchaus als eine frühe Bündelung von Motiven zu interpretieren, die Theweleit in Männerphantasien für eine spätere Zeit analysiert hat, als dem Charaktertyp der nationalistisch geprägten, »soldatischen Männer« im Vorfeld des Nationalsozialismus eigen (Theweleit 1977). In der Tötung und Zerteilung der Hally wenden sich die Aggressivität und das Lagerdenken, die in den bisher betrachteten nationalen Dramen nach außen gegen den Feind gerichtet waren, nach innen gegen die Angehörigen der eigenen Nation und Familie. Für das nationale Lagerdenken war ihr Körper durch die Vergewaltigung zur Beute und damit zum Bestandteil des Feindes geworden; durch seine Funktionalisierung für den Befreiungskampf wurde er, unter Auslöschung ihrer wertlos gewordenen Person, wieder in die Gemeinschaft der Germanen heimgeholt (V,23; 2548-51 erhält die Tote, »zerstückt«, ein gewisses Maß an Handlungsfähigkeit zurück). – Ich vermute, daß die andere Form der Ichkonstruktion bei Kleist auf einen ähnlichen, aber verdeckteren Befund bei Möser und Klopstock verweist; das wäre genauer zu untersuchen. Überhaupt wäre die Sozialpsychologie des Patriotismus/Nationalismus für das 18. Jahrhundert noch zu schreiben. Das Vorhaben müßte vom Boden der neueren Narzißmusforschung ausgehen, deren Ergebnisse R. Scholz vor kurzem zu einem Generalangriff auf die bisherigen sozialpsychologischen Vorstellungen von der »Geschichte des Ich« im 18. und 19. Jahrhundert benutzt hat: Scholz 1988.

24 Eine andere Form des Schemas bei Möser: Die Notwendigkeit, sich

Schema allerdings das eklatanteste Beispiel mit seiner frühen Vorstellung eines radikalen Krieges der »verbrannten Erde« (I,3 V. 374-382) und mit seiner von der Tradition weit abweichenden Anlage des Hermann: rücksichtslose Verschlagenheit als hohe Tugend eines nationalen Helden; ein rechtschaffener Germane, der so sehr rächender Germane ist, daß er zum Überrömer pervertiert und die Römer mit ihrer – in der Vorstellung der Deutschen – eigenen Waffe, Verstellung, übertrumpft.

2. Die Freiheit des Vaterlandes

Die emphatische Darstellung von Haß, Rache und Aggressivität im Namen Deutschlands ist nur ein erstes, auffallendes Merkmal des frühen nationalistischen Dramas. Auf einer anderen Ebene liegen die inhaltlichen Werte, in deren Namen in diesen Dramen gehaßt und gemordet werden darf: Volk, Vaterland und nationale Freiheit.

Schlegels *Herrmann* bestimmt, was Freiheit sei, durchaus konkret. Varus unterdrückt die Germanen, indem er ihnen das römische Recht aufoktroyiert.[25] Das ist ein »Schimpf« (S. 316), der gerächt (S. 316) werden muß, eine »Schmach« (S. 323), die mit dem germanischen »Ehrgeiz, frei zu sein« (S. 313), nicht vereinbar und deshalb mit allen Mitteln zu bekämpfen ist.

Dieses den Germanen eigene Freiheitsbedürfnis wird nun von Schlegel mit den Emanzipationsvorstellungen der Aufklärung ausgelegt. Frei sein zu wollen, ist Sache des aufrechten Ganges[26]; mehrfach wird das Eintreten für die Sache der Freiheit als männ-

gegen Roms die ganze Welt umspannenden Herrschaftsanspruch zu wehren, gebiert eigene Weltherrschaftsvorstellungen, siehe oben S. 37.

25 Belegstellen Schlegel S. 315; 317; 323 und 355.

26 Nein! denn darum hat die Gruft
Mein Alter nicht verschont, damit die Nachwelt sage:
Fürst Sigmar diente Rom am Ende seiner Tage.
Sollt ich gebückt, mit Furcht, zu ihm ins Lager gehn?
Sollt ich vor meinem Feind als meinem Herrscher stehn?
[...]
Dem Himmel sei gedankt! Ich bin es nicht allein,
Der sich zu edel schätzt, ihm untertan zu sein.
(Schlegel 1,1, S. 316).

liche Tugend und selbstbestimmte Aktivität gegen verweichlichte »Trägheit« (Gegenfigur des Flavius) und selbstsüchtigen »Eigennutz« (Gegenfigur des Segest) ausgespielt; über solche Andeutungen hinaus wird der Kampf in einer langen Passage ausdrücklich inhaltlich begründet: die Römer müßten besiegt werden,

> Damit nur stummes Leid und argwohnvolles Schweigen,
> Und Gram in Finsternis und Seufzen ohne Zeugen
> In diesen Grenzen[27] nicht die Redlichkeit erstickt
> Und in der deutschen Brust ein Sklavenbrandmal drückt.
> Damit nicht Macht und Furcht uns in ein Tier verwandelt,
> Dem Sprach und Umgang fehlt, und das gezwungen handelt,
> Für sich nicht sieht, nicht will, und gänzlich ohne Sinn
> Nur dem Gebisse folgt[28], und niemals fragt, wohin?
> Damit nicht Schmeichelei die große Kunst der Erde
> Und Arglist und Betrug der Helden Zuflucht werde;
> Und Laster nicht ein Lob, und Tugend Raserei,
> Und Dummheit ein Verdienst, und Klugheit strafbar sei.[29]

Der Zustand der Unterdrückung wird breit ausgemalt als eine Situation, in der nicht nur der einzelne »Leid« und »Gram« ertragen muß, sondern in der die *geselligen* Fähigkeiten der Menschen außer Kraft gesetzt, die Menschen voneinander isoliert werden (das Leid ist »stumm«, der Gram »in Finsternis« und das Seufzen »ohne Zeugen«). Mißtrauen aller gegen alle greift um sich (»argwohnvolles Schweigen«), die Fähigkeit der Menschen zu Vertrauen und tugendhaftem Handeln (»Redlichkeit«) wird erstickt. Alle positiven Werte mitmenschlicher Gesellschaftlichkeit werden in einem solchen Zustand in ihr Gegenteil verkehrt[30]: Schmeichelei wird zur allumfassenden Kunst, Arglist und Betrug geraten zum Mittel vorbildhafter Durchsetzungskraft, das Laster erfährt gesellschaftliche Anerkennung, die Tugend erhält den Stempel des Wahnsinns etc.

Darüber hinaus benennt der Text die Werte auch positiv, in deren Namen hier die Sklaverei abgelehnt wird. Es sind: die Fähigkeit des Menschen zur »Sprache« und zu gesellschaftlichem Handeln (»Umgang«), seine Fähigkeit, sich selbst zu bestimmen (nicht »ge-

27 Gemeint: Germaniens.

28 Zu lesen wohl: »nur dem Zaumzeug ... folgt«, also fremdbestimmt handelt.

29 Schlegel IV,1, S. 358.

30 Siehe die letzten vier Zeilen der zitierten Stelle.

zwungen« handeln, sondern »für sich« sehen und wollen), sowie die Kraft, der eigenen Vernunft zu folgen (nicht wie ein Tier dem Instinkt nachgeben, sondern nach »Sinn« und Ziel (»wohin«) fragen). Das heißt: die politische Freiheit, die die Germanen im Kampf gegen die Römer erringen wollen, wird von Schlegel nicht als Selbstzweck verstanden, sondern als Mittel, als notwendig zu schaffende Vorbedingung für die eigentlichen, die humanistischen Werte der Aufklärung: Sprachfähigkeit, Gesellschaftlichkeit, Selbstbestimmung und Vernunft.[31]

Bei Möser ist von solcher Konkretheit und Grundsätzlichkeit der Auseinandersetzung nichts zu erkennen. Die Untaten der Römer werden wenig spezifiziert; die Konfliktlinie des Dramas verläuft hier zwischen Armin und Sigest. Nationale Werte stehen in den Reden beider Parteien hoch im Kurs: Armin versichert: »Mein Blut ist ewiglich dem Vaterland geweiht« (S. 137/29), Sigest beschwört »die Asche deutscher Väter, / Die ihr geheiligt Blut dem Vaterland geweiht«, und sein Sohn Sigismund beeilt sich zu antworten: »Ich bin fürs Vaterland zu sterben auch bereit« (S. 170/6 ff.), Parallelstellen ließen sich häufen. Bereits 1749 werden hier »Nation«, »Vaterland«, »Deutschland«, »Staat« als oberster Wert und zentraler Argumentationshorizont quer durch die Parteiungen gesetzt, wird der »Tod für das Vaterland«[32] als Erfüllung des (Männer-) Lebens propagiert.

Der Streit innerhalb des Dramas geht um die rechte Weise, dem Vaterland zu dienen, und dabei spielt der Freiheitsbegriff eine zentrale Rolle: als Kampfbegriff Sigests und seiner Partei partikularer Fürsteninteressen. »Freiheit« in Mösers Drama bedeutet die

31 Ich halte diese kurze Tirade für bedeutsam. Sie wird nicht vom Haupthelden in programmatischer Absicht, sondern von Thusnelda in einer eher besinnlichen Situation (IV,1) als Selbstverständlichkeit gesprochen; gerade darin liegt m. E. ihre Aussagekraft. Es sind dies Sätze, zu denen es im entfalteten nationalistischen Drama von 1914 oder 1933 kein Pendant gibt. Dort ist, etwa bei Paul Ernst oder bei Hans Johst, der Nationalismus Selbstzweck, letzter Wert, nicht Vorbedingung für andere, humane Werte.

32 *Vom Tode für das Vaterland* ist der Titel einer Schrift von Thomas Abbt, erschienen 1761, mit der Abbt, nach bisheriger, soweit ich sehe einhelliger Forschungsmeinung als erster und in Reaktion auf die Ereignisse des Siebenjährigen Krieges, das antike Thema in Deutschland aktualisiert hat. Siehe dazu unten in diesem Band S. 76 ff.

Wahrung der tradierten Partikularrechte selbständiger Landesfürsten gegen das von Armin angestrebte und von Möser moralisch und politisch höher bewertete Volkskönigtum.[33] Armin spricht nicht von Freiheit, sondern nur von seiner Verbundenheit mit dem Volk. Und der Vertreter des Volks, »Ein Deutscher«, versteht schon gar nicht, warum Sigest soviel Aufhebens von der Freiheit macht: »Ich wüßt auch nicht, wo uns der Freiheit Früchte fehlten. / Wir sind und handeln frei; doch nach Vernunft und Recht« (S. 189/25 ff.). Schlegels Forderungen nach aufrechtem Gang, Selbstbestimmung und Vernünftigkeit als Maßstab individueller Moralität sind Mösers Drama fremd; die Aufklärungsdiskussion um die Begründung politischer Ordnung aus dem Geist der Vernunft hat hier keine Spuren hinterlassen.

Auch in Klopstocks »Bardiet« ist von Schlegels konkreter Fassung nationaler Freiheitsforderungen und ihrer Rückbindung an die moralischen Werte der Aufklärungsvernunft nichts zu erkennen. Sein blutiger Schlacht- und Siegesgesang kennt keine inhaltliche Bestimmung der »Freiheit«, für die die Germanen kämpfen. Die Römer sind »Tyrannen«, die Germanen ein »unterjochtes Volk«: über diesen abstrakten, allgemeinen Gegensatz von »Sklaverei« und »Freiheit« (4. Szene, S. 288) kommt das Drama nicht hinaus. An konkreten Unterwerfungstaten der Römer werden eher symbolische Handlungen genannt: auf den Höhen Galliens haben sie »Denkmale der Schmach« gebaut (3. Szene, S. 281), und *einmal* wird erwähnt, daß Varus Wotans Altar angefaßt habe.

Die mangelnde konkrete Inhaltlichkeit wird durch Horrorphantasien ersetzt, inhaltlich vagen, aber mit großer Emotionalität vorgetragenen Andeutungen von den Römern als »den Säuglingsmördern« (2. Szene, S. 268), die »euch das edle Weib« in die »Sklaverei« führen (7. Szene, S. 305) und »eure Bräute« mit Alkohol und Sex verderben[34], oder von den »blutigen Eroberern«, die, nun kombiniert, niemals »mit Deutschlands Säuglingen und Bräuten Mitleid« hatten (11. Szene, S. 330). Man/frau kennt sol-

33 Zu den zeitpolitischen Implikationen von Mösers Drama: Stauf 1991 (dort S. 59-69 zum Arminius) und Stauf 1995.

34 Sonst führen sie eure Bräute,
Die hohen, stolzen Blumen des Frühlings,
Zum Traubenmahle dahin,
Zum nächtlichen schrecklichen Traubenmahle
(Klopstock 7. Szene, S. 305).

che barbarisierenden männlichen Feindbilder aus späterer Zeit, etwa von den »Hunnen«-Vorstellungen aus dem Ersten Weltkrieg oder von den Juden- oder Russen-Darstellungen der Nationalsozialisten. Wenn ich recht sehe, ist Klopstocks Drama der erste moderne Text, der diese kollektivierenden Schreckensphantasien in größerem Ausmaß emphatisch zur Sprache bringt.

Klopstocks *Hermann's Schlacht* verweigert die inhaltliche Darstellung der Freiheitsvorstellung, die dem Kampf ums Vaterland zugrunde liegen soll, nicht etwa versehentlich, sondern bewußt und aus Prinzip. Der Autor erfindet dazu eigens eine längere Szene: nach der Schlacht versuchen zwei gefangene Römer mit Hermann eine Diskussion darüber zu beginnen, was ein gerechter Krieg sei; Hermann lehnt diese Diskussion ab: die Gerechtigkeit der deutschen Sache sei gegeben und brauche nicht expliziert, schon gar nicht vor dem Feind gerechtfertigt zu werden:

> VALERIUS:
> [...] Gerecht ist ein Krieg, wenn...
>
> HERMANN:
> Schweig' hiervon. Du sollst bei Wodans Altare von dieser ernstvollen Sache nicht sprechen, von der du ohne das nicht sprechen kannst. [...][35]

Der Dialog, eine der wenigen dramatischen Auseinandersetzungen im Text, zieht sich mit Unterbrechung über mehrere Seiten, bis er von Hermann mit programmatischer Apodixe abgeschlossen wird:

> VALERIUS:
> [...] Du scheinst ein gerechter Krieger sein zu wollen.
>
> HERMANN:
> Mehr als scheinen, Römer! Ihr scheint! Ich bin, und ich will sein (schließ' hiermit deine Botschaft an Augustus) ein Krieger für die Freiheit meines Vaterlands; kennst du einen gerechteren? aber auch – denn wie sehr seid ihr Das – ein blutiger! [...][36]

Der Krieger für die »Freiheit des Vaterlandes« ist eo ipso ein gerechter Krieger; als solcher braucht er einen möglichen Gegensatz von Schein und Sein für sich nicht mehr zu akzeptieren; und wenn er dabei zugleich ein blutiger Krieger ist, so fällt das nicht in den

35 Klopstock 11. Szene, S. 322; »ohne das« – ich lese: ohnehin.
36 Klopstock 11. Szene, S. 333.

Bereich seiner Verantwortung, vielmehr ist der, der ihm diesen Kampf aufgezwungen hat, allein daran schuld. »Freiheit« ist zum puren, selbstgenügsamen Legitimationsbegriff geworden.
Friedrich Sengle hat die Inhaltslosigkeit dieses Freiheitswillens, die ich hier kritisch herausgestellt habe, in seiner Interpretation von Klopstocks Bardiet affirmativ formuliert, in einer heute befremdlich klingenden Emphase, die ihre Herkunft aus dem nationalen Pathos und dem irrationalistischen Existentialismus der Fünfziger-Jahre-Germanistik verrät, aber gerade darin als zusätzliche Stütze für meine Interpretation gelten kann:

Klopstocks Enthusiasmus ergreift den Wert des geschichtlichen Gegenstandes in aller Unbedingtheit, andererseits verhindert gerade dieser jähe Aufschwung eine gegenständliche Darstellung der Geschichte. Wie die Schlacht zustande kam, welche Parteien und Menschen sich hier ineinander und gegeneinander bewegten, welche realistischen und idealistischen Kräfte ihr Spiel trieben, ist ganz unwesentlich vor jenem Einen, in Ewigkeit Rühmenswerten, daß diese große Befreiungsschlacht geschah.[37]

Es wundert nicht, daß auch Kleists Drama eine inhaltliche Bestimmung des Kampfziels »Freiheit« nicht kennt. Weit über Klopstock hinaus, auf dessen Drama Kleist sich stützt, ist *Die Hermannsschlacht* so konstruiert, daß inhaltliche Ziele zu nennen unnötig ist. Rom wird bereits in der Eröffnungssequenz des Dramas als tyrannische, welterobernde Macht eingeführt, und während die Schreckensbilder von plündernden und sengenden Feindeshorden bei Klopstock nur immer jeweils kurz benannt werden, steigert Kleist sie zu ausführlichen Schilderungen: wie Römer durch das Land ziehen, Dörfer niederbrennen, Kinder töten und Frauen vergewaltigen, wird den noch nicht überzeugten Germanen wie den Zuschauern und Zuschauerinnen breit vor Augen geführt, auf daß sie endlich begreifen, daß diese Herrschaft Unterdrückung ist und die Befreiung von ihr ein Ziel, dessen Rechtfertigung auf der Hand liegt. Man vergißt vor solch gewollter Evidenz fast, daß es auch anders geht und bei J. E. Schlegel der politische Freiheitskampf gegen die Unterdrücker ausdrücklich gerechtfertigt wurde.
Wie Klopstock beläßt auch Kleist es nicht bei der bloßen Abwesenheit inhaltlicher Bestimmungen; er greift vielmehr Klopstocks bewußte Verweigerung jeder Rechtfertigung auf, verdoppelt und

37 Sengle 1969, S. 34.

verschärft sie. In einer ersten Auseinandersetzung (mit dem obligatorischen gefangenen Römer) beruft dieser, ausdrücklich als ›guter‹, menschlicher Krieger gezeichnet (V,12), sich auf das Kriegsrecht, »das Gefühl des Rechts, in deines Busens Blättern aufgeschrieben«, das den Gefangenen vor der »Rache« des Siegers schütze (V,13; 2214 f.). Für Hermann ist das nur ein Anlaß, aufgebracht gegen ihn loszugehen:

Du weißt was Recht ist, du verfluchter Bube,
Und kamst nach Deutschland, unbeleidigt,
Um uns zu unterdrücken?
Nehmt eine Keule doppelten Gewichts,
Und schlagt ihn tot![38]

Wenig später, in der letzten Szene des gleichen V. Akts, wird die Redefigur, nun gegenüber dem romfreundlichen Germanen, verschärfend wiederholt. Hier wartet Hermann die gegnerischen Argumente gar nicht erst ab:

HERMANN:
Ich weiß, Aristan. Diese Denkart kenn ich.
Du bist imstand und treibst mich in die Enge,
Fragst, wo und wann Germanien gewesen?
Ob in dem Mond? Und zu der Riesen Zeiten?
Und was der Witz sonst an die Hand dir gibt;
Doch jetzo, ich versichre dich, jetzt wirst du
mich schnell begreifen, wie ich es gemeint:
Führt ihn hinweg und werft das Haupt ihm nieder!

ARISTAN (erblaßt):
Wie, du Tyrann! Du scheutest dich so wenig?

MARBOD (halblaut, zu Wolf):
Die Lektion ist gut.

WOLF:
Das sag ich auch.

FUST:
Was gilts, er weiß jetzt, wo Germanien liegt?[39]

38 Kleist V,13; 2216-2220. Die Stelle parodiert eine der zentralen Liedstrophen Klopstocks bis in den Wortlaut des »unbeleidigt« hinein; vgl. Klopstock S. 56 und 148.

39 Kleist V,24; 2611-2621.

»Germanien«, das »Vaterland«, von dem Hermann ständig spricht, das gibt es gar nicht in der Wirklichkeit. Aber darauf kommt es auch nicht an. Germanien ist wirklich in denen, die hier gesiegt haben. Man gehört zu ihnen, dann fühlt man es. Oder man gehört nicht zu ihnen und wird es nie fühlen, dann ist es nicht schade um einen, man kann geköpft werden.

Es ist das eine Bestimmung von Germanien und Vaterland, die unmittelbar so in der nationalsozialistischen Ideologie wieder auftaucht. Kleists *Hermannsschlacht* ist ein frühes Zeugnis für einen Nationalismus, der alle Bezüge zur Realität verloren und alle Bezüge zu politischen, religiösen, moralischen und philosophischen Werten preisgegeben hat, der nur als innerpsychische Realität der Gemeinschaft, die durch diese Vorstellung begründet ist, existiert.

Zugleich zeigt die interpretierte Stelle, wie der »Rache«-Gedanke von Kleist über seine Vorgänger hinaus gesteigert wird. Bei Schlegel und bei Klopstock war die Schlußszene des Dramas der Ort, an dem der Sieger nach der Schlacht Großmut dokumentierte und seinen Gegnern das Leben schenkte: bei Schlegel als selbstverständliche Geste, bei Klopstock immerhin als schwerer Entschluß Hermanns gegen politische Einwände seiner Gefolgsleute. Bei Kleist gibt es keine solche Großmut, werden auch die unterworfenen Gegner bedenkenlos, ja provozierend umgebracht. In der von Hermann genannten Trias »Freiheit, Vaterland, Rache« hat der dritte Begriff die beiden vorigen in sich aufgesogen: die Freiheit hat jede Bindung an konkrete Befreiung hinter sich gelassen, das Vaterland *ist* im Akt der Rache am Feind.

Nimmt man die Konstruktion der Dramenschlüsse als inhaltliche Aussage, so ist die erstrebte Freiheit in Schlegels *Herrmann* ein für das deutsche Volk erreichter und von Herrmann als Figur verwirklichter erstrebenswerter Zustand; bei Möser ist Freiheit ein – bornierter – Zustand, dessen Aufrechterhaltung machtgierige Fürsten mordend gegen den guten Volksherrscher durchsetzen. Bei Klopstock und noch mehr bei Kleist aber ist »Freiheit« gar kein Zustand, nicht ein erreichbarer, nicht einmal ein angestrebter, sondern eine Tätigkeit, die Tätigkeit der Vernichtung der Feinde, von der Tätigkeit der »Rache« nicht unterschieden; sie bleibt darin gebunden an den Gegner, den sie braucht, um sich zu verwirklichen.

Dramen bestimmen ihre politischen und weltanschaulichen Positionen nicht nur durch Explikationen, sondern auch durch Konfiguration. Der Arminiusstoff stellt dafür den Gegensatz zwischen Römern und Germanen bereit. Er wird von den vier Dramen auf unterschiedliche Weise als der Gegensatz von Zivilisation und Natur und von Laster und Tugend ausgelegt.
Bereits Schlegels Drama spielt, betont, in einem germanischen »Hayn«, in dem die Götter und Helden verehrt werden, von denen die Tugendnatur der Germanen sich herschreibt; und dieser Ort der Natur und der Tugend wird römischer Stadt-Zivilisation und römischer Unnatur gegenübergestellt:

> Hier prangt Thuiskons Bild, hier Mannus Ehrenmal.
> In diesen ist zuerst der deutsche Mut entglommen;
> Durch sie sind Großmut, Treu und Ruhm auf uns gekommen.
> Der Trieb, der Falschheit flieht, nicht weiche Sitten liebt,
> Nichts von Gesetzen weiß, und doch die Tugend übt;
> Der Ehrgeiz, frei zu sein und nie verkauft zu leben,
> Ist uns von ihnen her in unsre Brust gegeben.[40]

Großmut, Treue und Ruhm sind ohne formulierte Gesetze, wie sie die Römer oktroyieren wollen, in der Germanen Brust heimisch; Germanen sind von Natur aus tugendhaft, und ihre Tugenden verdanken sich dem Bezug zu ihren Göttern, die als Personen vorgestellt werden. Die Römer hingegen sind ein Volk, das verderbt ist und Verderbnis bringt:

> Rom, welches herrschen will, erkauft sich unsere Fürsten,
> Lehrt sie nach Golde sehn und nach der Wollust dürsten.
> Die Unschuld wird verjagt, die Einfalt ist verlacht,
> Die unsere Väter doch beglückt und groß gemacht.[41]

Das Stück ist ganz auf diesen Gegensatz gestellt. Schlegel hat dazu eine eigene Figur ausgebaut, Flavius, den Bruder Herrmanns, der von der Zivilisation und Kultur Roms geblendet wird, ein schwacher, auch sexuell haltloser. Er begehrt, ganz ungermanisch, seines Bruders Weib.[42]

40 Schlegel 1,1, S. 313.
41 Schlegel 1,1, S. 314.
42 Rom kann ein deutsches Herz auch römisch lieben lehren.
Thusnelde hat in mir nicht deutsche Lieb erregt.

Es ist dieser Flavius übrigens eine recht erstaunliche Figur. Mit ihm erscheint, wenn ich recht sehe, eine wichtige dramatische Charakterrolle des 18. und 19. Jahrhunderts zum ersten Mal auf der deutschen Bühne: der Bruder des starken Helden als schwacher, triebhafter, seiner eigenen Sexualität ausgelieferter und an seiner Schwäche leidender Charakter, wie wir ihn von Goethes Weislingen bis hin zum Drama des Naturalismus, der Nationalsozialisten und des kommunistischen Agitationstheaters kennen. Einleuchtend, daß gerade Flavius den Kontrast der römischen Stadtkultur gegen die germanischen »Wüsteneyen« (»ein Land, das nichts als Wälder hat«) kritisch herausstellt (S. 324); so wie die andere Gegenfigur des Dramas, Segest, römerhafte Herrschsucht, List und Eigennutz verkörpert und sich damit negativ gegen germanische »Pflicht« (bereits hier ein zentraler germanischer Wert!) und Selbstbestimmung abhebt.

Das Zivilisation-versus-Natur=Laster-versus-Tugend-Schema ist bei Schlegel der wichtigste, aber nicht der einzige Argumentationsrahmen, innerhalb dessen er den Gegensatz zwischen Römern und Germanen aufbaut. Neben ihm spielt auch eine religiöse Argumentation eine Rolle: die Römer erheben Menschen zu Göttern, die Germanen hingegen haben nur »echte«, transzendente Gottheiten. Bezeichnend ist die Verknüpfung beider Themen. Wie die Freiheitsvorstellung in Schlegels Drama rückgebunden wird an das aufklärerische, humanistische Bild vom emanzipierten individuellen Menschen mit seinem aufrechten Gang, seiner Vernunft, seiner Sprach- und Gesellschaftsfähigkeit, so wird auch die natürliche Tugend der Germanen rückgebunden an die moralischen Setzungen individueller, personal verstandener (nicht-menschlicher) Götter.

Ganz auf den Zivilisation-Natur-Gegensatz stellt Klopstock seine Konfrontation zwischen Römern und Germanen ab.[43] Reale Natur und Naturzustand spielen bei ihm eine Rolle, die weit über alles hinausgeht, was Schlegel diesem Argumentationsschema zu-

> [...]
> Mein Trieb herrscht über mich, und heißt mich, was ich meide.
> Ich selber tue nichts, ich folge nur und leide.
> (Schlegel 1,4, S. 325 f.)

43 Mösers Drama kann hier übergangen werden, da der Germanen-Römer-Gegensatz bei ihm formal zurücktritt und inhaltlich nichts Neues bringt.

mutet. Die Germanen werden von Klopstock dargestellt als Hirten- und Jägervolk, das in den Wäldern und an den Flüssen zu Hause ist, das »sich nährt von der Herde Milch und den Rehen der Jagd«, dessen Mitglieder vertraut sind »mit Stein, Busch, Quellchen und alles« und deshalb den Römern im Kampf in dieser germanischen Natur weit überlegen.[44] Über die faktische Nähe zur realen Natur hinaus wissen die Germanen sich eingebunden in eine natürliche Weltordnung, in der ethnische Vorstellungen eine weit größere Rolle spielen als bei Schlegel und in der die personalen Komponenten der religiösen Vorstellungen gegenüber dem weit ausgebreiteten Naturzusammenhang kaum mehr zur Geltung kommen.

Mehr noch als in den dramatischen Wechselreden und ihrer Metaphorik drückt sich diese Naturordnung in den vielen lyrischen Einlagen des Stückes aus. Selbstverständlich läßt auch Klopstock sich das Ketzertum der Römer, die sich Götter nach dem Bilde der Menschen schaffen und Augustus zum Gott ernennen, nicht entgehen; aber beherrschend ist in seinem Text die Naturmetaphorik, in der dingliche und symbolische Bedeutungen der Natur ständig ineinander spielen und das Vaterland im Bild der Eiche symbolisiert wird:

O Vaterland, o Vaterland!
Mehr als Mutter und Weib und Braut!
Mehr als blühender Sohn
Mit seinen ersten Waffen!

Du gleichst der dicksten, schattigsten Eiche
Im innersten Hain,
Der höchsten, ältesten, heiligsten Eiche,
O Vaterland! [...][45]

Das Lied, zentrales »Lied Derer, die ihr Vaterland mehr als ihr Leben liebten« [S. 95], wird zweimal gesungen; beim zweiten Mal hat der Vergleich Vaterland–Eiche sich zur Identität beider gewandelt:

44 Ein Germane über die Römer: »Die Weichlinge mit dem Kissen auf dem Rosse! Sie sehen sich überall ängstlich um.« Klopstock 1. Szene, S. 260.

45 Klopstock 7. Szene, S. 306 f.

[...]
Du warst ihm die dickste schattigste Eiche [...][46]

Das Vaterland wird naturalisiert. Das hat zwei Konsequenzen. Die eine ist, daß »Deutschland« und »Vaterland« auf diese Weise als unhinterfragbare Gegebenheiten erscheinen. Das Fehlen diskursiv-argumentierender Dialoge in Klopstocks »Drama« hat hier seinen von der Sache her gegebenen Grund: was »Vaterland«/»Deutschland« ist, sein Vorhandensein und sein Wert, steht innerhalb des Dramas vorweg fest und braucht nicht mehr verhandelt zu werden. Die andere Konsequenz ist, daß der Unterschied zwischen gesellschaftlicher und natürlicher Ordnung schwindet; der bekämpften Zivilisation der Tyrannen wird nicht eine naturgemäßere gesellschaftliche Ordnung gegenübergestellt, sondern bloße Natur. Die ausufernde Naturbildlichkeit in *Hermann's Schlacht* evoziert letztendlich eben nur dies: bloße Natur; sie gibt kaum noch einen gesellschaftlichen Sinn frei.[47]

Kleist greift Klopstocks Naturalisierung der Germanen nicht auf. In der historischen Reihe der Arminius-Dramen knüpft er eher an Schlegels Fassung des Zivilisation-Natur-Gegensatzes an. Die Römer erscheinen bei ihm als luxuriös und sinnlich, die einfachen Soldaten von triebhafter, die Adligen von kultivierter Sexualität. Die Germanen hingegen leben einfach und führen ein treudeutsches Familienleben. Andere Aspekte des moralischen Gegensatzes kommen nicht zum Tragen, da Kleist zu sehr darauf aus ist, seine Figur des Hermann mit allen Verschlagenheiten und Grausamkeiten auszustatten, die traditionell den ›falschen‹ Römern vorbehalten sind. Statt dessen entfaltet Kleist im Zivilisation-Natur-Gegensatz ein Moment, das schon bei Schlegel angelegt war, den ich aber oben übergangen habe, weshalb ich noch einmal auf Schlegels Text zurückgreifen muß.

Schlegel hatte in der Expositionsszene neben anderen Tugenden der Germanen auch die herausgestellt: den »Ehrgeiz, frei zu sein,

46 Ebd., 12. Szene, S. 341.

47 Zu diesem Befund paßt, daß das Ethnische in Klopstocks Drama eine sehr große Rolle spielt (ohne alledings je in rassisch-völkische Dimensionen überzugehen); den Germanen Siegmund z. B. erkennt man trotz seiner römischen Gewandung sehr schnell: »er hat kein Römergesicht« (S. 79), Verräter wie Flavius haben bei den Römern »ihre deutsche Stammart ausgerottet« etc.

und nie verkauft zu leben« (siehe oben, S. 42). Das »und« in diesem Satz ist explikativ: Unfreiheit wäre Folge von Verkauftwerden (und, hier, nicht etwa Folge von Gewaltakten). Die auffallende Kombination macht Sinn, weil die Römer ihre Herrschaft nicht nur durch ihre Gesetze, sondern auch durch ihre finanzielle Tätigkeit ausüben:

> Rom, welches herrschen will, erkauft sich unsre Fürsten,
> Lehrt sie nach Golde sehn und nach der Wollust dürsten.[48]

Roms Herrschaftsinstrument ist bei Schlegel weniger die militärische Gewalt als vielmehr der Kauf. Die Römer erscheinen als das Händlervolk, das sich die Welt mit Hilfe einer überlegenen Finanzkraft zu eigen macht und das Geldprinzip, die Begehrlichkeit nach dem Gold (wie die Begehrlichkeit nach fremden Leibern), weiter verbreitet.

Die finanziell-merkantile Argumentation innerhalb des Zivilisation-versus-Natur-Schemas wird von Schlegel eher beiläufig (wenn auch auffällig deutlich) benutzt; sein Drama kommt in seinem Handlungsverlauf nicht wieder auf dieses Thema zurück. Weder Möser noch Klopstock greifen es in ihren Arminius-Dramen auf. Erneute und erweiterte Bedeutung gewinnt es bei Kleist.

Im Dialog mit Thusnelda stellt Hermann die Römer als schatzbildnerische Räuber dar:

> Ich weiß nicht, Thuschen, wie du heut dich stellst.
> Steht Augustus nicht mit den Kohorten
> In allen Ländern siegreich aufgepflanzt?
> Für wen erschaffen ward die Welt, als Rom?
> Nimmt August nicht den Elefanten
> Das Elfenbein, das Öl der Bisamkatze,
> Dem Panthertier das Fell, dem Wurm die Seide?
> Was soll der Deutsche hier zum voraus haben?[49]

Die Römer entreißen den Lebewesen der ganzen Welt Teile von deren lebendiger Natur, um sie sich selbst zunutze zu machen. Ob zu unmittelbarer Verwendung oder zu kommerziellem Zweck, wird hier nicht unterschieden; der im Text folgende Dialog macht allerdings deutlich, daß solch verdinglichende Enteignung auch vor – germanischen – Menschen nicht haltmachen würde.

48 Schlegel I,1, S. 314.
49 Kleist III,3; 1058 ff.

Könnte diese Passage noch als böswillige Pointierung Hermanns gelten, um seine Frau zur Vorsicht zu mahnen, so zeigt sich bald, daß Hermann das Denken und Handeln der Römer durchaus zutreffend beschrieben hat. Ventidius kündigte der Kaiserin Livia in Rom die versprochenen Germaninnen-Locken an:

> Varus, o Herrscherin, steht, mit den Legionen
> Nun in Cheruska siegreich da;
> Cheruska, faß mich wohl, der Heimat jener Locken,
> Wie Gold so hell und weich wie Seide,
> Die dir der heitre Markt von Rom verkauft.
> [...]
> Hier schick ich von dem Haar, das ich dir zugedacht,
> Und das sogleich, wenn Hermann sinkt,
> Die Schere für dich ernten wird,
> Dir eine Probe zu, mir klug verschafft;
> Beim Styx! So legts am Kapitol,
> Phaon, der Krämer, dir nicht vor:
> Es ist vom Haupt der ersten Frau des Reichs,
> Vom Haupt der Fürstin selber der Cherusker.
>
> (Kleist IV,9; 1792 ff.)

Zweimal gleich wird der »Markt« genannt als der Ort, an dem auch so exquisite Ware wie die hier in Aussicht gestellte in ihrem Wert bemessen wird. Und die Sexualität des Ventidius ist bei Kleist nicht freigesetzter Trieb, blanke Unmoral, wie bei Schlegel und Klopstock, sondern kühl eingesetztes Instrument zum Gewinn dieser goldenen Haare, des lebendigen Insignums von Thusneldas Weiblichkeit, das besser ist als alles, was in dieser Branche bei römischen Händlern zu kaufen ist.

Die Geschichte mit den Locken ist eine ganz besondere Erfindung Kleists. In ihr erscheinen die Römer als eine frühe Stufe dessen, was später für Autoren von Raabe bis zum Nationalsozialismus die Juden sind: Verkörperung kapitalistischer Verdinglichung. Kleist kannte die Juden nicht in dieser Rolle, aber die Rolle kannte er, und sie war für ihn von den Franzosen besetzt. In einem Brief an Ulrike verkündete er die Parallele zwischen Römern und Franzosen *sub specie pecuniae* als wichtige politische Erkenntnis:

> Es wäre schrecklich, wenn dieser Wüterich Napoleon sein Reich gründete. Nur ein sehr kleiner Teil der Menschen begreift, was für ein Verbrechen es ist, unter seine Herrschaft zu kommen. Wir sind die unterjochten Völker

der Römer. Das Ganze ist auf eine Ausplünderung von Europa abgesehen, um Frankreich reich zu machen.[50]

Hinter der Lockenraubgeschichte der *Hermannsschlacht* verbirgt sich die gleiche Argumentationsfigur wie in Schlegels Dramenexposition: die fremdländische (römische, französische) Unterdrükkung Deutschlands stellt sich dar nicht nur im Horizont von Gewalt und Sklaverei, sondern auch im Horizont von Kauf und Bereicherung. Im Zivilisation-versus-Natur-Schema artikuliert sich – nicht nur, aber in durchaus prononcierter Weise – die Abwehr früher kapitalistischer Verdinglichungserfahrungen im 18. Jahrhundert.

Daß dieser Rekurs auf eine ökonomiegeschichtliche, also gesamtgesellschaftlich relevante Bedeutungsschicht in der nationalen Dramatik nicht meine vorurteilsgeleitete Überinterpretation darstellt, will ich über das bisher Gesagte hinaus durch eine weitere Stelle in Kleists Drama stützen, die den gleichen ökonomischen Erfahrungshorizont nicht am Römer-versus-Germanen-Gegensatz, sondern am Gegensatz schlechte versus gute Germanen bemüht. In der ersten Szene, also an exponierter Stelle des Dramas, streiten die beiden Germanenfürsten Dagobert und Selgar um ein Stück Land als Bedingung für ihren Dienst am »Vaterland« in seiner Not, und zwar nicht um Land als politisches Herrschaftsgebiet, sondern um Land als »Eigentum«[51]: es sind weder germanische Heerführer noch deutsche Fürsten, es sind Besitzbürger, die sich da um ihr privates Eigentum krämerhaft in den Haaren liegen auf eine Art, die an Gottfried Kellers Marti und Manz in *Romeo und Julia auf dem Dorfe* erinnert. Der kleinstaatliche Partikularismus, den alle anderen Arminius-Dramen an den zerstrittenen und eigennützigen Germanenfürsten in unterschiedlicher Form kritisieren, wird von Kleist in eigentümlich moderner, besitzbürgerlicher Weise ausgelegt.

50 Brief an die Schwester Ulrike vom 24. 10. 1806. Kleist 1961, S. 770f.
51 Kleist I,1; 51ff. »Eigentum«: Vers 52 und 58.

4. Der Einzelne und das Vaterland

Daß in allen Arminius-Dramen die germanischen Helden daran gemessen werden, ob sie bereit sind, für ihr Vaterland zu sterben, versteht sich nach dem Bisherigen von selbst. Die Breite und Intensität, mit der die Dramen diese Bereitschaft zum Kampf und Tod fürs Vaterland als Tugend herausstellen – sei es durch anders handelnde, kritisierte Nebenfiguren wie bei Schlegel, sei es durch Bekräftigung der eigenen Todesbereitschaft wie bei Möser oder durch ihre immer erneute Beschwörung wie bei Klopstock (bei dem schließlich auch noch die Knaben nicht aufgehalten werden können, sich in den Kampf zu stürzen): das zeigt, daß diese Tugend im 18. Jahrhundert keineswegs selbstverständlich war, sondern propagiert werden mußte. Das war historisch gesehen denn auch die politische Aufgabe dieser Dramen. Doch mir geht es, innerhalb dieses Gesamtrahmens, nicht um das Faktum, sondern um die besondere Art dieses Vaterlandsbezugs.

In Schlegels *Herrmann* gibt es zwei Figuren, die sich der Pflicht, dem Vaterland zu dienen, entziehen. Erstens Flavius, der sich von der Zivilisation Roms hat blenden lassen; er wird als weich und träge gescholten, und von ihm werden Aktivität, Tätigkeit, »Trieb des Heldenmuts« verlangt (S. 375): er solle sich endlich auf die Pflicht zur Selbstbestimmung besinnen. Zweitens Segest, der im Bündnis mit Rom nach eigener Macht und Herrschaftsstellung strebt (S. 331); ihm wird die »Tugend«, also die Fähigkeit, nicht selbstsüchtig zu handeln, sondern dem Vaterland zu dienen, entgegengehalten. Diese »Tugend«, nicht »ein Tyrann zu sein« (S. 332), wird wiederum als Lust der Selbstbestimmung (und nicht etwa als Anpassung an allgemeine Normen) ausgelegt: die Tugend hat gegenüber der eigennützigen Herrschsucht den Vorzug, daß nur sie wahre Freiheit und Selbstbestimmung darstellt.

> O Tugend! Soll ich dich, und dich, mein Volk, verraten?
> Ich fühle ja in mir die Schönheit edler Taten.
> Das Herz hüpft in der Brust, so oft es wohl getan,
> Die Seele sieht ihr Werk mit innrer Wollust an.
> Es sei, daß ihr Bemühn ihr eignes Wohl vergrößert;
> Es sei, daß andrer Glück ein edler Trieb verbessert:
> So glaubt sie, daß sie dann den Göttern näher geht,
> Wenn das vollkommen ist, was bloß von ihr entsteht.
> Mein Vater! groß zu sein, brauchst du nicht erst die Krone.

Die Hoheit, die dich schmückt, beruht auf keinem Throne.
Du bist durch dich berühmt, und prangst durch einen Schein;
Auch mich laß, was ich bin, mir selber schuldig sein!
Ich wünsche mir ein Volk, das mich nach mir nur schätzet,
Und stets mich in den Rang, den ich verdiene, setzet.[52]

Das heißt: die Bindung ans Vaterland läuft bei Schlegel auch in dieser Textstelle über die Fähigkeit des Einzelnen zur Selbstbestimmung; das Kollektiv »Volk« ist deshalb ein Wert, für den gegebenenfalls auch das Leben einzusetzen ist, weil nur dieses Kollektiv dem Einzelnen die Möglichkeit zur wahren Tugend, zur altruistischen Selbsterfüllung, gibt.
Bei Möser stellt sich die Konstruktion des Verhältnisses Einzelner/Vaterland anders dar. Von der Dialektik der Schlegelschen Tugend, die den Menschen zum Dienst am Vaterland zwingt, weil nur das Vaterland als Form menschlicher Gemeinschaft ihm die Möglichkeit zur freiheitlichen und humanen Selbstentfaltung bietet, ist bei Möser nichts zu erkennen. Er kennt auf der argumentativen Ebene, auf der seine Figuren agieren, nur die Unterordnung des Einzelnen unter das Vaterland, dem »ewiglich das Blut« »geweiht« sei[53]:

SIGISMUND:
Mein Blut bestärkt die Pflicht: Gott und dem Staat getreu,
Dem Vater untertan; Freund ohne Heuchelei:
Der folg ich.[54]

Und er häuft die Stellen, in denen das Vaterland als der höchste Wert schlechthin erscheint, von dessen Wohl das eigene Leben vollständig abhängig ist.[55]

52 Schlegel II,3, S. 332.
53 Siehe oben S. 44.
54 Möser S. 132/11 ff.
55 Ein Beispiel:

SIGISMUND:
Ich sag es noch einmal: Mein Blut will ich dir geben,
Laß nur des Vaterlands vererbte Freiheit leben.
Dies einzig nährt in mir der Leidenschaften Ruhr.
(Möser S. 166/23 ff.).

Parallel dazu Sigest (S. 179/22 f.). Möser propagiert die Unterordnung des Einzelnen unter das Vaterland bis zu dem Punkt, daß der, der für das »Wohl des Staates« kämpft, andere moralische Forderungen als »Mindre Pflicht« mißachten dürfe (S. 179/31). Daß die »Fürsten«partei

Auch Klopstocks *Hermann's Schlacht* kennt formal nicht Schlegels argumentierende Dialoge und inhaltlich nicht seine Ichvorstellung. Klopstocks Bardiet ist schon von der Konstruktion her nicht auf Selbstbestimmung angelegt, sondern auf Teilhabe. Hermanns Vater Siegmar, eine Gruppe von Barden und einige Knaben erleben im heiligen Hain die Schlacht, an der sie teilzunehmen suchen: der verwundete Siegmar zu seinem Schmerz nur durch die Berichte der andern (er sehnt sich immer abwechselnd aufs Schlachtfeld zurück und nach Walhalla, um jeweils mit den lebenden oder mit den toten Germanenkriegern vereint zu sein) und die Barden, die als Priester nicht kämpfen dürfen und dafür mit ihren anfeuernden Gesängen aktiv am Kampf teilnehmen. Der endliche Sieg ist denn auch in hohem Maß auf die kampfkraftstärkende Macht ihrer vielen und langen Gesänge zurückzuführen: Klopstocks Drama ist auf kulturpolitischer Ebene zu lesen als der Versuch, den Dichtern seiner Zeit eine neue, die vaterländische Aufgabe zuzuweisen.[56]

So ist das Werk auch in seiner Zeit verstanden worden. An Klopstocks Geburtstag, im Gedenken an seine vaterländischen Oden und die *Hermann's Schlacht* sowie im Namen von »Freiheit, [...] von Deutschland und von Tugendgesang« inszenierten 1773 die jungen Literaten des Göttinger »Hain«-Bundes die erste nationale Bücherverbrennung der deutschen Geschichte.[57] Das Angebot von Klopstocks Drama, ein deutsches Vaterland, das sich mit aller

im *Arminius* mit solcher grundsätzlichen Staatstreue sehr wohl die Wahrung der eigenen empirischen Interessen zu verbinden weiß, ändert nichts an der Durchgängigkeit und Geltung der ideologischen Vorstellung, die in Mösers Drama herrscht.

56 So Bosse 1996.

57 Verbrannt wurden Wielands *Idris* und sein Bildnis. Darstellung und Bewertungen bei Schrader 1984 und Sahmland 1990, S. 143 f. Es wäre falsch, den Symbolwert dieser Handlung zu überschätzen. Der Schritt vom Bücherverbrennen zum Vernichten von Menschen, der uns angesichts der nationalsozialistischen Bücherverbrennungen vom 10. Mai 1933 sofort schreckhaft vor Augen steht, lag den Stolbergs, Voß', Boies ideologisch wie persönlich fern. Aber daß es bereits hier junge, nach gesellschaftlicher Integration suchende Literaten waren, die den Nationalgedanken in einer seiner möglichen Konsequenzen durchspielten, hat mehr als nur symboliche Bedeutung; es zeigt, wozu der Nationalismus bereits in seiner angeblich noch unschuldigen Anfangszeit fähig war.

Macht gegen seine Feinde wehren müsse, als Integrationsraum und Funktionsfeld für psychische Bedürfnisse und dichterische Tätigkeit anzusehen, war hier auf fruchtbaren Boden gefallen.

Auch in Kleists *Hermannsschlacht* spielt die Vorstellung individueller Selbstbestimmung und aufklärerischer »Tugend« keine Rolle. Es geht in ihm aber auch nicht um Teilhabe wie in Klopstocks Bardiet. Bei Kleist wird vielmehr dargestellt, wie ein nationaler Führer in seiner Gefolgschaft den Gedanken der Nation als innerpsychische Realität allererst erschafft.

Zu diesem Zweck dynamisiert Kleist die statische Polarität »nationaler Held – einzelstaatlicher Gegenspieler« aus den Vorgängerdramen. Zu Anfang des Dramas hat Hermann es nur mit »Mißvergnügten« und »Schwätzern« zu tun, mit germanischen Stammesfürsten, die ausschließlich ihre Partikularinteressen verfolgen und für die »Germanien« allenfalls ein Vorwand zur Erreichung ihrer selbstsüchtigen Ziele ist; am Ende ist es ihm gelungen, mit einem gerüttelt Maß an Hinterlist und Demagogie Volk und Fürsten der »fünfzehn Stämme Germaniens« zu einer handlungsfähigen Militärmacht zusammenzuschweißen. Germanien, Deutschland, das Vaterland ist Wirklichkeit geworden – eine rein innerpsychische Wirklichkeit allerdings, denn »Germanien« existiert auch am Ende des Dramas, ausdrücklich[58], nicht in der Wirklichkeit, sondern nur in den Herzen und Köpfen der Gefolgschaft.

Germanien, das Vaterland, die deutsche Nation als bloß psychische Wirklichkeit, die aller Realisierung vorwegläuft, auf Realisierung angelegt ist, zu ihr beitragen soll, aber noch weit von ihr entfernt ist: in Kleists Drama sind die fatalen Reaktionen auf die Schwierigkeiten des deutschen Sonderwegs, der »verspäteten Nation«, bereits weit entfaltet, die die deutsche Ideologie- und Realgeschichte im 19. und 20. Jahrhunderts bis 1945 erheblich belasten sollten.

Die Konstruktion eines Germaniens als Gruppenideologem hat aber auch dramaturgische Konsequenzen für die Anlage des Stükkes. Wenn Germanien nicht in der Realität, sondern nur im ideologischen Selbstverständnis erst des Helden, dann der Germanen existiert, dann braucht es den Feind, die Römer, um seine Wirklichkeit zu erweisen, und es braucht für diesen Existenzbe-

58 Siehe oben S. 48 f.

weis die starken Gefühle, die mit den Römern sich verbinden: das Leid an der Schmach des Vaterlandes und die Rache für dieses Leid. Das Leid ist beendet, wenn die Römer besiegt sind, also muß die Rache endlos sein – was garantierte sonst die psychische Wirklichkeit Germaniens? Dies ist der dramaturgische Grund dafür, daß Kleists wie Klopstocks Drama nicht mit der Siegesfeier nach der Varus-Schlacht enden (schon gar nicht als Vorschein eines endgültig befreiten Germaniens wie bei Schlegel), sondern mit dem Blick auf die ins Unbegrenzte gehende Fortsetzung der Rache. Nur in ihr kann sich die Kraft des Gruppenideologems »Germanien« bewähren.

Germanien aber ist, wie sich zeigte, ohne inhaltliche Definition. Der Inhalt des hier vertretenen Nationalismus wird ausschließlich – und für Kleist offenbar hinreichend – über den Feind definiert: durch das Leid, das er den Deutschen angetan hat, durch die perennierende Rache, die sie ihm zufügen werden.

III. Folgerungen

Aus der Textinterpretation lassen sich einige Schlüsse ziehen, die ich zur Diskussion stellen möchte. Meine Überlegungen bewegen sich zwischen vorsichtigen Erwägungen und thetischen Setzungen in einer Art, die man früher wohl »unvorgreifliche Gedanken zu...« genannt hätte.

1. Die Forschungsthese eines frühen, noch gleichsam unschuldigen Patriotismus, der sich erst nach der Französischen Revolution und im Zusammenhang mit den Freiheitskriegen zum Nationalismus gewandelt habe, ist nicht zu halten. Sie übersieht, daß schon sehr früh, zeitgleich mit dem Aufkommen der aufklärerischen Patriotismus-Vorstellung, auch die aggressiven, brutalen und ideologisierten Formen des neuzeitlichen Volks- und Nations-Begriffs in der öffentlichen Diskussion durchgespielt wurden. Das ist hier im schmalen Sektor einer dramatischen Untergattung sichtbar geworden, deren Bedeutung im literarischen Bewußtsein der 50er und 60er Jahre allerdings nicht unerheblich war.[59] Ob damit

59 Zur Rezeption von Schlegels *Herrmann*: Sengle 1969, S. 22/23, zur Kulmination von Arminius-Werken in der deutschen Literatur um 1750: Sahmland 1990, S. 131 ff.

quantitativ eine Korrektur oder nur eine Ergänzung der »Patriotismus«-These nötig wird, müßte untersucht werden. Qualitativ zerstört das Vorhandensein der Arminius-Dramen die Illusion eines ursprünglichen, unschuldigen National- und Volksgedankens, der erst durch spätere Ereignisse zu einem ausgrenzenden und vernichtungsbereiten Lagerdenken wurde. Vielmehr enthielt der intellektuelle und emotionale Rückbezug auf ein Kollektiv »Volk«, »Vaterland«, »Deutschland« etc. offenbar von Anfang an ein erhebliches Abgrenzungs-, Aggressions-und Ideologisierungspotential, das bereits beim Entstehen des Konzepts »Vaterland« aktivierbar war.

2. Die national-aggressive Komponente des ›Konzepts Vaterland‹ wurde offenbar zuerst von Schriftstellern in fiktionaler Literatur ausagiert und erst später in politischer Publizistik manifest (noch einmal später erst zu einem Massenphänomen).[60] Das läßt wohl auf Tabuisierungen schließen, die vorerst andere Ausdrucksformen national motivierter Aggressivität unterdrückten, so daß die literarische Lizenz nötig war, um sie überhaupt äußern zu können. Und es legt die Vermutung nahe, daß Schriftsteller für die im Nationalgedanken angelegten emotionalen und ideologischen Potentiale besonders anfällig waren.

Diese historisch frühe Anfälligkeit von Intellektuellen im allgemeinen und Schriftstellern im besonderen kann erklärt werden durch eine Einsicht der modernen Nationalismusforschung, die damit weiter bestätigt wird: daß Nationalismus zu verstehen sei als der Versuch kollektiver Identitätsbildung unter den Bedingungen einsetzender »Modernisierungsprozesse«[61]; in einer bestimmten sozialen und ideologischen Umbruchssituation scheint das Konzept der Nation den betroffenen Menschen einen Halt zu geben und eine neue Form von Integration zu ermöglichen. Für die jungen Autoren des Göttinger »Hain« ließe sich das Zusammenfallen zwischen allgemeiner gesellschaftlicher Umbruchssituation, gruppenspezifischer Ungesichertheit und persönlicher Identitätsbildung im studentischen Übergang vom Elternhaus zum Beruf im einzelnen darstellen; um diese Perspektive wenigstens anzudeuten, habe ich mir oben die kurze Abschweifung zu

60 Hierzu u. a. das breit kulturgeschichtlich angelegte Buch von Mosse 1976.

61 So Winkler 1978 b, S. 5-48.

ihnen erlaubt. Bedenkt man die besondere Bedeutung, die Schriftsteller später im Wilhelminismus wie im Vorfeld des Nationalsozialismus mit ihren Werken und ihrer Person für die Herausbildung nationaler Ideologie in Deutschland gehabt haben, erscheinen weder die Arminius-Dramen noch der kurzlebige Nationalrausch der Göttinger als Unikum: es waren die »Dichter«, die dem Nationalismus in Deutschland auf den Weg halfen.[62]

3. Beim Übergang von Schlegels Drama zu Mösers und Klopstocks Stücken habe ich besonders herausgestellt, daß Schlegels ausdrückliche Rückbindung des vaterländischen Konzepts an die humanistischen Werte der Aufklärung bereits 1749 und 1769 von seinen Nachfolgern preisgegeben worden ist – mit entsprechenden ideologischen Konsequenzen. Diese Preisgabe steht in einem größeren Kontext.

Wolfram Mauser, dem meine Skizze in dankbarer Verbundenheit gewidmet ist, hat einen epochalen Paradigmenwechsel im 18. Jahrhundert konstatiert: vom frühen Ideal der »Geselligkeit« mit seinen aufklärerischen Inhalten zu einem neuen Gemeinschaftsideal und »Einheitsdenken«, das sich am Begriff des »Volks« und des »Vaterlands« orientierte.[63] Mausers allgemeiner Einsicht entspricht präzis, was ich in der Entwicklung des Arminius-Dramas wahrgenommen habe. Allerdings komplizieren sich auch hier wieder durch den Blick auf die spezielle Textgruppe die Datierungsprobleme.

Mauser setzt den Paradigmenwechsel zu »Volk« und »Vaterland« als neuem Gemeinschaftsideal in die Zeit nach dem Siebenjährigen Krieg.[64] Die Reaktion auf dieses politische Ereignis hat demnach dem Konzept Vaterland zu breiterer Wirkung verholfen. Vorhanden aber war dieses Konzept offenbar bereits vorher, und zwar nicht nur in Ansätzen und rudimentär, wie alles frühere Wurzeln hat, wenn man nur genau genug hinsieht, sondern in sich bereits weit entfaltet. Nationales Lagerdenken; Aggressivität und Haß gegen die fremde Nation und gegen ihr einzelnes Mitglied; die Vorstellung von einer Weltherrschaft Deutschlands; inhaltliche

62 Die führende Rolle von Intellektuellen bei der Herausbildung des Nationalismus ist ein offenbar allgemeiner zu beobachtendes Phänomen, so das Referat von Winkler 1978 b, S. 12 f.

63 Mauser 1990, S. 30 ff. u. ö.

64 Ebd.

Entleerung des Freiheits- und Vaterlandsbegriffs bei gleichzeitiger Hypertrophierung von »Vaterland«, »Volk« und »Nation« als höchstem und letztem Wert, der andere moralische Werte außer Kraft setzen darf; uneingeschränkte Unterordnung des Einzelnen unter das Vaterland, für das zu sterben Pflicht und Erfüllung ist: all diese Momente des ausgebildeten Nationalismus finden sich bereits 1742 und 1749 als Ensemble in den Arminius-Dramen. Nicht die Erfahrung des Krieges hat das neue Gemeinschaftsideal »Volk« geboren; politische Ereignisse bringen nur heraus und in Umlauf, was in tieferen Schichten an sozialen Erfahrungen, Bedrohungen und Rettungsversuchen bereits angelegt ist. – Das führt mich zu meinem letztem Punkt.

4. In J. E. Schlegels und in Kleists Drama war das Konzept Deutschland verbunden mit der Abwehr römischer Geldwirtschaft und besitzbürgerlichen Handelsgeistes. Im Gesamtkomplex der Arminius-Dramen war dieses Motiv nur eine einzelne Spur; ich halte es dennoch für wichtig.

Der Wandel in der Gemeinschaftsvorstellung im 18. Jahrhundert hin zur Konzeptionalisierung von Vaterland, Volk und Nation ist zu sehen im Zusammenhang mit massiven Erfahrungen von Vereinzelung und Isolierung, vom Zerbröckeln althergebrachter Sozialgebilde und der Auflösung überlieferter Identifikationen durch die sich durchsetzende Markt- und Geldgesellschaft, die auch in Deutschland weit vor der Industrialisierung alle gesellschaftlichen Bereiche umzuformen begann. Was oben in der enthistorisierenden Sprache gegenwärtiger Sozialforschung »Modernisierungsprozesse« genannt wurde, ist für das 18. Jahrhundert angemessener, umfassender und systematisch korrekter zu benennen als die Geburtswehen der bürgerlich-kapitalistischen Gesellschaft.[65] Die Möser- und Kleist-Stellen haben ein Bewußtsein solchen Zusammenhangs, ähnlich der allgemeine aufklärerische Patriotismus, insofern er von seinen Verfechtern im 18. Jahrhundert selbst begriffen wurde als Gegenentwurf gegen einen um sich

65 Zur Anwendung der sozioökonomischen Kategorie »Übergang zum Kapitalismus« für ein besseres Verständnis des 18. Jahrhunderts unter heutigen methodischen Ansprüchen: Scholz 1990. – Zum Zusammenhang von Nationalismus, Kriegsbegeisterung und Kapitalismus-Erfahrung nach 1900: Herrmann 1992.

greifenden, als neu und bedrohlich erfahrenen »Egoismus«.[66] Patriotismus wie Nationalismus gehören der gleichen Geburtsstunde *unserer* Gesellschaftsformation an; beide sind, damals wie heute, zwei Seiten ein und desselben vergeblichen Versuchs, in den Widersprüchen, die diese Gesellschaft erzeugt, einen Ausweg aus ihnen zu finden.

66 Sahmland 1990, S. 86 und passim; vgl. auch unten in diesem Band S. 66 ff.

Hans Peter Herrmann

Individuum und Staatsmacht

Preußisch-deutscher Nationalismus in Texten zum Siebenjährigen Krieg

In der Patriotismusforschung gilt der Siebenjährige Krieg als dasjenige Ereignis, das erstmals unfriedliche Töne in der bis dahin idyllischen Landschaft patriotischen Denkens erklingen ließ: Gleims Grenadierlieder trommelten unüberhörbar laut zum Waffenkampf fürs Vaterland. Die Lehre vom friedlichen Patriotismus vor 1789 ließ sich dadurch allerdings wenig beirren: Gleims kriegerische Lyrik wurde von ihr als Ausrutscher interpretiert.[1] Doch diese Deutung steht auf schwachen Füßen. Die Untersuchung der Arminius-Dramen im vorangegangenen Aufsatz hat bereits für die Zeit vor 1756 erhebliche Zweifel an der ›Patriotismus-These‹ begründet; so scheint es angemessen, auch die patriotische Kriegsproduktion genauer zu betrachten. Dazu muß ich allerdings etwas ausholen und einen weiteren Aspekt des Patriotismus in den Blick nehmen.

Liest man man die frühen patriotischen Texte, auf die Vierhaus und andere ihre Thesen gestützt haben, so fällt die große Rolle des »Egoismus« bei der Begründung und Propagierung patriotischer Werte und Strebungen auf. Im Selbstverständnis des 18. Jahrhunderts sei Patriotismus der »vernünftige Gebrauch der Eigenliebe«, faßt Jürgen Rathje die einschlägigen Argumentationen im *Hamburgischen Patrioten* von 1724 zusammen.[2] Wie durchweg in der

1 Z. B. Best 1974, S. 124; Fink 1984, S. 109. Die bedenklichen Seiten dieser Lyrik hatte schon Schönert 1983 in einer sehr gründlichen Studie herausgestellt; die Patriotismusforschung hat sich mit ihr kaum auseinandergesetzt. Bohnen 1993 kritisierte den »kriegseifernden« und »martialischen« Charakter der Texte und sah hier die »Geburtsstunde« des Nationalismus der Befreiungskriege, ordnete sie aber dann insgesamt doch wieder in den aufklärerischen und politisch emanzipatorischen Patriotismus ein; das Schema sitzt fest in den Köpfen. Beide Arbeiten zusammen zeichnen ein sehr umfassendes Bild von der Breite und Heftigkeit der Kriegsliteratur 1757-1763.

2 Rathje 1980, S. 65.

Moralphilosophie der frühen Aufklärung, so wird auch im patriotischen Diskurs die »Eigenliebe«, der Egoismus der menschlichen Triebnatur, als anthropologische Basis angenommen und die Vernunft als diejenige Kraft, die den Egoismus zu zügeln hat.
Das ist zweifellos ein aus der Antike übernommenes anthropologisches Schema; aber es lohnt, danach zu fragen, warum gerade in der ersten Hälfte des 18. Jahrhunderts eine Popularphilosophie entsteht, die sich dieses Schema in großer Breite zu eigen macht. Offenbar ist das Faktum des Egoismus, der »Eigenliebe«, den Zeitgenossen eine so primäre Erfahrung, daß alles Nachdenken über die Begründung von Moralität mit ihr beginnt, während die Sozialverpflichtung der Moral nur als Eindämmung, Umleitung und Produktivmachen von Eigenliebe gedacht werden kann (und nicht ihrerseits als primäre Erfahrung – was ja ebenfalls denkbar wäre). Der Ausgang vom einzelnen Menschen und seinem Streben nach Selbstbehauptung ist dieser Zeit (und ihren Interpreten bis heute) so selbstverständlich, daß es für uns eines eigenen Reflexionsaktes bedarf, um das Auffällige und Besondere daran zu entdecken.
Wie sehr alle Überlegungen vom Einzelnen ausgehen und ihn als einen Typ bestimmen, dessen Wesensmerkmale seine durchaus gefährliche Aktivität, Tätigkeit und Selbstbestimmung sind, zeigt auch das zeitgenössische Buch des hamburgischen Philosophen und Juwelenhändlers Joh. Adolf Hoffmann:

> Unser Geist ist ein geschäfftig Wesen, wir müssen ihm was zu tun machen, oder er verzehrt uns. Auch hat ein jeder beydes Beruf und Gelegenheit zur Arbeit, also, daß keiner mit jenem Müßiggänger im Evangelie klagen darff: Es hat mich niemand gedungen. Wer nun an des Vaterlandes, an sein eigen, oder seines Nächsten Bestes gedencken will, der wird beyde Hände voll zu schaffen bekommen. Und gesetzt, er wäre zu keinem öffentlichen Amt berufen, so kan er nichts desto weniger die Pflicht eines Menschen vollbringen. Der Fleiß eines ehrlichen Mannes ist unverlohren. Geben ihm andre nichts zu thun, kan er sich selber der menschlichen Gesellschaft nützlich machen.[3]

Der Einzelne ist im frühen 18. Jahrhundert der Ausgangspunkt jeglichen Nachdenkens über Moral, und der »Egoismus« wird als die große Gefahr erlebt, die über dem eigenen Jahrhundert schwebt, das noch an seinem Ende ein »als egoistisch verrufenes

3 Hoffmann 1731, S. 124.

Zeitalter« genannt wird.[4] Diese Gefahr für den Einzelnen zu bannen ist Ziel der Vaterlandsliebe. Sie wird deshalb in theoretischen Texten als moralische Verpflichtung propagiert, und sie wird in ›praktischen‹, von Emotionen getragenen (z. B. poetischen) Texten vorgeführt als Weg für den Einzelnen, den Schwierigkeiten und der Last seines isolierten Einzeldaseins zu entkommen. Denn Individuum zu sein wurde als Verlockung *und* als Gefährdung erfahren; die Hingabe ans Vaterland verhieß, diesen Zwiespalt zu lindern.

Nimmt man solche Argumentationsmuster der Zeit und ihre Gefühlslagen ernst[5], erscheint der Patriotismus nicht mehr als eine feste, frühaufklärerische Weltanschauung, die im Laufe des Jahrhunderts durch Gegenkräfte aufgelöst wird, sondern als ein von Anfang an fast verzweifelt beschworenes Hilfsmittel gegen die moralischen und sozialen Folgen des Zeitenumbruchs im 18. Jahrhundert, der die ständischen Ordnungen auflöste, die Individuen aus ihren alten Bindungen herausschleuderte und auf ihr Eigeninteresse und Leistungsbewußtsein verwies.

Vor diesem Hintergrund muß es nicht mehr verwundern, daß die labile Balance von egoistischen und altruistischen Strömungen in der körperlich-sinnlichen Vorstellung »Vaterland« schon bald aus dem Gleichgewicht geriet, als diese von der überschaubaren, konkreten Wirklichkeit eines Stadtstaates abgezogen, auf größere und abstraktere Gebilde übertragen oder überhaupt als eine eigenständige Phantasie ausgearbeit wurde. Die *Ausarbeitung* geschah in der Arminius-Dramatik; ich habe im vorigen Aufsatz versucht, die Macht- und Potenzvorstellungen zu zeigen, die in diese Phantasie einströmten. Die *Übertragung* geschah zu Beginn und im Verlauf des Siebenjährigen Krieges; darüber ist jetzt zu berichten.

4 Rudolf Zacharias Becker 1794, zitiert bei Sahmland 1990, S. 86.

5 »Eigenliebe« als »wichtiges sozialpsychologisches Motiv des bürgerlichen Patriotismus« schon bei Vierhaus 1980 b, S. 16, der aber den Egoismus als Moment des Patriotismus bestimmt und seine sonstige Rolle in der Aufklärung nicht behandelt. Genaueres bei Sahmland: »Patriotismus ist der positive Gegenpol zum Eigennutz, und bezeichnenderweise geht die Argumentation vom Eigennutz des Einzelnen aus und mündet wieder in diesen hinein.« A.a.O. S. 82. Dort auch weitere Belege, u. a. aus Leibniz und Wolff, zur Einbettung des Patriotismus in die frühaufklärerische Egoismus- und Utilitarismusphilosophie.

Im August 1758, zwei Jahre nach Beginn des Siebenjährigen Krieges, erschien in Berlin, bei Lessings angesehenem Verleger Voß und von Lessing selbst herausgegeben, ein kleiner Band mit dem Titel *Preußische Kriegslieder in den Feldzügen von 1756 und 1757 von einem Grenadier.*[6] Einige der Lieder waren schon eineinhalb Jahre vorher in Einzeldrucken erschienen; der große Erfolg führte zur Herausgabe der Sammlung, mit Melodien, Titelbild und Vignetten. Auch sie konnte schon im nächsten Jahr in einer zweiten, erweiterten Ausgabe erscheinen. Ihr Autor, Johann Wilhelm Gleim, war bis dahin als Verfasser anakreontischer Liebes- und Geselligkeitsdichtung hervorgetreten; jetzt wandte er sich der zeitgenössischen politischen Wirklichkeit zu und dichtete in der angenommenen Maske eines preußischen Soldaten Preislieder auf Friedrich II. und Anfeuerungsgedichte für die Soldaten in der Schlacht:

Krieg ist mein Lied! Weil alle Welt
Krieg will, so sei es Krieg!
Berlin sei Sparta! Preußens Held
Gekrönt mit Ruhm und Sieg![7]

In der Geschichte der neuzeitlichen Kriegsdichtung markieren diese Texte einen wichtigen Wendepunkt. War die poetische Verarbeitung des Dreißigjährigen Krieges geprägt von den Schrecknissen des Krieges und »vom Topos der gefallenen, gottlosen Welt«[8], so beginnt mit Gleims *Grenadierliedern* eine positive Wertung des Krieges und eine Heroisierung der Teilnahme an ihm bis zur Verklärung blutigen Gemetzels[9] durch das hohe Ziel der Verteidigung Preußens – eine Wertung, die sich in einer Vielzahl von Preußen-Oden und Kriegsgedichten des nächsten Jahrzehnts fortsetzen sollte.[10] Die Kriegslyrik der Befreiungskriege und des 1870er Krieges griff ausdrücklich auf Gleims Gedichte zurück.

6 Ich zitiere sie im folgenden mit Seitenzahl, Verszahl nach der Sammlung von Brüggemann (1935), in der auch andere Kriegstexte der Zeit abgedruckt sind.

7 *Bei Eröffnung des Feldzugs 1756*, 97,6 ff.

8 Schönert 1983, S. 136; ausführlicher dazu Lenk 1989, S. 684 f.

9 »Unmenschlich gaben wir nicht mehr / Dem Bitten und dem Flehn / Der Knieenden vor uns Gehör / So schnell es sonst geschehn! [...] Wir, Menschen, riefen im Gefecht: / Sterbt Hunde! Menschen zu.« (124,9 ff.).

10 Einen Eindruck vom Umfang dieser Kriegsproduktion vermitteln die beiden Arbeiten von Schönert und Bohnen, a.a.O.

Zu den Mitteln, mit denen Gleim die preußischen Soldaten zu Kampf und Heldentod anfeuert, gehört der Appell an *patriotische Gefühle*.

Unsterblich macht der Heldentod
Der Tod fürs Vaterland![11]

Die Eindeutschung der antiken Formel ist nicht Gleims Erfindung: bereits 1749 hatte Justus Möser in seinem Arminius-Drama die Bereitschaft beschworen, sein Blut dem Vaterland zu weihen und für das Vaterland zu sterben[12], und Klopstock hatte in seinem *Kriegslied* ein lautes, weithin gehörtes »Willkommen, Tod fürs Vaterland« ausgerufen.[13] Einmal »Vaterland« als wichtigen Wert gesetzt, treibt die Logik der Sache das Reden und Schreiben wie von selber dahin, diesen Wert auch als höchsten anzunehmen, dem das Leben jedes Einzelnen gegebenenfalls freudig zu opfern ist. Dazu brauchte es nicht den preußischen Krieg von 1756 ff., es genügte schon Jahre vorher der imaginierte Krieg im germanischen Teutoburger Wald. Aber natürlich war 1758 der reale Krieg für die Anwendung und Propagierung der Formel äußerst dienlich.

Zu einem derart gesteigerten und emotionalisierten »Patriotismus« gehört auch ein handfestes *Feindbild*. Nationale Identität braucht den mit kräftigen Strichen gezeichneten Anderen, gegen den sie sich abgrenzen kann; »Selbstdefinition durch Feindmarkierung« hat Hagen Schulze dieses Verfahren genannt.[14] In Gleims Liedern sind solche Feinde die Ungarn, Franzosen und Russen. Sie zeichnen sich durch List aus, außerdem sind sie feige[15]

11 *Bei Eröffnung* ..., 98,7 f.

12 Siehe oben S. 44.

13 »Willkommen, Tod fürs Vaterland! / Wann unser sinkend Haupt / Schon Blut bedekt; dann sterben wir / Mit Ruhm fürs Vaterland.« Fundort und weitere Strophen des insgesamt zwölfstrophigen Gedichts siehe unten in diesem Band S. 93 f. Klopstocks seinerzeit viel beachtetes Gedicht hat formal (Verwendung der Chevy-Chase-Strophe) und inhaltlich, bis in den Titel hinein, die entscheidende Anregung für Gleims *Kriegslieder* geliefert.

14 Schulze 1989, S. 28.

15 In der rhetorisch wirkungsvollen Einzahl: »Was kannst du? fliehen kannst du nur; /Und siegen können wir.« (104,5 f.). Diffamierungen auch sonst allenthalben, z. B. vom Ungarn: »Aus deinem Schädel trinken wir / Bald deinen süßen Wein.« (103).

(während die Preußen voller Mut sind), und allemal sind sie es, die »diesen bösen Krieg [...] geboren« haben.[16] Sie sind eben »der Feind [...] welcher unsern Untergang / In bösem Herzen trug«.[17]

Aber nicht nur die ausländischen Kriegsgegner werden abgewertet; im *Siegeslied nach der Schlacht bei Roßbach* werden alle deutschen Stämme außer den Preußen als feige, kleinlich, käuflich, »erbärmlich« (115,1) oder lächerlich abqualifiziert: das Vaterland dieses »Patriotismus« kennt keine andern Länder neben sich: das eigene ist das unerreichbare, höchste.

Es versteht sich von selbst, daß ein solches Vaterland auch seinen *Helden* haben muß. Friedrich II. wird von Gleim als Inhaber aller Herrscher- und Feldherrntugenden und doch zugleich als fühlender Mensch vorgestellt. Die zahlreichen Friedrich-Bilder, die der Autor dafür erfindet, zeigen, wie sehr seine *Kriegslieder* auf individuelle Identifikation abgestellt sind. Heroische Floskeln

> Er ging, mit einer kleinen Schar,
> den Siegesweg voran!
> Und schlug, wo Feind zu schlagen war,
> Und macht uns reine Bahn![18]

wechseln mit privaten Situationen, in denen der König als Mensch erscheint:

> Auf einer Trommel saß der Held
> Und dachte seine Schlacht,
> Den Himmel über sich zum Zelt
> Und um sich her die Nacht.
> Er dachte: »Zwar sind ihrer viel,
> Fast billig ist ihr Spott!
> Allein, wär' ihrer noch so viel
> So schlag' ich sie mit Gott!«
> Das dacht' er, sahe Morgenrot,
> Verlangen im Gesicht!
> Der gute Morgen, den er bot,
> Wie munter war er nicht![19]

16 *Schlachtgesang vor der Schlacht bei Prag*, 104,28.
17 *Siegeslied nach der Schlacht bei Roßbach*, 109,26 f.
18 *Siegeslied nach der Schlacht bei Lowositz*, 99,11 ff.
19 Ebd., 19 ff.

Manchmal werden auch beide Momente in *einem* Vers zusammengezogen:

> Denn *Friederich*, der Menschenfreund,
> Hat obgesiegt mit Gott.[20]

Das ist kein traditionelles Herrscherlob, sondern in der extremen Kriegssituation der Versuch eines bürgerlich-privaten Sprechens vom König; Gleims Grenadier sucht die Nähe ›seines‹ Königs. Friedrich ist für ihn zugleich angebeteter Kriegsherr *und* Identifikationsfigur, und die Teilnahme am Krieg wird als persönlicher Auftrag, als ›Ruf‹ des Königs verstanden (eines Königs mit durchaus bürgerlicher Arbeitsauffassung):

> Auf! Brüder, *Friedrich*, unser Held,
> Der Feind von fauler Frist,
> Ruft uns nun wieder in das Feld,
> Wo Ruhm zu holen ist.[21]

Im Hinblick auf das Vaterland tritt Friedrich als Befreier auf. Keine Deutschland-Phantasie ohne die *Figur des Befreiers*; was für Schlegel 1743 und Möser 1749 Arminius war, ist für Gleim 1758 Friedrich II. Es tut nichts zur Sache, daß wenige Strophen zuvor alle andern deutschen Stämme heruntergeputzt worden waren: nach dem Sieg, der Preußen die Vormachtstellung sichert, werden solche Kleinigkeiten vergessen sein, denn befreit worden ist nun das ganze Deutschland:

> Wenn Friedrich, oder Gott durch ihn,
> Das große Werk vollbracht,
> Gebändigt hat das stolze Wien,
> Und Deutschland frei gemacht.[22]

Die Strophe artikuliert noch ein weiteres Merkmal dieser Vaterlandsvorstellung: es ist *unmittelbar zu Gott*. So wie hier Friedrich als ausführendes Organ Gottes neben den Schöpfer gerückt wird, so werden mehrfach Gott und Vaterland unmittelbar nebeneinander gestellt:

20 Ebd., 5.

21 *Schlachtgesang bei Eröffnung des Feldzuges 1757*, 103,6ff.

22 *Siegeslied nach der Schlacht bei Roßbach*, 117,1 ff. - Zu Friedrichs II. eher distanzierter Einstellung gegenüber Deutschland: Schieder 1986, bes. S. 114ff.

Denn alsobald gedachten wir
An Gott und Vaterland;
stracks war Soldat und Offizier
Voll Löwenmut und stand.[23]

Unangefochten durch Friedrichs II. tatsächlichen Machtwillen[24], propagiert Gleim hier den Glauben an die gerechte Sache, die er durch Friedrichs militärische Erfolge beglaubigt sieht:

Und Brüder! Gott hat Sieg verliehn
Dem Rechte, nicht der Macht.[25]

Der Feind hingegen war der machtgierige Urheber des Krieges;

[...] drum ist Gott
Mit uns, und gibt uns Sieg![26]

Die Beteuerung, daß Gott mit dem König bzw. mit dem Vaterland sei, zieht sich wie ein *cantus firmus* durch die Gedichtsammlung.

Viktoria! mit uns ist Gott,
Der stolze Feind liegt da![27]

heißt es bereits in der Eingangsstrophe des nächsten Liedes, drei Strophen weiter begegnet erneut die Formel »Gott und Vaterland«, der Höhepunkt aber ist der Vers, in dem alle drei heiligen Güter zusammenkommen, Gott, das Vaterland und der preußische König. Der Grenadier ging im Schlachtengetümmel

Auf Leichen hoch einher.
Dacht' in dem mörderischen Kampf
Gott, Vaterland und dich;
Sah, tief in schwarzem Rauch und Dampf,
Dich, seinen *Friederich*.[28]

23 *Siegeslied nach der Schlacht bei Lowositz*, 101,5 ff. Weitere Stellen z.B. 105, 15 ff.: »Er ging voran, der edle Greis! /Voll Gott und Vaterland.«
24 Kritik an Gleims Heroisierung des Krieges ist kein Privileg heutiger Sicht; Ewald von Kleist berichtete breit über das blutige und sinnlose Geschehen, und Johann Peter Uz griff Gleim schon 1757 wegen seiner Heroisierung der mörderischen Fürstenwillkür öffentlich an. Belege bei Friedrich 1987, S. 24 f.
25 *Siegeslied nach der Schlacht bei Lissa*, 118,25 f.
26 *Schlachtgesang vor der Schlacht bei Prag*, 104,29.
27 *Siegeslied nach der Schlacht bei Prag*, 105,7 f.
28 Ebd. 105,16 und 106,16 ff. Die Hervorhebung von Gleim.

Gott ist mit uns, mit unserm König und unserm Vaterland: die preußisch-deutsche Trias von Gott, König und Vaterland ist hier bereits präsent.[29] Gleims eingängige, enthusiastischee Reimerei verwandelt wirkungsvoll und zukunftsweisend die absolutistische Analogie von Fürst und Gott in die personalen Identifikations- und Verinnerlichungsmuster seiner bürgerlichen Weltanschauung und seiner bürgerlichen Leserschaft. Der Weg vom absolutistischen Söldnerheer zum modernen Volksheer läuft in Deutschland über Gleims *Grenadierlieder*.

Nun läßt sich fragen, wie ernst Gleims gekonnte Reimeschmiederei zu nehmen sei; der Ton seiner Verse, die in flüssiger Rede von höchsten Dingen und vom Sterben sprechen, empfiehlt sie heutigen Ohren nicht.[30] Doch nicht nur der bittere kriegerische Kontext, für den sie entstanden sind, und ihre spätere Wirkungsgeschichte verbieten, sie als patriotische Ausrutscher zu belächeln. Auch die Zeitgenossen nahmem sie ernst. Lessing, Herder, Goethe lobten sie als den Beginn einer neuen deutschen Poesie: »Hier hat einmal ein Deutscher Dichter über sein Deutsches Vaterland

29 »mit Gott für König und Vaterland« stand seit einem Erlaß Friedrich Wilhelms III. vom 17. März 1813 auf dem Mützenkreuz der Preußischen Landwehr; Staatsrat Theodor von Hippel hatte die Formel Scharnhorst in den Erlaßentwurf geschrieben. In lateinischer Gestalt ist sie bereits zu Anfang des 18. Jahrhunderts auf Fahnen der preußischen Landmiliz belegt (Büchmann, *Geflügelte Worte*, 1957, S. 243 und 1981, S. 358). Nicht auszuschließen, daß von Hippel durch Gleims bekannte Lieder dazu angeregt wurde; 1811 erschien Körtes erste Gesamtausgabe von Gleims *Sämtliche Werke*, darin der vierte Band: Gleims *Kriegslieder*, mit weiteren, umfangreichen Sammlungen von Kriegsgesängen aus den Jahren 1778/79, 1786, 1790 bis 1798, alle im gleichen Stil und mit den immer neu wiederholten Formeln vom schönen »Tod fürs Vaterland«, von »Gott mit uns«, »Gott und Vaterland« und von der göttlichen Hilfe für den angebeteten Friedrich. – Der Herausgeber, Wilhelm Körte, trug in der Widmung an Friedrich Wilhelm III. und in Vorworten seinen Teil dazu bei, daß die preußisch-deutsche Seite von Gleims Werk ins aktuelle vaterländische Licht von 1811/13 gerückt wurde.

30 Die Diskrepanz wurde auch schon damals wahrgenommen; Lessing an Gleim bei Schönert 1983, S. 132; sie steigerte den Erfolg der Gedichte eher noch. Das Bedürfnis, dem sie entgegenkamen, muß erheblich gewesen sein.

ächt und brav Deutsch gesungen«, schwärmte Herder noch 1767.[31] Und 1758 war die patriotische Mode, die Gleims Lieder entfachten, so groß, daß auch Lessing sich ihr nicht entziehen konnte, sondern öffentlich auf ihr mitschwamm und sie mit antrieb; nur privat distanzierte er sich von der Aggressivität dieses Nationalismus.[32]

Eine solche Spaltung in eine öffentliche und eine private Rede sollte jedoch nicht dazu verführen, den öffentlichen »Patriotismus« dieser Zeit als ephemeres Phänomen anzusehen und ihm die wahre innere Haltung der großen Geister entgegenzuhalten. Der Sachverhalt ist komplizierter und einfacher zugleich.

Hier wurden neue Formen öffentlicher Rede ausprobiert; zweckorientierte Marktstrategien spielten dabei eine ebenso wichtige Rolle wie der Selbstlauf von Modeströmungen[33] und die Bereitschaft vieler, sich mit Gefühlen und Bekundungen auf die Seite des militärisch Erfolgreichen zu schlagen. Im Kreuzungsfeld solch unterschiedlicher Faktoren bildeten sich Redeweisen und Denkfiguren aus, wurden neue Formeln kollektiver Selbstverständigung aufgegriffen, ausgearbeitet und weitergereicht, wurden Bedürfnisse geformt, geweckt und kanalisiert. Plötzlich war es an der Tagesordnung, patriotische Gefühle zu artikulieren; der Wunsch nach einer kollektiven Gemeinsamkeit wurde entdeckt und mit den unbestimmbaren Namen »Vaterland« oder »Deutschland« besetzt, in deren Konnotationen Aggressionsbedürfnisse und Geborgenheitswünsche, Hingabebereitschaft und die Sehnsucht nach Machtteilhabe nicht voneinander zu trennen sind.

Noch ein letzter Punkt ist anzumerken. Der ästhetische Witz und die Wirkung von Gleims Liedern beruhen auch auf ihrem spezifischen Realitätsverhältnis. Die große Entfernung der Texte von der historischen Wirklichkeit des Preußenkönigs und von dem ausgesprochen blutigen und grausigen Kriegsgeschehen ist die Voraussetzung für ihre Phantasie einer werthaften, Projektionen anzie-

31 Zitiert bei Schönert 1983, S. 135. Schönert stellt sehr entschieden die große Diskrepanz zwischen dem machtpolitischen Zweck und der grausigen Wirklichkeit des Kriegs einerseits und Gleims idyllischer Zeichnung andererseits heraus.

32 Lessings Einstellung zur »patriotischen« Kriegsbegeisterung ist mehrfach behandelt worden, so z. B. von Fink 1984, S. 99 ff.; Barner 1984, S. 78 ff.; Bohnen 1993, S. 126.

33 Zur patriotischen Mode: Bohnen 1993, S. 127.

henden Einheit von König, Gott und Vaterland. Zugleich aber schmückte Gleim seine Wunschwelt mit einer Fülle von authentischen Ortsnamen, Personen und Anekdoten[34]; durch diese punktuellen Verweise verknüpfte er seine Fiktion mit der Wirklichkeit. Die irreale Vorstellung eines Deutschland, das von Preußen ausgehen und doch einen Großteil seiner Gegner umfassen sollte, bekam auf diese Weise den Anschein einer Fundierung im Realen, der ihrer plötzlichen Karriere äußerst dienlich war.

Es blieb nicht bei der lyrischen Aufrüstung des Vaterlands. 1761 schrieb Thomas Abbt eine theoretische Abhandlung über das gleiche Thema: *Vom Tode für das Vaterland*, von der berichtet wird, daß studentische Freiwillige sich zum preußischen Kriegsdienst meldeten, »jeder mit einem Exemplar von Abbts Schrift in der Tasche«.[35] Hier wird in abwägender philosophischer Betrachtungsart mit dem begrifflichen Rüstzeug der Aufklärungsphilosophie der Tod für das Vaterland zur moralischen Pflicht jedes Bürgers erhoben. Damit verabschiedet Abbt eine Reihe von Vorstellungen, die bisher den Kernbestand »patriotischer« Moralität ausgemacht hatten.

Die Liebe zum Vaterland ist nicht mehr eine freiwillige moralische Leistung des Einzelnen, die der Selbstbeschränkung seines Egoismus dient, sondern ist eine Verbindlichkeit, die für den Einzelnen nicht zur Disposition steht. Sie geht bis zur Pflicht zum Tod für das Vaterland – der Einzelne wird nunmehr dem Ganzen untergeordnet: »Das Vaterland hat ein Recht auf Dein Leben.«[36]

Hervorgegangen war die Imagination »Vaterland« aus dem Bedürfnis bürgerlicher Individuen, den zentrifugalen Kräften ihrer Freisetzung eine bindende Kraft entgegenzusetzen – jetzt wird sie politisch instrumentalisiert und inhaltlich radikalisiert. Angebunden an das reale, kriegerische Gebilde eines absolutistischen Königreichs, bekommt das »Vaterland« die moralische Macht zugesprochen, von sich aus Forderungen an das Individuum zu stellen, die bis zu seiner Opferung und Auslöschung gehen.[37]

34 Ewald von Kleist, Ramler und andere hatten in Briefen die realen Daten geliefert, die Gleim in seine Gedichte übernahm.

35 Brüggemann 1935, S. 47.

36 Abbt bei Brüggemann 1935, S. 50.

37 In der Forschung gibt es eine Kontroverse darüber, ob Abbt mit seiner Schrift aufklärerische Positionen vertritt oder aufgibt (einerseits Boe-

Das Individuum wird für diese Vernichtung damit belohnt, daß es in der übergeordneten Individualität des Staates aufgeht. Das »Vaterland« gibt dem Denken und Fühlen der Untertanen einen eigenen, ihre Partikularität und Kleinheit aufhebenden erhabenen Inhalt. Der sich dem Vaterland Opfernde wird zum Vorbild für andere[38], und die Nation, der er sich opfert, wächst dadurch zum Vorbild für andere Nationen heran: die Vaterlandsliebe »stellt die Nation als ein verewigtes [sic!] Muster für andere Nationen auf«.[39] Vaterlandsliebe wird so, ausdrücklich, zum Religionsersatz[40] und nationales Denken, erstmals, zur zentralen Integra-

deker und Bohnen, andererseits Sahmland). Ich denke, daß die Frage nicht pauschal zu beantworten ist. So läßt Abbt einerseits die zentrale Egalitätsforderung der Aufklärer fallen: Vaterland sind nicht nur Republiken, sondern können auch »gut eingerichtete Monarchien« sein (a.a.O., S. 47). Damit wird der Mitbestimmungsanspruch der bürgerlichen Reformer preisgegeben; ausdrücklich wird die Ständeordnung von Abbt als gegeben angesehen: es sei selbstverständlich, »daß jeder Bürger ein Soldat, jeder Soldat ein Bürger, und jeder Edelmann Soldat und Bürger« sei. Vor dem gemeinsamen Charakter als Untertan »verschwindet der Unterschied zwischen Bauer, Bürger, Soldat und Edelmann« (a.a.O., S. 53): er ist nicht der Rede wert und muß nicht mehr aufgehoben werden. – Auf der anderen Seite betont Abbt die Freiheit des Einzelnen bei der Wahl seines Vaterlands (es ist nicht mit dem Ort der Geburt identisch), und etwaige Weltherrschaftswünsche werden der Vaterlandsliebe ausdrücklich untersagt: »Wir fordern nicht von ihr, daß sie sich des Erdbodens bemeistern soll« (a.a.O., S. 69 f). Der erste Punkt verleitet B. Schönemann dazu, die auch ihm bedenklich erscheinende Formel von der notwendigen Bereitschaft zum Tod fürs Vaterland interpretierend zu entschärfen: sie klinge zwar »nach bedingungsloser Selbstaufgabe für die Nation, nach unbeschränkter Opferbereitschaft und Kadavergehorsam«, sei aber »nicht so gemeint«, denn schließlich sei Abbt Aufklärer (Schönemann 1992, S. 312). Als ob das eine das andere so glatt ausschlösse.

38 »Wenn ein Vater am Tage der Schlacht sein Leben auf dem Bette der Ehre rühmlich geendigt und dem Staat sein Beispiel und seine Kinder hinterlassen hat: werden nicht die Kinder dieses Bild immer vor Augen sehen und dadurch angefeuert werden, die Lorbeeren an eben dem Orte zu pflücken, wo der würdige Vater sie gebrochen hat und mit dem damit umwundenen Scheitel in das Grab gesunken ist?« (S. 63).

39 A.a.O., S. 69 (Überschrift des fünften Hauptstücks).

40 Sie hilft dann, die »Furcht vor dem Tode bezwingen«, »Wenn man nicht den Beistand einer geoffenbarten Religion genießt«. A.a.O., S. 74.

tionsideologie im modernen, säkularisierten Staat des Absolutismus. Der Patriotismus des 18. Jahrhunderts zeigt sein zweites, sein nationalistisches Gesicht.

Der Siebenjährige Krieg erweist sich mit Gleims Grenadierliedern und Abbts Abhandlung als ein erheblicher Schritt in der Entwicklungsgeschichte des deutschen Nationalismus. Doch weder die blutigen Feindvernichtungsphantasien im Namen des Vaterlands noch die Unterordnung des Einzelnen unter den zur religiösen Weihe aufgestiegenen Wert der »Nation« sind genuine Erfindungen dieser Zeit; beide zeigten sich im Arminius-Diskurs lange vor Beginn des Krieges als Ausdruck subjektiver Orientierungs- und Einheitsbedürfnisse wie als Forderung männlicher Machtansprüche. Der Krieg hat sie offenbar nicht erzeugt, sondern nur herausgetrieben und verstärkt.[41] In eben dieser Kombination, mit zum Teil den gleichen Formeln und mit erkennbar lebensgeschichtlicher Begründung tauchen sie bei den Autoren des Göttinger »Hain«-Bundes wieder auf.[42] In der nächsten großen Welle des öffentlichen Nationaldiskurses, in den Befreiungskriegen, wurden sie erneut aufgegriffen, radikalisiert und verbreitert. Im 19. Jahrhundert entfalteten sie dann eine zu Gleims und Abbts Zeit undenkbare, aber in ihr vorbereitete Massenwirkung.[43]
Was folgt aus diesen Ausführungen? Ganz sicher *nicht* die Behauptung, es habe im 18. Jahrhundert nicht einen friedlichen, weltbürgerlichen Patriotismus gegeben. Wohl aber zeigt auch diese Textreihe, daß der aufklärerische Patriotismus keineswegs das 18. Jahrhundert hindurch vorherrschend gewesen ist und erst mit der Französischen Revolution und den Befreiungskriegen einem machtorientierten, militanten und fremdenfeindlichen Nationalismus hat weichen müssen. Vielmehr haben wir zur Kenntnis zu nehmen, daß sich die beruhigende Trennung in einen friedlichen, aufklärerischen Patriotismus einerseits und einen militant-aggressiven, romantischen Nationalismus andererseits nicht auf-

41 Ein Vorläufer von Abbts Schrift im philosophischen Patriotismusdiskurs war das Erfolgsbuch des Schweizers Johann Georg Zimmermann, *Von dem Nationalstolze*, 1758, 2. Aufl. 1760. Eine Weiterentwicklung in reichspatriotischer Richtung bei Friedrich Carl von Moser, *Von dem deutschen Nationalgeist*, 1766. Zu beiden: Stauf 1991.

42 Siehe unten in diesem Band S. 106 ff. und 109.

43 Hierzu die grundlegende Arbeit von Mosse 1976.

rechterhalten läßt – daß bürgerliches Freiheitsstreben und aggressiver Nationalismus einander nicht ausschließen müssen. Patriotismus und Nationalismus lassen sich nicht in eine geordnete historische Abfolge bringen, und schon gar nicht läßt sich das eine als die Perversion des andern verstehen; beide gehören vielmehr historisch wie systematisch zusammen als die zwei miteinander verbrüderten Seiten einer modernen Selbst- und Weltanschauung, die in den identitätsgefährdenden Mechanismen unserer Gesellschaftsordnung ihre Wurzeln hat.

Hans-Martin Blitz

»Gieb, Vater, mir ein Schwert!« Identitätskonzepte und Feindbilder in der ›patriotischen‹ Lyrik Klopstocks und des Göttinger »Hain«

Es gibt heuer eine gewisse Art Leute, meistens junge Dichter[,] die das Wort deutsch fast immer mit offnen Naslöchern aussprechen. Ein sicheres Zeichen[,] daß der Patriotismus bei diesen Leuten sogar auch Nachahmung ist. Wer wird immer mit den Deutschen so dicke tun? Ich bin ein deutsches Mädchen, ist das etwa mehr als ein englisches, russisches oder otahetitisches? [...] Ich bitte euch Landsleute, laßt diese gänzlich unnütze Prahlerei [...].[1]

Im Jahre 1774 erscheint es dem Göttinger Professor Georg Christoph Lichtenberg angebracht, vor der Ausbreitung einer bestimmten Art von patriotischer Gesinnung zu warnen. Lichtenberg ist zu sehr kritischer Zeitgenosse, als daß sein Vermerk neben aller Polemik nicht einige aufschlußreiche Beobachtungen über jenes Phänomen des »falsch verstandenen Patriotismus«[2] enthalten würde. Lichtenberg weiß den Stellenwert dieses Patriotismus einzuschätzen, wenn er darauf hinweist, daß nur »eine gewisse Art Leute« und eben nicht alle »mit den Deutschen so dicke tun«. Er erkennt in »junge[n] Dichter[n]« die Träger dieses patriotischen Diskurses; andere Textverweise aus Lichtenbergs Werk bestätigen, daß er den ihm aus seiner Universitätsstadt bekannten Kreis des Göttinger Hains vor Augen hat.[3] Und er ist schließlich scharfsichtig genug, um sofort zu durchschauen, daß diese jungen Dichter aus Göttingen keinen Patriotismus erfinden. Der nachahmende Charakter der patriotischen Hainbundgedichte ist Lichtenberg nicht entgangen. Sein Zitat aus Klopstocks *Vaterlands-*

1 Lichtenberg, *Schriften und Briefe*, S. 297/298.
2 Lichtenbergs Brief an J. Chr. Dietrich vom 28. 1. 1775. Lichtenberg, Briefwechsel, S. 505 (Brief 272).
3 Vgl. dazu Lichtenbergs Brief an E. G. Baldinger vom 29. 1. 1775. Ebd., S. 496 (Brief 269).

lied[4] ist Beweis dafür, daß er bereits wußte, wer sich hier von wem beeinflussen ließ.

Lichtenbergs kritischer Blick hätte vielen Geschichts- und Literaturwissenschaftlern unseres Jahrhunderts gut zu Gesicht gestanden. Bis in die 80er Jahre hinein war von »gänzlich unnützer Prahlerei« im Namen eines deutschen Vaterlandes kaum etwas zu lesen. Historiker betonten die demokratisch-aufklärerischen Prinzipien eines bürgerlichen Patriotismus Ende des 18. Jahrhunderts; Germanisten entdeckten im vaterländischen Eifer weniger Schriftsteller ausschließlich kulturelle und damit politisch unbedenkliche Emanzipationsbestrebungen.

Die Vaterlandsgedichte Klopstocks und des Göttinger Hains, mit denen ich mich beschäftige, sind nationale Phantasien deutscher Dichter, die von der Patriotismusforschung nur mit Mühe in das Schema einer bürgerlich-kulturellen Emanzipation gepreßt werden konnten.[5] Hans-Ulrich Wehler (und nicht nur er) begreift das Ende des 18. Jahrhunderts als Vorgeschichte des deutschen Nationalismus.[6] Wird diese Einordnung ernst genommen, kann nur ein weitgefaßter Begriff des Nationalen dabei helfen, möglichst viele Facetten einer vaterländischen Begeisterung lange vor den Befreiungskriegen zu erfassen. Mit Hilfe von M. Rainer Lepsius' grundlegender Nationstypologie[7] möchte ich aus Klopstocks früher Vaterlandslyrik Grundzüge einer gedichteten Vaterlandsschwärmerei offenlegen. Klopstocks Dichtung wird dabei mit einem relativ stark politik- und geschichtswissenschaftlichen Erkenntnisinteresse untersucht. Vor diesem Hintergrund können bei den Göttinger Vaterlandsgedichten Konstanten, vornehmlich aber Veränderungen innerhalb des Ensembles nationaler Topoi sicht-

4 »Ich bin ein deutsches Mädchen! / Mein Aug' ist blau, und sanft mein Blick, / Ich hab ein Herz / Das edel ist, und stolz, und gut.« F. G. Klopstock, *Vaterlandslied* (1770). In: Ders., *Oden*, Bd. I, S. 222/223, Str. 1. Sämtliche im folgenden interpretierten Vaterlandsgedichte Klopstocks entnehme ich dieser Ausgabe und werde mit dem Kürzel »OI« auf die jeweiligen Seitenzahlen und Strophen verweisen.

5 »Im Kreis um Klopstock (›Göttinger Hain‹) verfiel man dabei in eine Bardenlyrik, in Germanismus und Deutschtümelei und auch in ein nationales Pathos, das heute peinlich wirkt. Vieles ist nur zu verstehen als der unbeholfene Ausdruck eines neuen Erlebens.« Dann 1993, S. 42.

6 Wehler 1987, S. 506-530, bes. S. 507.

7 Lepsius 1990, S. 232-246.

bar gemacht werden. Meine Motivation für diese Interpretationen war das Bemühen, dem in seiner Geschichte äußerst verhängnisvollen Nationskonzept der Deutschen an einem Anfangspunkt näherzukommen. Die Fragen danach, wie und warum Dichter um 1770 Nationales in Deutschland imaginieren, waren mir wichtiger als mögliche Analysen des Zusammenhanges von Aufklärung, Empfindsamkeit und Sturm und Drang. Lange genug wurden Klopstock und der Göttinger Hain innerhalb der Literaturgeschichte interpretiert. Es lohnt sich, sie auch für die Geschichte des Nationalen zu beachten.

A. Ouvertüre: Klopstocks vaterländische Oden

1. Klopstock als Vaterlandsdichter

Friedrich Gottlieb Klopstock, 1724 in Quedlinburg geboren, reüssierte als religiöser Dichter.[8] Vaterländische Themen tauchen zu Beginn seines Aufstieges zum gefeierten ›Messias-Sänger‹ nur am Rande auf. Neben der Arbeit an seinem religiösen Epos plante er zwar »zugleich ein Nationalepos – als Helden dachte er sich Heinrich den Vogler«.[9] Dieser Plan blieb jedoch unverwirklicht.

Erst in den sechziger Jahren des 18. Jahrhunderts nahm die patriotische Dichtung in Klopstocks Werk Gestalt an.[10] In einem Brief an den durch seine *Preußischen Kriegslieder* zum vaterländischen Dichter avancierten Gleim stellte Klopstock sein patriotisches Erstlingswerk *Hermanns Schlacht* [1768] in einen größeren Zusammenhang.[11]

8 Bereits 1748, im Alter von 24 Jahren, wurde er durch den Druck seiner ersten drei Gesänge des Messias schlagartig berühmt. Zur Biographie vgl. Hurlebusch 1988, S. 149-176.

9 Ebd., S. 153.

10 Betteridge beobachtet zu dieser Zeit »in Klopstocks Werk eine entscheidende Wendung [...] zu dem Themenkreis, den man später als Nationalismus bezeichnete«. Betteridge 1978, S. 179-184, hier S. 179. Ebenfalls zum Gesinnungswandel Klopstocks in den sechziger Jahren Jørgensen/Bohm/Øhrgaard 1990, S. 246.

11 Klopstock an Gleim am 19. 12. 1767. Klopstock, *Briefe*, S. 44-47, hier S. 45/46.

»Hermanns Schlacht, ein Bardiet für die Schaubühne« liegt auch zum Drucke fertig. Weil ich mit Ihnen eben so schwatze, so kann ich ihnen wohl davon sagen, daß ich sie ein wenig lieb habe, u[nd] daß sie sehr vaterländisch ist, u[nd] weil mirs mit diesem vaterländischen sehr von Herzen gegangen ist, [...] so denke ich, daß jenes vaterländische wieder zu Herzen gehen soll. – Hermanns Schlacht wird auch bald eine Zwillingsschwester haben: Hermann und Ingomar [...]. – Und meine Oden, die Sie sonst ein wenig lieb zu haben pflegten, werden auch bald im M[anu-]S[kript] oder gedruckt zu Ihnen kommen. Wo Mythologie vorkommt, da ist es celtische, oder die Mythologie auch unsrer Vorfahren.

Klopstock lag die vaterländische Thematik zu dieser Zeit ebenso am Herzen wie die religiöse. In seiner Ode *Mein Vaterland*[12] beschreibt Klopstock im Kostüm des für sein Vaterland »glühend[en]« Jünglings (Str. 2) jenes für die eigene Biographie charakteristische Nebeneinander.[13] Den frühen Plan eines Nationalepos über Heinrich den Vogler wertet er auf zum Beweis seiner von Anfang an vorhandenen patriotischen Einstellung (Str. 8). Klopstock erklärt, warum er als Dichter des *Messias* zunächst nicht die vaterländische, sondern die religiöse als »höhere Bahn« wählte (Str. 9). In der Forschung wurde dieser Hinweis als beruhigende, die Vaterlandsschwärmerei relativierende »Rangordnung der Werte«[14] festgeschrieben. Bemerkenswerter als die gewahrte Hierarchie zwischen einem himmlischen und weltlichen ›Vaterland‹ finde ich jedoch ihre gegenseitige Annäherung. Klopstocks Lob-

12 Klopstock, *Mein Vaterland* (1768). OI, S. 219-221.

13
Früh hab ich dir mich geweiht! Schon da mein Herz
Den ersten Schlag der Ehrbegierde schlug,
erkor ich, unter den Lanzen und Harnischen
Heinrich, deinem Befreyer, zu singen.

Allein ich sah die höhere Bahn,
Und, entflammt von mehr, denn nur Ehrbegier,
Zog ich weit sie vor. Sie führet hinauf
Zu dem Vaterlande des Menschengeschlechts!

Noch geh ich sie, und wenn ich auf ihr
Des Sterblichen Bürde erliege;
So wend' ich mich seitwärts, und nehme des Barden Telyn,
Und sing, o Vaterland, dich dir! (OI, S. 220, Str. 8-10)

14 »Die Religion steht also, bei aller Wechselbeziehung, für Klopstock weit über dem Patriotismus.« Kaiser 1967, S. 150.

gesang auf das übergreifende ›Vaterland des Menschengeschlechts‹ (Str. 9) macht die religiös anmutende Verkündigung eines eigenen Vaterlandes nicht obsolet – im Gegenteil: Anfang der 70er Jahre hat sich Klopstock sehr weitgehend »seitwärts« gewendet (Str. 10), um dem deutschen Vaterland zu huldigen. In der 1771 erschienenen ersten Teilausgabe der seit 1748 einzeln veröffentlichten Oden nimmt die Vaterlands- bzw. Bardenlyrik keinen beherrschenden, aber dennoch einen gewichtigen Part ein. Von der Anzahl der Gedichte her sind es wenige. Spätere Wiederabdrucke gerade dieser Vaterlandsoden in den Musenalmanachen zeugen jedoch von der Bedeutung, die Klopstock ihnen beimaß.[15] Gleichzeitig arbeitet er an einer Fortsetzung seines Dramas *Hermanns Schlacht* und läßt daraus 1774 einige Bardengesänge im Musenalmanach veröffentlichen.[16] Die 1774 erschienene *Deutsche Gelehrtenrepublik* komplettiert Klopstocks patriotische Profilierungsbemühungen.[17]

Als die jungen Dichter des Göttinger Hains zu dieser Zeit ihr großes Idol Klopstock rezipierten, konnten sie auf eine ganze Reihe von Vaterlandsdichtungen zurückgreifen. Wenn Klopstock 1773 dem Göttinger Hain die druckfrischen letzten Gesänge seines *Messias* mit der Sentenz zukommen läßt, daß sie »der Deutscheste am ersten lesen soll«[18] –dann wird deutlich, welches Gewicht das Thema Vaterland inzwischen für ihn besaß.

15 Wiederholter Abdruck der Ode *Wir und Sie* im *Göttinger Musenalmanach auf das Jahr 1773* (im folgenden zitiert als GMA 1773), S. 221. Höhepunkt der Rezeption gerade der vaterländischen Oden im *Göttinger Musenalmanach auf das Jahr 1774*: die Vaterlandsoden *Schlachtgesang* und *Vaterlandslied* folgen auf die einleitenden Bardengesänge aus *Hermann und die Fürsten* (GMA 1774, S. 12 u. S. 101) – und Klopstocks *Weissagung* beschließt den Band (Ebd., S. 231-233).

16 *Auf die Schlacht mit dem Germanicus, Auf Winfelds Schlacht, Der Kattische Tanz*: GMA 1774, S. 1-11.

17 Insbesondere die in das Werk eingearbeiteten *Denkmale der Deutschen* verraten die patriotischen Ambitionen ihres Verfassers. Klopstock, *Gelehrtenrepublik*, S. 129-140 u. S. 156-162.

18 J. H. Voß am 24. 3. 73. Voß, *Briefe*, S. 123 f.

2. Zentrale Motive der frühen Vaterlandslyrik

I.

Klopstocks Dichten in nationalen Kategorien nimmt vom Kulturellen seinen Ausgangspunkt. Er kann dabei anknüpfen an eine in Deutschland verbreitete Tradition, nationales Selbstbewußtsein jenseits der Identifikation mit einer politischen Staats- oder Zentralgewalt gewinnen zu wollen. Seit dem ausgehenden Mittelalter spielen Kultur, Sprache, Wissenschaft und Historie eine entscheidende Rolle bei den Bemühungen um die »Kompensation politischer Schwäche«.[19]

Klopstocks wiederholter Lobgesang auf die deutsche Sprache[20] und Dichtung[21] ist allerdings mehr als der Ausdruck ›kultureller Emanzipation‹.[22] Ähnlich wie die Humanisten versucht Klopstock, von der Sprache ein nationales Selbstbewußtsein abzuleiten, »welches sich sogleich in einen Superioritätsanspruch umsetzt: die deutsche Sprache ist ›unter anderen Hauptsprachen nicht die geringste, sondern die prächtigste‹«.[23] Klopstocks Epigramm *Unsere Sprache* beginnt mit einer Drohung: »Daß keine, welche lebt, mit Deutschlands Sprache sich / In den zu kühnen

19 Scheuer 1993, S. 10.

20 Klopstock besingt die das zersplitterte deutsche Vaterland scheinbar einigende Muttersprache gleich doppelt: 1767 in seiner Ode *Unsere Sprache* (OI, S. 199-201) und 1771 in seinem gleichnamigen Epigramm (abgedruckt im GMA 1773, S. 7).

21 Klopstock, *Der Hügel und der Hain* (1767): »D. Des Hügels Quell ertönet von Zeus, / Von Wodan der Quell des Hains. / Weck' ich aus dem alten Untergange Götter / Zu Gemählden des fabelhaften Liedes auf; // So haben die in Teutoniens Hain / Edlere Züge für mich! / Mich weilet dann der Achäer Hügel nicht: / Ich geh zu dem Quell des Hains!« OI, S. 202-206, hier S. 205, Str. 27/28.

22 Zum emanzipatorischen Charakter der Dichtung Klopstocks vgl. Zimmermann 1987. Jørgensen spricht – wie die meisten Interpreten – von dem »Gedanken einer kulturellen Stärkung Deutschlands« in Klopstocks patriotischer Dichtung: Jørgensen/Bohm/Øhrgaard 1990, S. 251. Auch B. Fischer sieht im »Glaube[n] an die ewige Gültigkeit und an die naturgegebene Übermacht der deutschen Sprache und des deutschen Publikums [...] die eigentliche Definition von Klopstocks Nationsbegriff.« Fischer 1995, S. 147.

23 Hardtwig 1994, S. 43.

Wettstreit wage!«[24] Eine Höherwertigkeit der deutschen Sprache scheint von vornherein festzustehen. Bereits im Bereich des Kulturellen ist die Definition des Eigenen nicht nur an die Abgrenzung vom Fremden, sondern sogar an dessen Abwertung gekoppelt.

Der Verweis auf die Leistungen der deutschen Sprache und überhaupt der deutschen Kultur ist auch in der berühmten Ode *Wir und Sie*[25] das Mittel, um Vaterlandsbegeisterung zu evozieren. Allein schon der Titel postuliert eine Kollektivmentalität, welche zunächst weniger behauptet als vorwurfsvoll eingefordert wird.

> Was that dir, Thor, dein Vaterland?
> Dein spott' ich, glüht dein Herz dir nicht
> Bey seines Namens Schall![26]

Klopstock scheint den Rezipienten seiner Ode eine ›glühende‹ Zuneigung zum Vaterland nicht zuzutrauen. In immerhin elf folgenden Strophen sieht er sich genötigt, Gründe nachzureichen, die eine Vaterlandsbegeisterung legitimieren sollen. Im permanenten Vergleich und durch identitätsstiftende Abgrenzung (*Wir* ...) von den ungenannt bleibenden anderen (... *und Sie*) ist es vornehmlich die Betonung eines deutschen »hohen Genius« in Wissenschaft (Str. 5), Musik (Str. 6), Malerei (Str. 7) und Dichtung (Str. 8), welcher den ›Thoren‹ ans Herz legen soll, ihr Vaterland zu lieben.

> Sie haben hohen Genius!
> Wir haben Genius, wie Sie!
> Das macht uns ihnen gleich!
>
> Sie dringen in die Wissenschaft
> Bis in ihr tiefstes Mark hinein!
> Wir thun's! und thaten's lang!
>
> Wen haben Sie, der kühnen Flugs,
> Wie Händel Zaubereyen tönt?
> Das hebt uns über Sie!

24 Klopstock, *Unsere Sprache* (1771). Zitiert nach GMA 1773, S. 7, Z. 1/2. In leicht veränderter Fassung zugänglich: Klopstock, *Epigramme*, S. 20.

25 Klopstock, *Wir und Sie* (1766). OI, S. 184-186. Der Adressat dieser Ode ist nicht Frankreich, sondern England. Vgl. dazu Lübbering 1957, S. 156, Punkt 3.

26 OI, S. 184, Str. 1.

Wer ist bey ihnen, dessen Hand
Die trunkne Seel' im Bilde täuscht?
Selbst Kneller gaben wir!

Wenn traf ihr Barde ganz das Herz?
In Bildern weint er! Griechenland,
Sprich du Entscheidung aus![27]

Klopstocks Emanzipationsbemühungen bleiben nicht bei einem nachgewiesenen Gleichgewicht zwischen deutscher und fremder Kultur stehen (»Das macht uns ihnen gleich!«, Str. 4). Sie steigern sich wiederum zur behaupteten Überlegenheit deutscher Kultur (»Das hebt uns über Sie!«, Str. 6) und münden von dort in die Vision einer vaterländischen Bewährung auch außerhalb des kulturellen Wettkampfes.

Sie schlagen in der finstern Schlacht,
Wo Schiff an Schiff sich donnernd legt!
Wir schlügen da, wie Sie!

Sie rücken auch in jener Schlacht,
Die wir allein verstehn! heran:
Vor uns entflöhen Sie!

O sähn Wir Sie in jener Schlacht,
Die Wir allein verstehn! einst dicht
Am Stahl, wenn er nun sinkt,

Hermanne unsre Fürsten sind!
Cherusker unsre Heere sind,
Cherusker, kalt, und kühn![28]

Nun konstruiert Klopstock vaterländische Autorität nicht mehr über Sprache, Wissenschaft und Kultur, sondern durch die Vergegenwärtigung einer vergangenen, wehrhaften germanischen Schicksalsgemeinschaft um Hermann den Cherusker. Seine Beschwörungen der kulturellen Leistungen des Vaterlandskollektivs gehen hier nahtlos über in das Postulat einer germanisch-deutschen Abstammungsgemeinschaft; der Typus der »Kulturnation« wird ergänzt und überlagert von demjenigen der »Volksnation«.[29]

27 OI, S. 185, Str. 4-8.
28 OI, S. 185/186, Str. 9-12.
29 Zur Konstituierung der Volksnation »über die ethnische Abstammung

Klopstocks Ode beginnt mit der Skizzierung eines kulturell existierenden Vaterlandes. Sie endet mit der Vision einer zukünftigen Schlacht, in der jenes Vaterland gemäß dem sprachlichen Irrealis (»Wir schlügen da«, Str. 9 / »Vor uns entflöhen Sie!«, Str. 10) bestehen könnte, wenn es sich auf seine germanischen – sprich: völkischen – Ursprünge und kriegerischen Qualitäten besänne. Klopstock beschließt seine Ode mit der Repetition der ersten Strophe. Nun weiß der Rezipient, was er beim »Schall« des Namens ›Vaterland‹ (Str. 1/13) assoziieren soll: neben einer umfassenden, schon gegebenen kulturellen Überlegenheit Deutschlands auch die zunächst hypothetische Fähigkeit, in Kriegen zu bestehen; neben »hohe[m] Genius« in der Kultur das germanische Wesen – »kalt, und kühn« (Str. 11) – eines siegreichen Hermannvolkes. Die Gewißheit gegenwärtiger kultureller Größe verschränkt sich mit der Erinnerung an vergangene völkisch-germanische Stärke zur literarischen Utopie eines wehrhaften Vaterlandes.

II.

Identität wird in Klopstocks Vaterlandslyrik fast ausschließlich über Negation hergestellt. Mit den häufigen Huldigungen an die vaterländische Integrationsfigur Hermann in den Vaterlandsoden ist das Feindbild der Deutschen in der Vergangenheit klar benannt. Klopstock suggeriert vaterländisches Selbstbewußtsein, indem er zeigt, wie sich sein Held Hermann gegen die Römer im grausamen Krieg zu behaupten vermochte.

> Ha, dort kömt er mit Schweiß, mit Römerblute,
> Mit dem Staube der Schlacht bedeckt! so schön war
> Hermann niemals! So hats ihm nie
> von dem Auge geflamt![30]

einer Kollektivität von Menschen« und zu der Bestimmung ethnischer Einheiten »auch über kulturelle Eigenschaften, Sprache, Religion oder noch undeutlichere Kriterien wie die einer historischen Schicksalsgemeinschaft«: Lepsius 1990, S. 235.

30 Klopstock, *Hermann und Thusnelda* (1752). OI, S. 105/106, hier S. 105, Str. 1. Zur kriegerischen Abgrenzung vom römischen Feind auch die Ode *Thusnelda* (1767). OI, S. 206-207, bes. Str. 3.

Noch läßt sich Hermanns Sieg über die Römer als für eine nationale Unabhängigkeit herbeigesehnte kriegerische Auseinandersetzung mit einer anonym bleibenden Fremdherrschaft verstehen. Trotz des gewahrten historischen Abstandes klingt manchmal verschlüsselt an, wer der römische Feind in der Gegenwart sein könnte. Als »Befreyer des Vaterlandes«[31] stattet Klopstock seine Hermannfigur mit den Attributen des Kriegers gegen absolutistische Tyrannenherrschaft aus. Der Kampf gegen die römische »Welttyrannin«[32] wird bei Klopstock zum Sinnbild einer bürgerlichen Emanzipation von adeliger Tyrannei. Diese Emanzipation macht vor den Grenzen des eigenen Vaterlandes nicht halt. Klopstocks Anklage einer gegenwärtigen, durch den Adel ausgeübten Tyrannenherrschaft verweist auf Frankreich als damaligen Inbegriff des Absolutismus. In seiner Ode *Fragen* (1752) aktualisiert Klopstock die in der deutschen Tacitusrezeption so beliebte Antithese Germanen–Römer[33] zur Feindschaft zwischen ›Deutschen‹ und ›Galliern‹.

Zwar, werther Hermanns, hat die bestäubte Schlacht
Uns oft gekrönet! hat sich des Jünglings Blick
Entflammt! hat laut sein Herz geschlagen,
Brennend nach kühnerer That gedurstet!

Deß Zeug' ist Höchsted, dort, wo die dunkle Schlacht
Noch donnert, wo, mit edlen Britanniern,
Gleich würdig ihrer großen Väter,
Deutsche dem Gallier Flucht geboten!

Das Werk des Meisters, welches von hohem Geist
Geflügelt hinschwebt, ist, wie des Helden That,
Unsterblich! wird, gleich ihr, den Lorber
Männlich verdienen, und niedersehen![34]

31 Klopstock, *Hermann* (1767). OI, S. 208-211, hier S. 210, Str. 16.

32 Klopstock, *Mein Vaterland* (1768): »Lauter noch ließest du die Waffen klingen. Die hohe Rom / Ward zum kriegerischen Stolz schon von der Wölfin gesäugt; / Lange war sie Welttyrannin! Du stürzest, / Mein Vaterland, die hohe Rom in ihr Blut!« OI, S. 219-221, hier S. 221, Str. 15.

33 »Es ist ein Denken in Antithesen, ein Denken, das den Germanen nicht ohne den Gegentyp des Römers erfassen kann, ein antirömischer Affekt, der das Charakterbild des Germanen letztlich dadurch rechtfertigt, daß er es dem des Römers entgegensetzt [...].« See 1970, S. 9/10.

34 OI, S. 107, Str. 5-7.

Hermanns Sieg über die Römer spricht Klopstock für die Gegenwart eine Vorbildfunktion zu als »Werk des Meisters« (Str. 7); den militärischen Erfolg alliierter Truppen Österreichs, Englands und Preußens bei Höchstedt (1704) über Frankreich im Spanischen Erbfolgekrieg stilisiert er zur Nachahmungstat der jünglingshaften Hermannsenkel. Eine über tausendjährige Distanz zur Varusschlacht schrumpft dadurch auf den geringfügigen Zeitunterschied einer Generation zwischen Hermann und den tatkräftigen deutschen Jünglingen.

Diese Vergegenwärtigung und Zuspitzung eines römischen Feindbildes auf Frankreich ist selten so explizit. Klopstock beläßt es meistens dabei, die Richtung einer Auseinandersetzung zwischen positiv bewerteter bürgerlich-deutscher Kultur und negativ gezeichneter absolutistisch-westlicher Zivilisation vorzugeben. So kann Klopstocks Ablehnung adeliger Tyrannei durchaus als Ausdruck eines begründeten bürgerlichen Selbstbewußtseins begrüßt werden. Aber über die suggerierten Traditionszusammenhänge zwischen absolutistischer Herrschaft und ihren angeblich französischen Ursprüngen ebenso wie diejenigen zwischen Römern und Franzosen erhalten die Gewaltphantasien eines Hermannssieges eine gefährliche Möglichkeit der Aktualisierung. In der Nachfolge Klopstocks wird aus diesem römischen Feindbild fast ausschließlich ein französisches und aus dem Topos des germanischen Freiheitskampfes derjenige eines nationalen Befreiungskrieges.

III.

Im blutrünstigen Römerhaß offenbart sich eine aggressiv nach außen betriebene Abgrenzung von allem Nicht-Vaterländischen. Sie wird ergänzt durch Attacken gegen innere Vaterlandsfeinde. Klopstocks Vaterlandsoden verraten einen ausgeprägten Zwang zur inneren Formierung der Nation.[35]

35 Damit eignen Klopstocks literarischer Vaterlandsutopie ähnliche Gefahren, welche M. R. Lepsius ganz allgemein dem Typus der Volks- und Kulturnation bescheinigt: ein »latentes Potential zur Abwertung anderer Völker als minderwertig« und eine Disposition zu »interner Diskriminierung«. Lepsius 1990, S. 237 u. 236.

Eine pluralistische, die Rechte des Individuums wahrende Gesellschaftsordnung ist bei Klopstocks Betonung des kollektiven, überindividuellen Gemeinschaftsgedankens kaum denkbar. Klopstocks vaterländische Begeisterung ist zutiefst gesellschaftsfeindlich und verweigert sich politischen Gestaltungsprinzipien. In seiner Ode *Der Hügel und der Hain* läßt Klopstock in wenigen Strophen einen »Barden Teutoniens« beschreiben, worin Wesen und Vorzüge »der Thuiskone Vaterland« bestehen[36]: »Das Gesetz der heiligen Freundschaft«, »die Liebe und die Ehe«, das »Schwert, gegen die Eroberer gezückt«, die »That des Friedens« und »Gerechtigkeit« sind die genannten Merkmale, welche das Bild einer »vorpolitisch« legitimierten[37] Gemeinschaft entstehen lassen. Freundschaft, Liebe, Treue und eine nicht näher institutionalisierte Gerechtigkeit werden zu den Bindegliedern einer historischen Schicksalsgemeinschaft. Nicht politische Prinzipien oder gar verfassungsmäßig garantierte Rechte integrieren das Vaterland. Der moralische Codex einer sittlichen Gemeinschaft entscheidet darüber, wer dem Kollektiv der Deutschen angehören darf, und vor allem, wer davon ausgeschlossen werden muß.

> Ich bin ein deutsches Mädchen!
> Mein Aug' ist blau, und sanft mein Blick,
> Ich hab ein Herz
> Das edel ist, und stolz, und gut.
> [...]
>
> Du bist kein deutscher Jüngling!
> Bist dieses lauen Säumens werth,
> Des Vaterlands
> Nicht werth, wenn du's nicht liebst, wie ich!

36 Klopstock, *Der Hügel und der Hain* (1767). OI, S. 202-206, hier S. 203, Str. 14. Die folgenden Zitate ebd., S. 205, Str. 24-26.

37 Lepsius 1990, S. 239: »Die Eigenschaften, durch die ein Volk zur Nation wird, betreffen ein Kollektiv. Das ›Volk‹ wird als eine vorpolitische Wesenheit gedacht, der einzelne über seine zugeschriebene Merkmalsgleichheit dieser Kollektivität subsumiert.« Hardtwig charakterisiert den frühen Nationalismus bis in die 60er Jahre des 18. Jahrhunderts hinein als »›vorpolitisch‹ in dem Sinne, daß die Zugehörigkeit des einzelnen zur Nation nicht über die Wahrnehmung politischer Mitwirkungsrechte, sondern über eine ihm zugeschriebene Merkmalsgleichheit mit der Gesamtheit der Deutschen gedacht wird«. Hardtwig 1994, S. 45.

Du bist kein deutscher Jüngling!
Mein ganzes Herz verachtet dich,
Der's Vaterland
Verkennt, dich Fremdling! und dich Thor![38]

Moralisch konformes Verhalten ist die Voraussetzung dafür, in die festgefügte Gemeinschaft der Deutschen aufgenommen zu werden. Dem Andersdenkenden und -fühlenden wird keinerlei Chance eingeräumt, einen Platz innerhalb des Vaterlandskollektivs gewinnen zu können. In Klopstocks *Vaterlandslied* trifft jenen nicht nur die ›Verachtung‹ des deutschen Mädchens (Str. 6): er wird zum »Fremdling« gestempelt und so aus der Gemeinschaft der vaterländisch Gesinnten demonstrativ ausgeschlossen. Durch pietistische Zentralbegriffe wie ›Herz‹ und ›Gefühl‹ gewinnt die von Klopstock propagierte germanisch-deutsche Sittengemeinschaft an Unbedingtheit: Das patriotisch gesinnte Mädchen läßt ihr Herz »laut empor« schlagen für den Gleichgesinnten (Str. 7); gleichzeitig verachtet ihr »ganzes Herz« den Andersfühlenden (Str. 6). Zwischen den Extremen einer ›glühenden‹ Zugehörigkeit zum Kollektiv oder eines ›mit ganzem Herzen‹ verachteten Fremdseins gibt es keinerlei Zwischentöne.

IV.

Der bedingungslosen Eingliederung des Einzelnen in die Vaterlandsgemeinschaft entspricht eine Überhöhung des Vaterlands in schwindelerregende Regionen. Klopstock stattet sein in der Lyrik besungenes Vaterland in einem Maße mit göttlicher Macht aus, daß beinahe vom »Religionsersatz« nationaler Ideologie[39] gesprochen werden kann. Klopstocks Vaterlandsutopie steht zwar noch »in einem von der Religion bestimmten Koordinatensystem«.[40]

38 Klopstock, *Vaterlandslied* (1770). OI, S. 222-223, hier Str. 1, 5 u. 6.
39 H. A. Winkler spricht vom Religionsersatz des Nationalismus, »wenn die Loyalität gegenüber der Nation einen höheren Rang für sich beansprucht[] als jede andere Bindung [...]«. Er sieht diese Funktion allerdings erst in der Nachfolgezeit der Französischen Revolution erfüllt. Winkler 1978 b, S. 5.
40 Kaiser 1963, S. 341.

Sie beginnt sich aber in einem erstaunlichen und für diese frühe Zeit ungewöhnlichen Ausmaß daraus zu emanzipieren. Bei Klopstock bahnt sich eine Gleichsetzung von Religion und Vaterland an, welche den Göttinger Freunden selbstverständlich werden sollte. Sie weist voraus auf eine Stilisierung der Nation zur religiös legitimierten Autorität, welcher unter fast allen Umständen gefolgt und gehorcht werden muß.

O schone mein! dir ist dein Haupt umkränzt
Mit tausendjährigem Ruhm! Du hebst den Tritt der Unsterblichkeit,
Und gehest hoch vor vielen Landen her!
O schone mein! Ich liebe dich, mein Vaterland![41]

Wie ein Gebet an einen mächtigen (»Und gehest hoch vor vielen Landen her!«) und strafenden Gott (»O schone mein!«) klingt diese Anbetung Deutschlands in Klopstocks Ode *Mein Vaterland*. Göttliche Unsterblichkeit heiligt das besungene Vaterland und läßt die erdrückende Autorität dieses vaterländischen ›Über-Ichs‹ unangreifbar erscheinen. Mit einem solchen Vaterlandsgebet setzt Klopstock unmerklich religiöse Schranken eines nationalen Allmachtsanspruches außer Kraft.

Erst vor dem Hintergrund dieser Größenphantasie wird nachvollziehbar, wie selbstverständlich bei Klopstock Kämpfen und Sterben für den göttlichen ›Vater‹ in der personifizierten Rolle der deutschen Nation eingefordert werden. Im Heldentod des Einzelnen offenbart sich der geschuldete unbedingte Gehorsam diesem neuen ›Gottvater‹ Nation gegenüber. Religiös anmutende Hingabe kann so umschlagen in die fanatische Mission des märtyrerhaften Patrioten.

Willkommen Tod fürs Vaterland!
Wenn unser sinkend Haupt
Schön Blut bedeckt, dann sterben wir
Mit Ruhm fürs Vaterland!

Wenn vor uns wird ein ofnes Feld
Und wir nur Todte sehn
Weit um uns her, dann siegen wir
Mit Ruhm fürs Vaterland!

41 Klopstock, *Mein Vaterland* (1768). OI, S. 219-221, hier S. 220, Str. 5.

Dann treten wir mit hohem Schritt
Auf Leichnahmen daher!
Dann jauchzen wir im Siegsgeschrei!
Das geht durch Mark und Bein![42]

Gerhard Kaisers Verweis auf die pietistischen Ursprünge dieses patriotischen Gefühlsfanatismus, auf die »spezifisch christliche Konzeption des heiligen Opfers« und die »alttestamentliche Vorstellung vom heiligen Kampf«[43] erklären m. E. die biblische Tradition der entlehnten Bildelemente – nicht aber das Aggressionspotential dieser Ode. Statt weltliche Gewaltphantasien solchermaßen bagatellisierend einzuordnen, sollte mit Befremden die Instrumentalisierung Gottes im Dienste eines nationalen Schlachtenlärms wahrgenommen werden. In Klopstocks *Schlachtlied* vermag nicht einmal eine dem Vaterland deutlich übergeordnete göttliche Instanz Gewalttaten zu verhindern. Klopstock repetiert zwar in den ersten vier Strophen die immer gleiche Mahnung an Gott, ohne dessen ausdrückliche Hilfe eine Schlacht »fürs Vaterland« fehlschlagen müßte: »Vergebens fließet unser Blut / Fürs Vaterland; wenn der nicht hilft, / Der Alles ausführt!«[44] Trotz dieser Relativierung der Allmachtsphantasie Vaterland gestaltet Klopstock ab der fünften Strophe die Vision einer Schlacht, wie sie gerade wegen des Vertrauens in Gott gelingen könnte.

Ström' hin, o Blut, und tödt', o Tod
Fürs Vaterland! Wir trauen dem,
Der alles ausführt!

Auf! in den Flammendampf hinein!
Wir lächelten dem Tode zu,
Und lächeln, Feind', euch zu!

Der Tanz, den unsre Trommel schlägt,
Der laute schöne Kriegstanz,
Er tanzet hin nach euch![45]

42 Klopstock, *Heinrich der Vogler* (1749). OI, S. 78/79, hier Str. 5-7. Die ursprünglich Friedrich II. zugeeignete Ode Kriegslied betitelte Klopstock später aus Enttäuschung über dessen Frankreich-freundliche Haltung mit *Heinrich der Vogler*.
43 Kaiser 1973, S. 149 u. 145.
44 Klopstock, Schlachtlied (1767). OI, S. 194, Str. 3.
45 OI, S. 194, Str. 5-7.

Plötzlich gewinnen die kriegerischen Handlungen für das Vaterland einen eigenständigen Charakter. Klopstocks Heiligung der Nation enthält die Tendenz, die göttliche Norm aufzugeben und die säkulare Größe Vaterland an ihre Stelle treten zu lassen. Eine Verselbständigung des vaterländischen Allmachtsanspruches bei gleichzeitiger bedingungsloser Unterordnung des Einzelnen zeichnet sich ab. Die Radikalität der Gewaltphantasien bis hin zum mordenden Patrioten[46] lassen sich ebenso auf die entworfene Größenphantasie Vaterland zurückführen wie die Verklärung des absoluten Gehorsams im ersehnten Heldentod. ›Kämpfen‹ und ›Sterben‹ im Namen des Vaterlandes verweisen getrennt auf die nach außen und nach innen gerichteten aggressiven Abgrenzungs- und Formierungstendenzen von Klopstocks Nationalismus; sie verweisen gemeinsam auf die ›Machtphantasie‹ Deutschland, welche göttliche Allmacht abzulösen beginnt.

3. Zusammenfassung und Bewertung

Klopstocks lyrische Beschwörungen eines Vaterlandes erschöpfen sich nicht im selbstbewußten Plädoyer für eine deutsche Kulturnation. Über die Stilisierung einer germanisch-deutschen Schicksalsgemeinschaft um die Integrationsfigur ›Hermanns des Cheruskers‹ wird Klopstocks kultureller Nationalismus von einem völkischen ergänzt. Gemeinschaftssehnsüchte betonen den gesellschafts- und politikfeindlichen Grundzug dieser Vaterlandsutopie; germanische Sittenstrenge begründet eine innere Formierung der Nation; Beschwörungen einer archaischen Germanenkultur münden in Zivilisationskritik und die Ablehnung westlicher Modernität.

Der Einzelne hat sich diesem Vaterlandskollektiv bedingungslos ein-und unterzuordnen. Ein sich selbst überhöhendes, den eigenen Tod imaginierendes Identifikationsbedürfnis kennzeichnet seine Hingabe und seinen absoluten Gehorsam dem geheiligten ›Gottvater Nation‹ gegenüber: Todesbegeisterung, Gewaltbereitschaft und Kriegsverherrlichung sind die Folgen.

Aggressive Töne gibt es in den Oden trotz der Tatsache, daß sich

46 In Rollengedichten wie *Hermann und Thusnelda*, *Heinrich der Vogler* oder *Schlachtlied* legt sich Klopstock keinerlei Zurückhaltung auf, was Gewalt im Namen des Vaterlandes anbetrifft.

humanistische Bildungstradition und christlicher Glaube bei Klopstock gewalthemmend auswirken können. In seiner Ode *Mein Vaterland* lobt Klopstock das deutsche Vaterland, weil es »von dem Blut nicht der anderen Welten« triefe (OI, S. 221, Str. 17). In Rollengedichten wie *Hermann und Thusnelda* oder *Heinrich der Vogler* hindern ihn jedoch seine humanistisch-christlichen Ideale keineswegs, eine Gewaltverherrlichung im Namen des Vaterlandes auszuphantasieren. Diese aggressiven Töne sind deshalb gefährlich, weil Klopstocks literarisches Vaterlandskonzept ohne Abgrenzung nicht auskommt und in antiken Römern bzw. adeligen Tyrannen ein Feindbild kultiviert. Auch wenn Klopstock nur selten konkretisiert, welcher Feind in der Gegenwart im Kampf für ein deutsches Vaterland vernichtet werden könnte, so legen seine antirömische und antiadelige Haltung Frankreich als Verkörperung dieses abstrakten Feindbildes nahe.

Man darf Klopstocks Oden nicht als Agitationslyrik mißverstehen, welche zum sofortigen Freiheitskampf für das Vaterland anstacheln sollte. Klopstock verlegt den vaterländischen Schauplatz bewußt in die Vergangenheit. In Form und Inhalt präsentiert er seine Vaterlandsphantasien als elitäres Gedankengebäude, welches sich der Rezeption breiter Massen verweigert haben dürfte. Die Fremdheit germanischer Mythologie sowie ossianischen Bardentums können ebenso als Rezeptionshürden interpretiert werden wie der feierliche, schwer verständliche Odenton.
Klopstocks Oden heiligen mehr noch als ein utopisch anmutendes Vaterland den Dichter, der dieses Vaterland besingt. Im Kostüm des Barden stilisiert Klopstock ganz allgemein den vaterlandsbegeisterten Schriftsteller – vor allem aber sich selbst – zum Propheten einer imaginierten Nation.[47] Klopstocks Vaterlandslyrik ist

47 Aus des Rosses Auge, des Hufs Erhebung,
Stampfen des Hufs, Schnauben, Wiehern und Sprung
Weissagten die Barden; auch mir
Ist der Blick hell in die Zukunft.
Ob's auf immer laste? Dein Joch, o Deutschland,
Sinket dereinst! Ein Jahrhundert nur noch;
So ist es geschehen; so herrscht
Der Vernunft Recht vor dem Schwertrecht!
Klopstock, *Weissagung* (1773). OII (Oden Bd.2), S. 3/4, Str. 3/4.

insofern Zeugnis eines gesteigerten dichterischen Selbstverständnisses, einer Legitimierung des Schreibens vor dem Handeln und der Rechtfertigung der Existenz des freien Schriftstellers im fiktiven Raum des germanischen Vaterlandsmythos.

B. Da Capo? Vaterlandslyrik des Göttinger Hains

1. Huldigungen einer Jüngerschaft

In dieser Prophetenrolle wurde Klopstock von einer kleinen Gruppe junger, in Göttingen studierender Dichtertalente ernst genommen und bewundert. Klopstocks Dichtung weckte unter diesen Göttinger Rezipienten allerdings nicht sofort patriotische Begeisterung; in seiner Anfangsphase war der sogenannte ›Göttinger Hain‹ nur ein unpolitischer Dichterzirkel und Freundeskreis.[48] Johann Heinrich Voß wiederholte einen Monat nach der Gründungsfeier[49] den literarischen »Endzweck« des Zusammenschlusses, »durch wechselseitige Kritiken einander aufzuhelfen und zu ermuntern«.[50] Ritualisierte Treffen verstärkten den Gruppenzusammenhalt und institutionalisierten die gegenseitige kritische Auseinandersetzung mit den selbstverfaßten literarischen Werken.[51] Die jede Sitzung eröffnende Rezitation der Oden Klop-

48 Seit 1770 förderte der damals 25jährige Englischlehrer und Hofmeister H. Chr. Boie junge Talente wie G. A. Bürger, L. Chr. H. Hölty oder J. M. Miller. Ab dem Sommersemester 1772 trafen sich in diesem literarischen Zirkel neben Hölty und Miller J. H. Voß, G. D. Miller, J. F. Hahn und J. Th. L. Wehrs. Bürgerliche Herkunft, vergleichbares Alter und ein allen gemeinsames ›geisteswissenschaftliches‹ Studiengebiet ließen über den literarischen Zirkel hinaus einen Freundschaftsbund entstehen. Einen kurzen Überblick über die Geschichte des Hainbundes und die Biographien seiner Mitglieder bietet Kelletat 1967, S. 371-421.

49 Voß' Schilderung eines enthusiastischen Treffens am 12. September 1772 sollte in die Literaturgeschichte als ›Geburtsstunde‹ des Göttinger Hains eingehen. Quelle: Voß' Brief an Brückner vom 20. 9. 1772. Voß, *Briefe*, S. 91/92.

50 Voß' Brief an Brückner vom 26. 10. 1772. Ebd., S. 93.

51 Zum Sitzungsritual vgl. Voß' Brief vom 26. 10. 1772. Voß, *Briefe*, S. 96/97.

stocks und Ramlers[52] offenbart die literarischen Vorlieben der Hainbündler und ihr Bemühen um gruppenverbindliche Dichtungsnormen.

Das Selbstverständnis des Bundes wurde durch die Verehrung für Klopstock mit der Zeit allerdings nachhaltig verändert. Schon im November 1772 ist im Sendschreiben an das neue Mitglied Brückner wenig von literarischen Zielsetzungen die Rede. In der aus Klopstocks Dichtung entlehnten Rolle germanischer Barden legen die Göttinger ihre bürgerliche Identität ab und ›verkünden‹, welcher moralisch-vaterländischen Mission sich ihr Bund verpflichtet fühlt.

> Segen / Unserm Brückner / von Uns, / Werdomar, / Haining, Minnehold, Gottschalk, / Bardenhold, Reimund, / Teuthard!
>
> Demnach Wir vernommen durch Unserm Bruder Gottschalk, Dein Geist sey des Liedes, und des Mannes Dein Herz, siehe! so sey Bund zwischen Dir und Uns allen, gleich dem Bunde zwischen Uns.
> Auf daß Du aber erkennest den Sinn desselben, so wisse, daß er ist ein Bund der Treue nach dem Geiste unsrer Väter, und des Sanges nach ihrem Herzen. Das aber war fromm, und keusch, fürchtete Gott und liebte das Vaterland, und war rein alles Truges; desgleichen sollst auch Du und Dein Lied seyn, gleichwie Wir und Unsere Lieder es seyn werden. [...] Stärke sey mit Deinem Geiste, und Kraft des Worts mit Deinem Liede! Bruderliebe erfülle Deine Seele, und Deine Brust
>
> Deutschland![53]

Durch die Aufnahme der beiden adeligen Grafen zu Stolberg im Dezember 1772 wurde Klopstock zur unumschränkten Integrationsfigur des Bundes.[54] Der persönliche Kontakt zu Klopstock verstärkte nicht nur die literarische Produktivität der Göttinger.[55] Was als Freundschaftsbund begonnen wurde, erhielt Züge eines patriotischen Zirkels. Voß plante den berüchtigten Haßausbruch

52 Ebd., S. 97.

53 Urkunde des Göttinger Hains, die Brückner als Anlage eines Briefes von Voß am 15. 11. 1772 geschickt wurde. Zitiert nach: Metelmann, *E. Th. J. Brückner und der Göttinger Dichterbund*. S. 364/365.

54 Da beide »mit Klopstock seit der Kindheit nahe vertraut« waren, »konnten sie dem Bund den unmittelbaren Zugang zu seinem Idol und verehrten Meister eröffnen«. Kelletat 1967, S. 409/410.

55 In nur wenigen Monaten verfaßten sie einen Sammelband mit ihren Gedichten (*»Für Klopstock«*), den die Stolberg-Brüder Klopstock im April 1773 als Geschenk überreichten.

gegen Wieland an Klopstocks Geburtstag als Demonstration vaterländischer Gesinnung.

Und den zweiten Juli (Heilig sei dieser Tag! Klopstock ward an ihm geboren!) wollen wir so feiern, wie *ein deutscher Bund* das Fest eines der größten Deutschen, mit Hermann, Luther und Leibnitz, feiern muß.[56]

Voß verrät in seiner stolzen Schilderung der Bücher- und Bildnisverbrennung[57], welchen Einfluß Klopstocks Patriotismus auf die Bundesgenossen hatte. Die Rezitation »etliche[r] sich auf Deutschland beziehende[r] Oden« Klopstocks wird zum mittelbaren Auslöser einer gewalttätigen Aktion »gegen Sachen, symbolisch gegen Menschen«.[58] Wie sehr die Inszenierung literarischer Vorgaben tatsächlich gelang, läßt Voß' stolzer Vermerk erahnen, daß Klopstock selbst »eine Beschreibung des Tages« angefordert hatte.
Geschickt wußte Klopstock seine Jüngerschaft in ihrer patriotischen Haltung zu ermuntern. Klopstock setzte dem Bund durch seine Huldigung der »zwölf edle[n] und vaterländische[n] Jünglinge« ein literarisches Denkmal[59], in welchem er ihre vaterländische Gesinnung und nicht ihre dichterische Begabung lobt.[60] Als Klopstock im Sommer 1774 dem Bund beitreten wollte, ist in den

56 Voß am 24. 2. 1773. Voß, *Briefe*, S. 123. Hervorhebung von mir.
57 »Seinen Geburtstag feierten wir herrlich. Gleich zu Mittag kamen wir auf Hahns Stube [...]. Jetzt las Cramer aus den Triumfgesängen, und Hahn etliche sich auf Deutschland beziehende Oden von Klopstock vor. [...] Hernach tranken wir in Rheinwein Klopstocks Gesundheit, Luthers Andenken, Hermanns Andenken, des Bunds Gesundheit, dann Eberts, Goethens [...], Herders u. s. w. Klopstocks Ode der Rheinwein ward vorgelesen, und noch einige andere. Nun war das Gespräch warm. Wir sprachen von Freiheit, die Hüte auf dem Kopf, von Deutschland, von Tugendgesang, und du kannst denken, wie. Dann aßen wir, punschten, und zuletzt verbrannten wir Wielands Idris und Bildnis. Klopstock, er mag's gehört oder vermutet haben, hat geschrieben, wir sollten ihm eine Beschreibung des Tages schicken.« Voß am 4. 8. 1773. Voß, *Briefe*, S. 144/145.
58 Schrader 1984, S. 325-367, hier S. 347.
59 Klopstock, *Gelehrtenrepublik*, S. 227-234, hier S. 232.
60 A. Lüchow warnt davor, Klopstocks Aufmerksamkeit für die ihm vom Hainbund entgegengebrachte Ehrerbietung als Interesse für das dichterische Schaffen der jungen Poeten mißzuverstehen: »Nicht ihr poetischer, sondern ihr patriotischer Eifer war es, der ihn aufmerken ließ«. Lüchow 1995, S. 192.

enthusiastischen Antwortschreiben der Göttinger vom Dichterzirkel nicht mehr die Rede. Hahn schreibt im Juli 1774 an »unser[n] Vater Klopstock« vom »bund für's vaterland«.[61] Er trägt mit dieser Formel dem gewandelten Selbstverständnis dieses Männerbundes Rechnung.[62]
Zur Verwirklichung hochtrabender patriotischer Pläne kam es nicht.[63] Die Abreise der Stolberg-Brüder im September 1773 war Vorbote eines Zerfallsprozesses gewesen, der die Gemeinschaft Ende 1774 unaufhaltsam ergriff.[64] Voß' Abschied aus Göttingen im Frühjahr 1775 beendete das ambitionierte Literaturunternehmen der jungen Studenten, Patrioten und Poeten.

Geblieben sind literarische Zeugnisse einer patriotischen Einstellung, welche den Göttinger Hain mehr geprägt hatte, als die Anzahl der in diesem Tenor verfaßten Gedichte vermuten läßt.[65] Das vaterländische Thema war eines unter vielen und bei weitem nicht das dominierende. Längst nicht alle im Bund verfolgten diese Richtung mit dem gleichen Enthusiasmus. Friedrich Leopold Stolberg und Voß profilierten sich als Barden des Vaterlandes; Hahn genoß innerhalb des Bundes den Ruf patriotischer Gesinnung. Johann Martin Miller und Hölty verstanden sich demgegenüber eher als Minnedichter denn als Vaterlandskünder.
Die Fixierung der Göttinger auf das Hamburger Idol und ihre

61 Hahn am 30. 7. 1774. Zitiert nach: *Gedichte und Briefe von Johann Friedrich Hahn*, S. 257. Dazu auch das Bundesschreiben an Klopstock vom 24. 3. 1774, verfaßt von Hahn: Ebd., S. 255.

62 Es ist bezeichnend, daß Literaturwissenschaftler des vorigen Jahrhunderts dieser Entwicklung Beachtung schenkten. Sowohl R. E. Prutz als auch A. Sauer vergleichen den Charakter des Bundes mit den ihnen vertrauten Burschenschaften. Prutz 1841, S. 251. Sauer 1888, S. XVII.

63 Klopstock nährte Hoffnungen, »daß der Bund die Keimzelle einer die soziale Welt revolutionierenden Gelehrtenrepublik sein könne«. Jørgensen/Bohm/Øhrgaard 1990, S. 408.

64 J. M. Miller und sein Vetter verließen Göttingen im Oktober 1774; Voß folgte im April 1775, Boie ein Jahr später.

65 A. Lübbering zählt im Widmungsband *»Für Klopstock«* über zwei Drittel der Gedichte zu den Themenkomplexen »Freundschaft, Geselligkeit« und »Liebe, Minne«; nur ein Fünftel fallen bei ihm unter die Rubrik »Vaterland, Freiheit, Tugend, Bardentum«. Lübbering 1957, S. 139.

Profilierungsbemühungen als ›deutscher Bund‹ im Laufe des Jahres 1773 ließen die Dichtung allerdings nicht unberührt. Annette Lüchow konstatiert zu dieser Zeit eine Umorientierung der lyrischen Produktion von Minneliedern und Balladen zu Vaterlands- und Tugendgesängen.[66]
In den meisten Vaterlandsgedichten eines Voß, Stolberg, Hahn, Miller oder Hölty finden sich zudem Anklänge an Klopstocks Vaterlandsmythologie wieder. Sie könnten den Eindruck erwekken, als würde sich die Göttinger Vaterlandslyrik in der Nachahmung erschöpfen. Zum festen Inventar gehören für die Hainbündler der Rückbezug auf Hermannlegende und Germanentradition[67] ebenso wie die Aufwertung des Dichters zum prophetischen Barden.[68] Die Göttinger grenzen sich vom westlichen Feind ab[69] und beschwören eine durch Freundschaft, Treue sowie Tugend zusammengehaltene Gemeinschaft jenseits politischer Prinzipien.[70] Abstraktes Freiheitspathos[71] und Tyrannenhaß[72] symbolisieren ihre bürgerlichen Emanzipationshoffnungen.

66 »Wurden auf den Bundessitzungen im Winter und Frühjahr 1773 vor allem Minnelieder vorgetragen, und zwar in erster Linie von Miller und Hölty, meldeten sich im Juni 1773 Voß, Hahn und Friedrich Leopold Stolberg mit kämpferischen Oden zu Wort.« Lüchow 1995, S. 169.

67 »Ist nicht Hermann dein Sohn? Sturm war sein Arm! sein Schwerd / Gab uns Freiheit und Sieg!« F. L. Graf zu Stolberg, *Der Harz* (1772). Erstdruck: *»Für Klopstock«*, S. 64/65, Str. 9.

68 »Trotz jedem Ausland stürmet Begeisterung / In deutschen Seelen. Barden, ihr zeugt es, / Die ihr von Sarons Palmen und von / Heimischen Eichen euch Kränze wandet.«; L. H. Hölty, *An Teuthard* (1772). *Der Göttinger Dichterbund* [diese Ausgabe fortan zitiert als ›Sauer‹] Bd. 50/1, S. 49, Str. 1.

69 »Schlag' lauter Deine Saiten an, / Du Sohn des Vaterlands! / Und sing dem Britten Trotz, und Hohn / Dem Gallier!« J. H. Voß, *An Teuthart* (1772). Sauer Bd. 49, S. 175, Str. 1.

70 »Leben sollen alle Schönen, / Die, von fremder Thorheit rein, / Nur des Vaterlandes Söhnen / Ihren keuschen Busen weihn! / Deutsche Redlichkeit und Treue / Macht uns ihrer Liebe wert; / Drum wohlauf! der Tugend weihe / Jeder sich, der sie begehrt!« J. M. Miller, *Deutsches Trinklied* (1772). Sauer Bd. 50/1, S. 195, Str. 6.

71 »Ermanne dich, mein Geist, sei frei! / Und brich das Sklavenjoch entzwei, / Das deutschen Nacken schändet!« J. M. Miller, *Der deutsche Jüngling, an sich selbst* (1773). Sauer Bd. 50/1, S. 229, Str. 1.

72 »Der Rebenberg am Leichenthal / Tränkt seinen Most mit Blut! /

Todessehnsucht und Hingabe des Einzelnen für ein geheiligtes Vaterland[73] komplettieren die Anleihen der Göttinger bei ihrem Hamburger Vorbild.

Ein bloßes Nachspiel sollte die Göttinger Vaterlandsdichtung dennoch nicht werden. Annelen Kranefuss ist innerhalb der Forschung eine der wenigen, die in dieser lyrischen Adaption Veränderungen beobachtet. Sie konstatiert einen stärkeren Handlungswillen, eine Verminderung bardischer Mythologie und schließlich eine »affektive Aufladung« des Feindbildes bei gleichzeitiger »Abwehr des Sexuellen«.[74] Lange vor den Befreiungskriegen scheint eine Fortführung nationaler Ideologie mit deren Radikalisierung Hand in Hand zu gehen.

2. ›Nachahmung‹ und Verschärfung

I.

Klopstock bezog Selbstbewußtsein aus der Rolle des Barden, dessen Gesänge von nachkommenden Generationen gehört und verwirklicht werden konnten. Die Jünglinge des Hains sehnen sich danach, als unmittelbare Nachfolger berühmter Tyrannenkämpfer aktiv werden zu dürfen. Anstatt den »Arm des Urenckels« durch das Verfassen von Vaterlandsgedichten zu bewaffnen, geht es Stolberg darum, »selbst FreiheitsBlut strömen« zu sehen.[75] Der Erinnerung an einstige Helden im Freiheitskampf gilt keine ausschließliche Aufmerksamkeit mehr: im Zentrum von Stolbergs Ode *Die Freiheit* steht die existentielle Erfahrung eines vergangene Jahrhunderte überbrückenden Freiheitsdranges.[76] Stolberg

Dann trinken wir beim Freudenmahl, / Triumph! Tyrannenblut!« J. H. Voß, *Trinklied für Freie* (1774). Sauer Bd. 49, S. 239, Str. 15.

73 »Ich finde fürder keine Ruh / Im weichen Knabenstand! / Ich stürb', o Vater, stolz wie du, / Den Tod fürs Vaterland!« F. L. Gr. z. Stolberg, *Lied eines deutschen Knaben* (1774). Sauer Bd. 50/2, S. 49, Str. 2.

74 Kranefuss 1978, S. 139-141.

75 »Schreiben u: Handeln – Glücklich ist der dessen Lied den Arm des Urenckels wafnet, aber seelig u: dreymal seelig ist der welcher selbst zum Schwerdte greift! selbst FreiheitsBlut strömen sieht!« Stolberg an Klopstock am 15. 3. 1774. Stolberg, *Briefe*, S. 33.

76 »Uns, uns ein hoher seelenverklärender / Gedanke! Freiheit! Freiheit!

hofft, die »Freiheitsharf'« des Dichters mit dem »Freiheitsschwert« des Soldaten vertauschen zu dürfen.[77] Das fiktive Bild des tatendürstenden Kindes in seinem *Lied eines deutschen Knaben* läßt sich leicht rückübersetzen in einen Ausdruck lang aufgestauter – eben von Kindheit an gehegter –, bisher unbefriedigter Sehnsucht, sich als Vaterlandsheld profilieren zu können.

> Mein Arm wird stark, und groß mein Muth;
> Gieb, Vater, mir ein Schwert!
> Verachte nicht mein junges Blut!
> Ich bin der Väter wert!
>
> Ich finde fürder keine Ruh
> Im weichen Knabenstand!
> Ich stürb', o Vater, stolz wie du,
> Den Tod fürs Vaterland!
>
> Schon früh in meiner Kindheit war
> Mein täglich Spiel der Krieg;
> Im Bette träumt' ich nur Gefahr,
> Und Wunden nur und Sieg.[78]

Sowenig wie jener angeflehte Vater seinem Knaben ein Schwert in die Hand drücken würde, sowenig konnte der junge Dichter Friedrich Leopold erwarten, daß sein Traum vom Heldentod für Freiheit und Vaterland in Erfüllung gehen würde. Auch in dieser Hinsicht trifft Stolbergs Gedicht über den Knaben, der eben nicht kämpfen darf, die eigene biographische Lage. Was Stolberg bleibt, ist die verlockende Möglichkeit, diese in der Realität unerfüllten Phantasien von Männlichkeit und Heldentum in der Dichtung zu verwirklichen. Stolberg kompensiert fehlende Handlungsmög-

wir fühlen dich! / [...] // Dein Nektar strömte, jener, an deren Grab / Nachwelten staunen; ström'! o entflamm' uns ganz!« Stolberg, *Die Freiheit. An Hahn* (1774). Fassung GMA 1775. Zitiert nach: Sauer Bd. 50/2, S. 35, Str. 2/3. Lübbering sieht einen »abstrakt-idealen Freiheitsenthusiasmus Klopstocks« in diesem Gedicht »um mindestens eine Stufe dem Politisch-Realen näher gerückt«. Lübbering 1957, S. 170.

77 Stolberg, *Die Freiheit. An Hahn*, Str. 4/5. Die Hierarchie der Strophen versinnbildlicht, daß Stolberg den Soldaten des Vaterlandes dem Dichter nicht nur wie Klopstock bei-, sondern überordnet.

78 Stolberg, *Lied eines deutschen Knaben* (1774). Sauer Bd. 50/2, S. 49/50, Str. 1-3.

lichkeiten, wenn er seine Ode *Mein Vaterland* mit der Vision des eigenen Heldentodes beschließt.[79] Eine Entscheidungsschlacht um das Vaterland existiert nur als Imagination – eben als »Phantom« – in der Seele des »Sehnenden« (Str. 12). Noch gelingt die erhoffte Bewährung eigener Männlichkeit dadurch, daß der Heldentod in der Fiktion gestorben, die Entscheidungsschlacht in der Dichtung geschlagen wird. Stolbergs Briefnotiz an Klopstock verdeutlicht allerdings, in welchem Ausmaß diese Wunschphantasien eines machtvollen, individuelle Größe garantierenden Vaterlandes auf Realisierung angelegt sind.

Prinz Constatin [...] sprach wol eine halbe Stunde mit mir von Deutschen, Engländern u: Franzosen. Ich war erstaunt einen jungen Prinzen von 17 Jahren so gut sprechen zu hören. [...] Die Engländer wären die erste Nation. Ich hoffe Ew. Durchl: nehmen uns Deutsche aus? O das versteht sich! ich nehme uns nicht mit unter die anderen, wir über alles! Wir thaten zusammen warme Wünsche die Deutschen bald gegen die Franzosen fechten zu sehen.[80]

79 Von dir entfernt, weih' ich mich dir,
Mit jedem Wunsche, heiliges Land!
Grüße den südlichen Himmel
Oft, und denke des Vaterlands!

Auch greift oft mein nervichter Arm
Zur linken Hüfte; manches Phantom
Blutiger Schlachten umflattert
Dann die Seele des Sehnenden!

Ich höre schon der Reisigen Huf,
Und Kriegsdrommete! sehe mich schon,
Liegend im blutigen Staube,
Rühmlich sterben fürs Vaterland!

Stolberg, *Mein Vaterland. An Klopstock* (1774). Sauer Bd. 50/2, S. 56, Str. 11-13. Abgedruckt im GMA 1775, S. 100f.

80 Stolberg an Klopstock am 24. 3. 1775. Stolberg, *Briefe*, S. 44.

Es genügt Stolberg und mit ihm den meisten Göttingern nicht, ihre Vaterlandsphantasien im lange vergangenen Stellvertreterkrieg zwischen Hermann dem Cherusker und Römern auszuleben. Der zitierte Wunsch, »die Deutschen bald gegen die Franzosen fechten zu sehen« (s.o.), hat Programmcharakter für die Vaterlandslyrik des gesamten Göttinger Hains. Wo Klopstocks ›Oden-Römer‹ eine antifranzösische Haltung vermuten lassen, nennen seine Verehrer Roß und Reiter. Typisierung und Pauschalisierung sind die Prinzipien, um ein zunächst partiell gehegtes Ressentiment gegen französische Dichtung und höfische Sitte verstärken zu können. In seinem Widmungsgedicht *An Johann Martin Miller* verallgemeinert Hahn Untreue und Verlogenheit zum angeblich typisch französischen Wesen, wovon er den Volkscharakter des »Biederstamme Teuts« energisch abgrenzt.

> Dein Herz ist Deutsch, und Deutsch mein Herz!
> Es liebt dich! Wiß es ganz! Verflucht,
> Was Franzentrug umlarvt![81]

Miller bedankt sich mit einem Widmungsgedicht an Hahn, wo er ebenfalls ganz pauschal »den Deutschen« mit einem durch negative Eigenschaften typisierten »leeren Franzen« kontrastiert.[82] Franzosenfeindschaft gehörte zum guten Ton innerhalb der Gruppe und beschränkte sich nicht auf kulturelle Animositäten. Voß läßt seinen *Bundesgesang* mit Angriffen auf französische Kultur beginnen. In den letzten Versen grenzt er das deutsche Vaterland grundsätzlich von Frankreich ab.

> Du, das strahlende Ziel nächtlicher Wachen und
> Thränenblinkender Stunden, wie
> Flammt dir einzig mein Herz, Vaterland! Vaterland!
> Ach, wie ring' ich, wie ring' ich, bald
> Wert des jauchzenden Danks deines erwählten Stamms,
> Und, Bastarde Thuiskons, und
> Schiele Nachbarn, zu sein eures Geknirsches wert![83]

81 J. M. Miller, *An Hahn* (1772). Erstdruck: »*Für Klopstock*«, S. 28, hier Str. 2.

82 Hahn, An Johann Martin Miller (1772). Erstdruck: »*Für Klopstock*«, S. 9, Str. 9.

83 Voß, *Bundesgesang* (1772). Sauer Bd. 49, S. 180-182, hier V. 52-58.

Zwischen der anfänglichen Verspottung der »Sänger Lutetiens« (V. 1) und der schließlichen Beschimpfung der gesamten französischen Nation liegt die Erinnerung an »Roßbach« (V. 15), an verwüstetes Land im Siebenjährigen Krieg, welches nach Voß noch immer »vom unmenschlichen Mord feiner Franzosen raucht« (V. 16). Mit diesem Verweis auf die kriegerische Selbstbehauptung Preußens (1756-1763) – stilisiert zum frühen Aufbäumen des deutschen Vaterlandes – erhält die Anprangerung der »schiele(n) Nachbarn« (V. 58) eine politische Note. Über sein haßerfülltes Gedicht *An die Herrn Franzosen*[84] bemerkt Voß voller Stolz, wie sehr es Aufsehen erregt habe, »daß ein junger Mensch sich's herausnimmt, eine ganze Nation anzuschnauzen«.[85] Er gibt damit selbst zu, daß seine Gedichte über eine kulturelle Emanzipation hinausgehen.

III.

Die Attacken gegen Kultur, Sitte und Volk der Franzosen offenbaren bei genauem Lesen ein erhebliches Gewaltpotential. Wie die Göttinger gerne mit ›Feinden‹ des Vaterlandes umgehen würden, verraten ihre Ausfälle gegenüber Wieland. Moralische Verurteilungen und wüste Beleidigungen[86] werden ergänzt von Phantasien, welche vor dem ersehnten Tod des beschimpften ›Vaterlandsverführers‹ nicht zurückschrecken. Hahns *Künftige Grabschrift* ist Beispiel einer vorhandenen Aggressionsbereitschaft.

Hier modert / – gebein / das beseelt / schon dörte; / er sang / religion / und / buhlerei; / als volksverführer / Franzennachäffer, / weisheitsgaukler, / Hispaniens, Hesperiens geheimplündernder / in deutscher dirnen busen / hineinschlüpfend / wandelt er eine bahn, / deren ziel bei dir, / richtende

84 Voß, *An die Herren Franzosen* (1773). Sauer Bd. 49, S. 184/185.

85 Voß, *Briefe*, S. 148. Der Mut zu solcher ›Anschnauzerei‹ resultiert bezeichnenderweise aus dem Gefühl, Klopstock werde gerade diese antifranzösische Haltung billigen: »Mit Klopstocks Beifall kann ich die ganze Welt verachten.« Ebd., S. 148.

86 Hölty beschimpft Wieland als »gauckelnde [...] Afterschwester, // Die in den goldenen Sälen Lutetiens / Ihr Liedgen klimpert«. Hölty, An Teuthard (1772). Sauer Bd. 50/1, S. 50, Str. 3/4.

nachwelt, / brandmark ist. / Fleuch von dannen, / o Pilger, / sein staub noch duftet gift.[87]

Voß' *Trinklied für Freie*[88] verdeutlicht, welche Ausmaße jenes Gewaltpotential annehmen konnte. Der Kampf gegen die Exzesse eines absolutistischen Regimes ist in diesem Lied von Anfang an gleichbedeutend mit der kriegerischen Bewährung des deutschen Vaterlandes.[89] Phantasien einer hemmungslosen Racheorgie des »freie[n] deutsche[n] Mann[es]« (Str. 12) gelten speziell Tyrannen und Fürstendienern, gleichermaßen aber sämtlichen Vaterlandsfeinden.[90] Mit dem Verweis auf die Niederlage Frankreichs bei Höchstedt (1704) im Spanischen Erbfolgekrieg (Str. 5) überhöht Voß den Kampf gegen Adelsherrschaft zum nationalen Krieg:

Zur Rach' erwacht! Zur Rach erwacht!
Der freie deutsche Mann!
Trompet' und Trommel, ruft zur Schlacht!
Weht, Fahnen, weht voran!

Ob uns ein Meer entgegenrollt;
Hinein! sie sind entmannt,
Die Knecht'! und streiten nur um Sold,
Und nicht fürs Vaterland!

Hinein! das Meer ist uns ein Spott!
Und singt mit stolzem Klang:
›Ein' feste Burg ist unser Gott!‹
Und Klopstocks Schlachtgesang!

Der Engel Gottes schwebt daher
Auf Wolken Pulverdampf,
Schaut zornig in der Feinde Heer,
Und schreckt sie aus dem Kampf!

87 Hahn, *Künftige Grabschrift.* Gedruckt am 28. 4. 1774. Zitiert nach: *Gedichte und Briefe von Johann Friedrich Hahn*, S. 264.

88 Voß, *Trinklied für Freie* (1774). Sauer Bd. 49, S. 237-239.

89 »Ist einem noch die Knechtschaft wert, / Und zittert ihm die Hand, / Zu heben Kolbe, Lanz' und Schwert, / Wenn's gilt fürs Vaterland:« Ebd., Str. 2.

90 »Uns rötet hohe Freiheitsglut! / Uns zittert nicht die Hand! / *Wir scheuten nicht des Vaters Blut*, / Geböt's das Vaterland!« Ebd., Str. 5. Hervorhebung von mir.

Sie fliehn! Der Fluch der Länder fährt
Mit Blitzen, ihnen nach!
Und ihre Rücken kerbt das Schwert
Mit feiger Wunden Schmach!

Auf roten Wogen wälzt der Rhein
Die Sklavenäser fort
Und speit sie aus, und schluckt sie ein,
Und jauchzt am Ufer fort!

Der Rebenberg am Leichenthal
Tränkt seinen Most mit Blut!
Dann trinken wir beim Freudenmahl,
Triumph! Tyrannenblut! (Str. 12-18)

Das *Trinklied* hat sich zum Schlachtgesang gewandelt. Erklärtes Ziel einer Rache unter dem tarnenden Ruf nach Freiheit ist die vollständige Vernichtung aller Vaterlandsfeinde. Voß versinnbildlicht dies durch die alttestamentarische Situation »des mosaischen Zuges durchs Rote Meer [...], bei dem die Feinde des auserwählten Volkes den Tod finden«.[91] Doch im Gegensatz zur biblischen Erzählung steht nicht die wundersame Rettung des auserwählten Volkes, sondern der Massentod seiner Gegner im Mittelpunkt des Interesses. Eine äußerst profane Kriegsphantasie überhöht Voß zum christlichen Heilsplan; der todbringende Pulverdampf der Schlacht trägt als »Wolken Pulverdampf« (Str. 15) ebenso Züge eines Jüngsten Gerichts wie das gesamte Gemetzel im Namen des Vaterlandes. Selbst der fliehende Feind wird nicht verschont und fällt einem weltlichen Strafgericht zum Opfer (Str. 16). Die vom Blut der Erschlagenen rot gefärbten Wellen des Rheins scheinen in Voß' Augen den Wert dieses nationalen Symbols noch zu erhöhen: als personifizierter Todesfluß »jauchzt« der Rhein vor Freude über die ihm zugemuteten Leichenberge. Eine siegreiche Vaterlandsgemeinschaft berauscht sich weniger an der errungenen Freiheit als am blutdurchtränkten Rheinwein und damit am geglückten Feindesmassaker (Str. 18). Freiheitssehnsucht und Vernichtungsphantasien gehen eine makabre Verbindung ein.

91 Kaiser 1967, S. 155.

IV.

Auch für Stolberg läßt sich ein friedlicher Prozeß der Nationswerdung nicht denken. In seinem *Freiheitsgesang aus dem zwanzigsten Jahrhundert*[92] ist Emanzipation von der Herrschaft des Adels untrennbar verbunden mit Gewalt und Vernichtung. Im Ton biblischer Verkündigung feiert Stolberg die kriegerische Geburtsstunde einer freien deutschen Nation.

> Du bist frei! du bist frei!
> Deutschland, frei!
> Stolz stehst du da unter den Nationen um dich her!
> [...]
> Willkommen, Jahrhundert der Freiheit!
> Göttin willkommen!
> Du schönste Tochter der spätgebärenden Zeit!
> Sie gebar dich mit Schmerzen, und sprang staunend auf,
> Da geboren war das mächtige Kind![93]

Das deutsche Vaterland erhält durch diese christliche Geburtsmetaphorik nicht nur religiöse Weihen; es tritt die Nachfolge göttlicher Autorität an. Stolberg phantasiert Deutschland als allerhöchste Machtinstanz, welche über Leben und Tod zu entscheiden hat.[94] Gott wird nicht mehr gebraucht: an seiner Stelle spendet die abstrakte Entität ›Vaterland‹ den »Segen« der Freiheit und verteidigt ihn »mit blutiger Hand« gegen Feinde. Diese Entmachtung Gottes bei gleichzeitiger Inthronisierung des Vaterlandes ist mitverantwortlich für die beobachtete Radikalisierung. Als ›Erbe‹ göttlicher Autorität kann das Vaterland über ›andersgläubige‹ Feinde den Tod verhängen und ihn gleichzeitig von den ›gläubigen‹ Vaterlandsenthusiasten einfordern.

Wie bei Klopstock ist innere Formierung der Nation das Spiegelbild zur äußeren Gewaltbereitschaft. Die bedingungslose Unterordnung des Einzelnen unter das »heilige Land«[95] äußert sich im

92 Stolberg, *Freiheitsgesang aus dem zwanzigsten Jahrhundert* (seit 1774 in Arbeit; Einzeldruck 1775). Sauer Bd. 50/2, S. 67-83.

93 Ebd., S. 72, v. 159-161, u. S. 73, v. 165-169.

94 Du gießest aus mit blutiger Hand der Freiheit Strom!
Er ergießt sich über Deutschland; Segen blüht
An seinen Ufern, wie Blumen an der Wiesen Quell.
Ebd., S. 73, v. 190-192.

95 Vgl. Stolbergs Ode *Mein Vaterland. An Klopstock*: »Von dir entfernt,

herbeigesehnten Heldentod als gewollter Vernichtung der eigenen Existenz zugunsten des Lebens der vaterländischen Gemeinschaft.

> Stolberg fochten und sanken dahin
> Den schönen Tod,
> Den blutigen Tod,
> Den Freiheitstod!
> Keine feige Klag erschall
> Bei der Helden frühen Fall!
> Einer ihrer Väter wünschte
> Mit der heißen Jünglingsträne
> Sich den schönen, blutigen Freiheitstod!
> Zitternd flossen ins Silbergewebe
> Der Harfe die Tränen der Sehnsucht hinab![96]

Klopstocks affektive Aufladung der Nation steigert sich bei den Göttingern bis zur Ekstase. »Heiße[] Jünglingsthräne[n]« symbolisieren die »Sehnsucht«, der heiligen Pflicht des Heldentodes gerecht werden zu dürfen. Diese Gefühlsintensivierung läßt aus Todesverklärung der Helden eine Todessucht und aus Feindbekämpfung Phantasien der Vernichtung entstehen.
Es bedurfte der historischen Situation der Befreiungskriege, um ein ganz ähnliches, auf Identifikationsbedürfnis und Selbstpreisgabe, auf Selbstüberhöhung durch Selbstvernichtung basierendes Vaterlandskonzept massenweise freizusetzen.

V.

Glauben und Emotion garantieren den inneren Zusammenhalt des imaginierten Vaterlandes. Diese transpolitischen Bindungen werden verstärkt durch ein wie bei Klopstock äußerst moralisch geprägtes Gemeinschaftsideal. »Altvätrische Tugend« stilisieren die Göttinger nicht nur zum Wesen der Vaterlandslyrik.[97] Sie ver-

weih' ich mich dir, / Mit jedem Wunsche, *heiliges Land*! / Grüße den südlichen Himmel / Oft, und denke des Vaterlands!« Sauer Bd. 50/2, S. 56, Str. 11. Hervorhebung von mir.

96 Stolberg, *Freiheitsgesang*. Sauer Bd. 50/2, S. 71, v. 104-114.

97 Voß umreißt in seinem *Bundesgesang* die Grundzüge der Vaterlandslyrik, wenn er das für die Hainbündler typische »rauhe Lied« feiert, »das, in holpernden Tönen, Gott, / Dieses Märchen! und ha! Freiheit und Vaterland / Und altvätrische Tugend singt! –«. Sauer Bd. 49, S. 181, v. 21.

allgemeinern den Mythos vom tugendhaften Germanen zum abstrakten Tugendgesang des rechtschaffenen Deutschen. In Millers *Deutschem Trinklied* ist nicht von germanischer, sondern von »deutscher Redlichkeit und Treue« die Rede.[98] Stolberg zeichnet in seiner Ode *Mein Vaterland* ein Idealbild ›deutscher‹ Wesensart.

> O Land der alten Treue! Voll Muts
> Sind deine Männer, sanft und gerecht;
> Rosig die Mädchen und sittsam;
> Blitze Gottes die Jünglinge!
>
> In deinen Hütten sichert die Zucht
> Den Bund der Ehe! Rein ist das Bett
> Zärtlicher Gatten, und fruchtbar
> Ihre keuschen Umarmungen![99]

Leicht läßt sich der genuin bürgerliche Charakter dieses vaterländischen Sittengemäldes rekonstruieren. Das Wunschbild eines Ehebundes mitsamt den für die bürgerliche Lebensideologie charakteristischen Momenten des Triebverzichts, der Sehnsucht nach Häuslichkeit, Intimität, Treue, welterprobten Männern und zurückhaltenden Frauen spricht hier eine deutliche Sprache. Solche Passagen über die ›Tugend des Vaterlandes‹ erfüllen ihre Funktion angesichts der Bemühungen eines Bürgertums, der moralisch ›verkommenen‹ Herrschaftskaste des Adels einen eigenen Machtanspruch entgegenzuhalten.

Wenn die bürgerliche Moral mit der vaterländischen gleichgesetzt wird, ist das der Versuch, eine Nation zu erträumen, in der ausschließlich Bürgerliche einen Platz finden würden. Rohtraut Bäsken spricht von einer »Nationalisierung der bürgerlichen Lebensanschauung«, welche die Göttinger in ihren Gedichten vollziehen.[100] Millers Bild eines aus »Bürgerherzen« konstruierten Vaterlandes veranschaulicht diese Interpretation.[101] Ohne die Rezeptionshürden einer fremden germanischen Mythologie ermöglichen die Stereotypen von deutscher Treue, Zucht und Einfach-

98 J. M. Miller, *Deutsches Trinklied* (1772). Sauer Bd. 50/1, S. 194/195, hier S. 195, Str. 6.

99 Stolberg, *Mein Vaterland. An Klopstock*. Sauer Bd. 50/2, S. 55, Str. 4/5.

100 Bäsken 1937, S. 83.

101 »Süß ist der Name Vaterland, / Wo Einigkeit mit festem Band / Die Bürgerherzen kettet.« J. M. Miller, *Der Patriot an sein Vaterland* (1773). Sauer Bd. 50/1, S. 205-206, hier S. 205, Str. 1.

heit eine Traditionsbildung, die bis ins 20. Jahrhundert hinein reichen sollte. Die von den Göttingern propagierten Tugenden konnten mit einem scheinbar natürlichen ›deutschen Wesen‹ gleichgesetzt und verwechselt werden. Durch seinen Hinweis auf »die erbliche Tugend« läßt Stolberg ›Deutschtum‹ und ›bürgerliche Moral‹ vollständig zur Deckung gelangen.[102] Das Ergebnis ist die Konstruktion einer deutschen Volksnation, welche sich desto stärker vertraglich-politischen Gestaltungsprinzipien verweigert, je mehr ein Verhaltenscodex darüber entscheidet, wer als Deutscher zu gelten hat und wer nicht.

Diese Norm eigener Vorbildlichkeit kann nur aufrechterhalten werden vor dem Hintergrund fremder Unzulänglichkeiten. Eine mit dem deutschen Wesen identifizierte Tugendnorm bewährt sich als Mittel, gegen angebliche ›Untugend‹ außerhalb wie innerhalb des Vaterlandes vorzugehen. Millers Lied über *Sittenverderb*[103] offenbart, daß die zum deutschen Wesen stilisierte Norm bürgerlichen Verhaltens nicht nur die Beziehungen zum »Nachbar(n)« Frankreich (Str. 3) nachhaltig beeinflussen kann. Die »Fehler« eines undeutschen Verhaltens (Str. 4), von denen Miller spricht, wären erst dann ›ausgemerzt‹, wenn auch die sittenverdorbenen inneren Feinde des Vaterlandes mundtot gemacht worden wären. Das Gemeinschaftsideal der Göttinger ist dank seiner absolut gesetzten Verhaltensnorm nach außen aggressiver und nach innen exklusiver, als es Klopstocks verklärter Rückblick auf ein Germanentum je war. Von einem friedlichen Nationsbegriff kann damit ebensowenig die Rede sein wie von einem pluralistischen.

102 Ich bin ein Deutscher! (Stürzet herab,
Der Freude Thränen, daß ich es bin!)
Fühlte die erbliche Tugend
In den Jahren des Kindes schon!

Stolberg, *Mein Vaterland. An Klopstock*. Sauer Bd. 50/2, S. 56, Str. 10.

103 »Nun aber schwört man hohen Eid / Im deutschen Vaterland; / Und doch ist Treu' und Redlichkeit / Von uns wie weggebannt. // Dies danken wir dem Nachbar, der / In Freundestracht sich hüllt, / Und unser ganzes Land umher / Mit seinen Fehlern füllt. // Und dennoch küssen wir das Joch / Und unsers Feindes Hand, / Und senden ihm die Söhne noch / Zum Unterricht ins Land.« J. M. Miller, *Sittenverderb* (1772). Sauer Bd. 50/1, S. 192, Str. 3-5.

3. Pubertäres Pathos oder gefährliche Phantasie?

Die Forschung tut sich schwer, die patriotischen Tendenzen des Bundes ernst zu nehmen. Vom Blickwinkel einer allgemeinen Literaturgeschichte nehmen die unzähligen Naturgedichte und Liebeslieder eines Hölty oder Miller einen gewichtigeren Platz ein als die patriotischen Gesänge eines Stolberg, Voß oder Hahn. Die doppelte Differenzierung zwischen unterschiedlichen Dichtungsthemen und einzelnen Bundesmitgliedern[104] entlastet vom pauschalen Vorwurf der ›Deutschtümelei‹. Schließlich eignet sich der Hinweis auf die relativ begrenzte Dauer des vaterländischen Engagements dazu, seinen Stellenwert im nachhinein zu relativieren. Die Vaterlandslyrik des Göttinger Hains blieb auf die Jahre 1773 bis 1775 begrenzt[105]: diese Episodenhaftigkeit erleichtert es, sie weniger als gefährliche Phantasie denn als pubertäres Pathos zu verstehen.

Die eben genannten, gerne benutzten Entlastungsargumente verbieten es, die patriotisch gesinnten Dichter Voß, Stolberg und Hahn oder die Tugendpropheten Miller und Hölty an den Pranger zu stellen. Gerecht wird man ihren Bemühungen um ein imaginäres deutsches Vaterland nur dann, wenn die von ihnen geprägten nationalen Stereotypen in einen größeren Entwicklungszusammenhang gestellt werden. Germanisten bedienen sich vornehmlich zweier – erneut exkulpierender – Erklärungsmuster, wenn sie die vaterländischen Gedichte der Göttinger Stürmer und Dränger nicht isoliert betrachten. Zum einen heben sie die Bemühungen um kulturelle Eigenständigkeit hervor, zu denen die Besinnung auf ein deutsches Vaterland ebenso beitrage wie die Abgrenzung vom damals kulturell übermächtigen Frankreich.[106] Zum anderen interpretieren sie das den Vaterlandsgedichten ei-

104 Zum unterschiedlichen Engagement der Göttinger für ihr ›Vaterland‹ vgl. S. 100 dieses Aufsatzes.

105 Schon im Jahr 1775 war »die Mode des einst den Enthusiasmus spornenden Bardengetöses« vorbei; selbst die Feindschaft gegen Wieland verwandelte sich bei fast alle Göttingern in Versuche, durch den persönlichen Kontakt Frieden und Freundschaft zu schließen. Dazu: Schrader 1984, S. 362 u. S. 364/365.

106 So z. B.: Wilke 1978, S. 68.

gene Freiheitspathos als Ausdruck einer antiadeligen Haltung und rechtfertigen es mit dem Hinweis auf die politische Emanzipation des deutschen Bürgertums Ende des 18. Jahrhunderts.[107]

Diese Teilinterpretationen sparen das Unangenehme aus.[108] Die Vaterlandsbegeisterung der Göttinger geht genauso über den Bereich des Kulturellen hinaus, wie sie zwar emanzipatorische, aber beileibe keine friedlichen Züge trägt. Die jungen Göttinger Studenten imaginieren eine ansatzweise völkisch geprägte Nation, welche dem Bild eines aufklärerisch-kosmopolitischen Patriotismus nicht entspricht.

Im Vergleich zu Klopstock kommt den Göttingern dabei das ›Verdienst‹ zu, einen formalen Wandel eingeleitet zu haben. Das Thema ›Vaterland‹ bleibt nicht ausschließlich der Ode als Ausdrucksform des Erhabenen vorbehalten.[109] Feierlichen Gedichten stehen einfache Vaterlandslieder gegenüber, oft schon am Titel zu erkennen.[110] Einflüsse des Volksliedes sorgen dafür, daß das Singen vom Vaterland langsam, aber sicher zum Allgemeingut der Massen werden kann.[111] Eine Verbreitung nationalen Denkens

107 So z. B.: Jørgensen/Bohm/Øhrgaard 1990, S. 406/407.

108 Seit den achtziger Jahren werden die Lücken der vorgestellten Interpretationen zunehmend gesehen: vor allem von Huyssen 1983, S. 177-201, bes. S. 179-187. Außerdem von Promies 1980, S. 569-604, bes. S. 592-594.

109 Beispiele für den hymnischen Stil Klopstocks wären Stolbergs *Freiheitsgesang*, *Die Freiheit* oder *Mein Vaterland*; Voß' *Bundesgesang*, *Deutschland. An Fr. L. Gr. z. Stolberg*, oder *An die Herrn Franzosen*; Höltys *An Teuthard* oder *Der Wollustsänger. An Voss.* A. Kelletat beobachtet in diesen Oden eine »Erniedrigung der Form«: Kelletat 1967, S. 429. Auch K. Viëtor bescheinigt den Göttingern, »die spröde Gattung zu kleinen, lyrischen Gebilden gefügig« gemacht zu haben: Viëtor 1961, S. 128.

110 Stolberg dichtet das *Lied eines deutschen Knaben*, Voß sein *Trinklied für Freie*, Miller ein *Deutsches Trinklied*. Regelmäßiger vierzeiliger Aufbau, jambischer Rhythmus (Ausnahme Miller: Trochäus) und Kreuzreime sorgen dafür, daß diese Lieder leicht memoriert werden können.

111 Eine relativ schlichte Sprache, einheitliche Form und regelmäßiger Aufbau garantieren liedhafte Elemente auch in Voß' Gedicht *An Teuthart*, in Millers *Sittenverderb* oder *Der Patriot an sein Vaterland*, in Höltys *Bundesgesang* und in Hahns *Teuthard an Minnehold*.

wird dadurch erleichtert und später in der Lyrik der Befreiungskriege multipliziert.[112]
Dichter des Übergangs sind Stolberg, Voß, Miller und Hahn auch in inhaltlicher Hinsicht. Wenn sie Klopstocks germanischen Hain mit der deutschen Gegenwart vertauschen, tragen sie ebenso zu einer Aktualisierung vaterländischer Begeisterung bei wie durch die Verallgemeinerung des germanischen Tugendgesangs zur deutschen Ideologie. Noch vor den Ereignissen der Französischen Revolution stilisieren die Göttinger ihren Nationalismus zur ›Ersatzreligion‹. Sie nehmen die Franzosenfeindschaft des napoleonisch besetzten Deutschlands vorweg. Ohne ihre Radikalisierung von vaterländischem Gefühlseifer, Kampfessehnsucht und Todesverklärung wäre die Lyrik der Befreiungskriege nicht denkbar. Ernst Moritz Arndts Gewaltphantasien und sein offener Haß gegen den westlichen Nachbarn sind mehr als bloße Reaktion auf Fremdherrschaft: sie sind Traditionsgut deutscher Dichter.

Solchermaßen eingeordnet in einen größeren Zusammenhang, entzieht sich die besprochene Vaterlandslyrik gleichermaßen einer verharmlosenden wie einer sie verdammenden Interpretation. Die lyrischen Beschwörungen eines Vaterlandes sind keine kurzzeitigen literarischen ›Ausrutscher‹, weil sie teilhaben an dem wichtigen Prozeß der Ausprägung eines deutschen Nationalbewußtseins. Im Sinne Miroslav Hrochs läßt sich der Göttinger Hainbund als »kleine Patriotengruppe« etikettieren, »die sich um die allgemeine Verbreitung des wertebezogenen Nationalbewußtseins bemüht«.[113] Von einer vorangegangenen »Phase des gelehrten Interesses« für das Nationale sind die Göttinger damit ebenso weit entfernt wie von zielgerichteter Massenagitation.[114] Friedrich Leopold Stolberg täuschte sich, als er glaubte, seine vaterländische Einstellung und Lyrik befähige ihn vielleicht zum Antreiber der national eingestellten Massen:

Unsere Nation ist wahrlich in Gärung, ein großes Feuer glimmt in der

112 Zum »modernen Gedichttypus des sangbaren, Publikumsschichten unterschiedlichen Bildungsgrades eine Volksidentität vermittelnden Liedes« in den Befreiungskriegen: Weber 1983, S. 11.
113 Hroch 1994, S. 39-52, hier S. 52.
114 Zu den von Hroch untersuchten drei Phasen einer Konstituierung des Nationalbewußtseins: Hroch 1978, S. 155-172, hier S. 158.

Asche, und Gottes Segen weihet vielleicht schon diejenigen, welche die Flammen erregen sollen.[115]

»Die Flammen erregen« sollten in Deutschland andere. Zum ›Glimmen‹ eines nationalen Feuers beigetragen haben die durch spätere Generationen rezipierten Vaterlandsgedichte allemal.

4. Erklärungsansätze

Lichtenberg beschimpfte die Dichter des Göttinger Hains 1774 als »Säuglinge«, »welche die Welt so wenig kennen, als die Welt sie«[116]; der Literaturwissenschaftler Hans-Jürgen Schrader charakterisierte sie zweihundert Jahre später als einen Kreis »etablierungswilliger Jungintellektueller«.[117] Beide Bemerkungen treffen Wesentliches. Als äußerst junge Männer zwischen 19 und 24 Jahren waren die Hainbündler in der Tat noch nicht ausgesprochen lebenserfahren. Die Universitätsstadt Göttingen bedeutete für die meisten einen ersten Schritt aus bürgerlichen Familienverhältnissen in die ungewisse Selbständigkeit. Als Kinder »aus evangelischen Provinzpfarrerhäusern« teilten die Göttinger den »energischen Aufstiegswillen« ihrer Eltern[118], welchen sie mit wenig karriereversprechenden Fächern wie Theologie oder Philologie nur schwer befriedigen konnten. Bernhard Giesens Analyse der sozialen Notlage bürgerlicher Intellektueller um die Jahrhundertwende läßt erahnen, welche Probleme und Sorgen die Hainbündler bei ihrem Studienbeginn vor Augen gehabt haben mußten.[119] Als Studenten *und* als angehende Schriftsteller waren die Göttinger einer doppelten Konkurrenzsituation ausgeliefert. Stärker als andere Berufsgruppen erfuhren sie die Unwägbarkeiten und Härten einer sich etablierenden Marktgesellschaft.

Die Biographie von Voß erzählt eindringlich von diesem Behauptungskampf des bürgerlichen Individuums. Aus einfachen Ver-

115 F. L. Stolberg an Klopstock am 15. 3. 1774. Stolberg, *Briefe*, S. 33.

116 Lichtenbergs Brief an E. G. Baldinger vom 29. 1. 1775. Lichtenberg, *Briefwechsel*, S. 496 (Brief 296).

117 Schrader 1984, S. 329.

118 Ebd.

119 Giesen spricht von einer u. a. durch Akademikerschwemme und Karrierestau hervorgerufenen »Entwurzelung der Intellektuellen«: Giesen 1993, S. 131/132.

hältnissen stammend, konnte sich Voß das Studium nicht leisten.[120] Drei Jahre lang mußte er sich als Hofmeister seinen kargen Unterhalt verdienen. Das ersehnte Studium der Klassischen Philologie ermöglichte ihm schließlich Boie.[121] »Ohne Aussicht auf ein Amt« widmete sich Voß ab 1774 fast ausschließlich der Dichtung. Boie überließ ihm die Herausgabe der Musenalmanache und damit ein jährliches Honorar von 150 Talern: »Das war ein guter Grundstock, zum Leben aber zu wenig.«[122]
Allein Nebentätigkeiten konnten Schriftsteller Ende des 18. Jahrhunderts über Wasser halten. Es erscheint nachvollziehbar, wenn die jungen Göttinger angesichts ihrer Mehrfachbelastungen als Privatlehrer, Studenten und Dichter Abstand suchten von einer wenig erbaulichen Wirklichkeit. Für sie dürfte der Gruppenzusammenhalt innerhalb des Bundes »eine Ersatzheimat« dargestellt haben, »deren Bedeutung angesichts der konkreten beruflichen Orientierungslosigkeit nicht gering zu veranschlagen ist«.[123] Die Kokurrenzsituation auf dem literarischen Markt ließ sich im Hainbund mildern. Gegenseitige Anerkennung ersparte hier die ärgsten Frustrationen; der Kontakt zu Klopstock versprach Karriere und Ruhm; die Verbindung zu Boie sorgte für Publikations- und Verdienstmöglichkeiten. Eine überschaubare Zahl von Gleichgesinnten und ritualisierte Treffen garantierten nicht nur feste Kommunikations-[124], sondern vor allem übersichtliche und vertraute Lebensstrukturen. Unzählige Briefe der Göttinger belegen, wie sehr sie sich selbst über die Funktion ihres Bundes als »Gegenwelt«[125] im klaren waren.

Die Konstruktion einer Gemeinschaft im kleinen ist die eine Distanzierungsmöglichkeit der Hainbündler von der Unbill eines »undankbaren Vaterlandes«[126] – die Imagination eines besseren

120 Dazu: Hay 1989, S. 190f.
121 Boie »lud [...] den mittellosen Hauslehrer ein, zu ihm zu kommen und auch ohne väterlichen Wechsel das Studium zu wagen, für Hörgeldfreiheit und Freitische werde er schon sorgen.« Langenfeld 1990, S. 14.
122 Ebd., S. 17.
123 Beck 1982, S. 74.
124 Zur wichtigen Rolle der Kommunikation für die Entstehung des Nationalismus: Deutsch 1978, S. 51-66.
125 Beck 1982, S. 108.
126 »Wenn ich Ihnen sage, daß wir hier glücklich leben, so sage ich nichts,

Vaterlandes in ihrer Lyrik ist die andere. Ebenso wie der Schutz bietende Männerbund lassen sich die lyrischen Vaterlandsphantasien als Bemühungen beschädigter Individuen interpretieren, von einer »machtvollen Gruppe« das Gefühl der Stärke zu entlehnen. Bei einigen Göttingern führt im Sinne von Daniel Katz' Analysen »psychische Kompensation« zu nationaler Identifikation.[127]
Das Freiheitspotential der Vaterlandslyrik zielt über den Kampf gegen feudale Herrschaft auf die Etablierung bürgerlicher Macht. Bei den Göttingern spiegeln sich in dieser Sehnsucht nach Emanzipation und Herrschaft persönlich erlebte, politisch gegebene Ohnmacht und Schwäche des deutschen Bildungsbürgertums. Das Motivarsenal jener Lyrik muß nur rückübersetzt werden, um die unsicheren und ehrgeizigen Göttinger Dichterstudenten in den Rollen männlicher Vaterlandsheroen wiederentdecken zu können. Millers Gedicht *An meine Freunde in Göttingen*[128] versinnbildlicht beispielhaft dieses Neben- und Ineinander von erlebter Frustration und erträumtem Heldentum. Um seine Erfahrungen der Isolation (»Von euch, ihr Lieben, fern ...«) und Orientierungslosigkeit (»... irr ich allein / Und kummervoll am öden Pleißestrand«; Str. 1) kompensieren zu können, versenkt sich Miller immer tiefer in die Erinnerungen an vergangene glückliche Tage im Göttinger Freundeskreis. Am Ende findet er Trost im Selbstbild der vaterländisch gesinnten Jünglinge.

> Ihr, Freunde, seid noch Deutsche, wert des Lands,
> Das Hermanns Schwert, und Luthers Donnerwort
> Vom Joche Roms befreit, und Klopstock sang.
> Ihr fühlt noch deutsche Kraft, und Mut zur That;
> Fühlt's, daß des Deutschen Erbteil Freiheit ist,
> Und straft's, wenn Bubenlist sie stürzen will! (Str. 5)

wir leben himmlisch, in einem Strome von Vergnügen, der ewig, ewig nicht versiegen wird [...]. Aber diese goldenen Tage [...] sind in einem Hui vorbei, kehren ewig nicht wieder, und dann bannt uns ein wildes Schicksal in entlegene Winkel unseres undankbaren Vaterlandes.« Brief G. D. Millers an Brückner vom Februar 1773. Zitiert nach: Metelmann, *E. Th. J. Brückner und der Göttinger Dichterbund*, S. 378.

127 Katz 1978, S. 79 u. 80.

128 J. M. Miller, *An meine Freunde in Göttingen. Leipzig, Im Jänner 1775*. Sauer Bd. 50/1, S. 256-258.

Handfeste Männerphantasien entschädigen für ein als »kummervoll« (Str. 1) erfahrenes, alleine zu bewältigendes Leben. Die Sehnsucht nach »deutscher Kraft, und Mut zur That« (Str. 5) verrät eine ähnliche Labilität des bürgerlichen Ichs, wie sie Klaus Theweleit für die Zeit des Wilhelminischen Kaiserreiches herausarbeiten konnte.[129]

Lichtenberg verspottete die Hainbündler als »Säuglinge«: ihre Vaterlandsgedichte offenbaren, daß sie sich selbst ein bißchen wie solche gefühlt haben müssen. Die Wunschbilder uneingelöster Männlichkeit, schmerzlich vermißter Geborgenheit und erträumter Bürgergröße sind ohne die persönlichen Erfahrungen der Inadäquatheit und Machtlosigkeit des eigenen Ichs kaum denkbar.

C. Schlußbemerkungen

Für die Frühgeschichte des deutschen Nationalismus ist die interpretierte Vaterlandslyrik Klopstocks und des Göttinger Hains in mehrfacher Hinsicht aufschlußreich.

1. Sie ist Beleg dafür, daß der deutsche Nationalismus vorbereitet werden mußte, bevor er im Laufe des 19. Jahrhunderts von breiten Massen rezipiert werden konnte. Als solche Vorbereiter profilierten sich im 18. Jahrhundert vornehmlich bürgerliche Intellektuelle.

2. Die Vaterlandsphantasien Klopstocks und des Göttinger Hains gehen über einen kulturellen Selbstentwurf Deutschlands hinaus. Klopstock hatte mit seiner Propagierung germanischer Sitte und Moral einer völkisch geprägten Nation Vorschub geleistet. Seine Göttinger Verehrer verallgemeinern dieses germanische zum deutschen Wesen. Volkszugehörigkeit läßt sich in ihren ›Tugendgesängen‹ daran ablesen, in welchem Maße der Verhaltenscodex einer bürgerlichen Moral erfüllt ist.

3. Die Konstruktion einer Volksgemeinschaft deutscher Bürger ist zutiefst gesellschaftsfeindlich. Es entscheiden nicht politische Prinzipien, wer als Deutscher zu gelten hat. Moral und Sitte werden zu Bindegliedern einer antipluralistischen Gemeinschaft. Das strenge Diktat eines bürgerlichen Tugendgebotes bewirkt eine innere Formierung der Nation. Abweichendes Verhalten wird nicht

129 Theweleit 1977.

geduldet; der Wunsch der Göttinger ist groß, gegen diese unliebsamen ›inneren Feinde‹ des Vaterlandes vorgehen zu dürfen. Eine an Klopstocks Geburtstag in Taten geäußerte und in den Gedichten ausphantasierte Feindschaft gegenüber Wieland kann dafür als Beleg gelten.

4. Klopstock und die Göttinger grenzen ihr fiktives Vaterland auch nach außen von Feinden ab. Klopstock stilisiert antike Römer zu Vaterlandsfeinden; der Kampf des Helden Hermann gegen die westlichen Gegner integriert die Vaterlandsgemeinschaft. Die Göttinger verlegen den Kampfesschauplatz von der Vergangenheit in die Gegenwart; patriotische Einstellung ist bei ihnen gleichbedeutend mit antifranzösischer. Ihren Haß auf Adelsherrschaft und -sitte projizieren sie auf eine ganze Nation. Weder ihre wüsten Beschimpfungen französischer Kultur noch die Imagination einer kriegerischen Bewährung gegenüber dem Nachbarvolk können als friedlich eingestuft werden.

5. Angesichts dieser Dispositionen zu einem nach innen wie außen aggressiven Nationalismus muß das Freiheitspotential der interpretierten Gedichte als gering eingestuft werden. Eine kulturelle Selbstbehauptung gegenüber französischer Kultur ist genauso vorhanden wie die bürgerliche Sehnsucht nach Freiheit von der ›Tyrannenherrschaft‹ des Adels. Diese doppelten Emanzipationsbestrebungen sind begleitet und überlagert von einem erstaunlichen Gewaltpotential.

6. Werden die Vaterlandsphantasien Klopstocks und des Göttinger Hains als ›Patriotismus‹ bezeichnet, so kann dieser nicht als vorwiegend kulturell und kosmopolitisch gelten. Werden sie der Kategorie eines emanzipatorischen Nationalismus zugeordnet, so müssen dessen aggressive Seiten stärker wahrgenommen werden als bisher. Die vorgenommene Analyse der Vaterlandslyrik um 1770 verdeutlicht deshalb zweierlei. Ein bürgerlich-emanzipatorischer Grundzug nationaler Ideologie schließt gewaltsame Abgrenzung nicht aus; diese aggressiven Seiten lassen sich in Deutschland bereits lange vor den Befreiungskriegen beobachten.

7. An der Schärfe der Abgrenzungsbemühungen von inneren wie äußeren Feinden des Vaterlandes läßt sich ablesen, welche starken Gefühlskomponenten die Vaterlandsphantasien freizusetzen imstande waren. Bedingungslose Aufopferung und emotionale Hingabe des Einzelnen charakterisieren die ›gefühlte‹ Ordnung

Vaterland. Die weltliche Größenphantasie Vaterland tritt das Erbe göttlicher Allmacht an. Kämpfen und Sterben im Namen eines neuen ›Über-Ichs‹, des säkularen Gottvaters ›Nation‹, werden als ›heilige Pflicht‹ gleichermaßen legitimiert und aufgewertet. Die Visionen kollektiver Macht, Stärke und Geborgenheit entschädigen für jegliches individuelle Opfer.

8. Eine Analyse der Größenphantasie ›Vaterland‹ ist der Schlüssel zur Erklärung, warum bürgerliche Intellektuelle Ende des 18. Jahrhunderts Zuflucht suchen bei einer nationalen Ideologie. Am Beispiel der jungen Göttinger ›Dichterstudenten‹ konnten Sehnsüchte nach Integration und Orientierung ebenso als Ursprünge vaterländischer Begeisterung nachgewiesen werden wie solche nach individueller Stärke und bürgerlicher Macht. Hinter der Fassade überzeugter Patrioten verstecken sich bei den Göttingern viel eher vereinzelte und verunsicherte Individuen als stolze und selbstbewußte Kulturbürger. Das Wunschbild einer mächtigen und Halt gebenden Vaterlandsgemeinschaft erzählt viel von dem Leistungsdruck, dem die Göttinger als Studenten und Dichter innerhalb einer sich etablierenden kapitalistischen Marktgesellschaft ausgeliefert waren.

9. Die beschriebene Entwicklung von Klopstocks Vaterlandsoden zur Göttinger Vaterlandslyrik verdeutlicht, daß die Ausbreitung des Nationalismus in Deutschland früh mit einer Radikalisierung verbunden ist. Die beobachtete Konkretisierung des Feindbildes, das verstärkte Aggressionspotential und eine Verabsolutierung vaterländischer Autorität machen aus den jungen Studenten allerdings noch keine nationalen Brandstifter. Eine gefährliche Agitationswirkung konnte nicht erzielt werden, weil es die Machtmittel des Nationalstaates ebensowenig gab wie eine national eingestellte Massenbewegung. Zu einem »Faktor öffentlicher Bewußtseinsbildung«[130] wurden die nationalen Stereotypen aus der interpretierten Vaterlandslyrik erst später.

Im 19. und 20. Jahrhundert konnte auf das Stereotyp vom biederen, treuen, kampfstarken Deutschen und seiner keuschen, geschlechtslosen Gattin ebenso zurückgegriffen werden wie auf das Zerrbild eines französischen Nachbarn. Ähnlich wie in den besprochenen Vaterlandsgedichten wurde eine kulturelle Volksna-

130 Schönert 1983, S. 126-139, hier S. 135.

tion betont, Gemeinschaft gegen Gesellschaft und Kultur gegen Zivilisation ausgespielt. Aus vergleichbaren Identifikationsbedürfnissen heraus entstanden Wunschphantasien heldenhafter Selbstaufopferung und aggressiver Feindvernichtung; politisch gefährlich deshalb, weil sie der Konstruktion eines Machtstaates Vorschub leisteten. Es lohnt sich m. E. daran zu erinnern, daß diese verhängnisvollen Selbst- und Feindbilder vorgeprägt werden mußten, bevor sie geschichtsmächtig werden konnten. Für mich sind diese Traditionslinien ausreichende Gründe, in der Lyrik zwischen 1770 und 1775 Ursprünge des deutschen Nationalismus auszumachen.

Susanna Moßmann

Das Fremde aussscheiden
Antisemitismus und Nationalbewußtsein bei Ludwig Achim von Arnim und in der »Christlich-deutschen Tischgesellschaft«

1. Nation ohne Staat und Gesellschaft

Wir Teutsche haben nach dreihundertjährigen Drangsalen die große Entdeckung gemacht, daß uns noch vieles Andere gemeinsam ist, daß wir ein Volk sind [...]. Seitdem ist unter uns ein reger Eifer entstanden alles Fremde von uns auszuscheiden, um uns unserer Volksthümlichkeit desto ungetrübter erfreuen zu können.[1]

Diese vor 180 Jahren in der Weimarer *Nemesis* abgedruckten Sätze sind geeignet, dreierlei zu belegen. Erstens: Deutsche »Volksthümlichkeit« hatte im frühen 19. Jahrhundert wieder[2] Konjunktur. Zweitens: Die Deutschen jener Jahre brauchten den Fremden zum Feind, um sich ihrer selbst als »Teutsche« vergewissern zu können. Die Beschwörung der »dreihundertjährigen Drangsale« schließlich, die das deutsche Volk seit etwa den Bauernkriegen bis zu Napoleon gelitten habe, bezeugt drittens die hohe Gewaltbereitschaft, die schon dem frühen deutschen Nationalismus eigentümlich war. Denn als Aufbegehren eines unterdrückten Volkes ist Aggression gegen »Fremde«, gleich ob gegen französische Revolutionäre, englische Pfeffersäcke oder die jüdische Weltverschwörung, moralisch erlaubt – dann wird eben immer bloß »zurückgeschossen«.

Mit dem Beginn der Besetzung Preußens durch die französische

1 Christlieb 1816, S. 50. Der Artikel des vermutlich unter einem Pseudonym veröffentlichenden Autors ist als selbstkritische und mahnende Bestandsaufnahme der Judenfeindschaft seiner Zeit zu verstehen.

2 Mit der Bewertung der Nationaleuphorie vor den »Befreiungskriegen« als kein neues, sondern ein bereits im 18. Jahrhundert entwickeltes Phänomen beziehe ich mich auf die Ergebnisse der anderen Arbeiten oben in diesem Band.

Armee im Jahre 1806 waren das »deutsche Volk« und die »deutsche Nation« innerhalb kürzester Zeit zu Schlüsselbegriffen einer aufwendigen Propaganda geworden, die sich gegen die Besatzer wandte.[3] Ziel dieser Propaganda war es, in Deutschland einen Begriff der eigenen Nation zum Leben zu erwecken, der dem der französischen formal gleichwertig, wenngleich seiner inhaltlichen Bestimmung nach entgegengesetzt war. Denn weil sich die Vormachtstellung der Franzosen darauf gründete, daß sie als Volk, als Nation kämpften und nicht als Söldner und gepreßte Untertanen für die ihnen fremden Interessen eines Monarchen, sollte ein vergleichbares Volksbewußtsein auch bei den Deutschen geweckt werden. Das Bewußtsein von einer die Landesgrenzen überschreitenden Einheit der Nation sollte den Widerstand gegen den Feind mobilisieren und den Sturz Napoleons herbeiführen.[4]

Eine solche Vorstellung von nationalem Zusammengehörigkeitsgefühl war bis zum Ausgang des 18. Jahrhunderts in Deutschland nicht verfügbar gewesen. Zwar hatten einzelne Intellektuellengruppen, wie die jungen Dichter des Göttinger Hainbundes, bereits Ansätze einer nationalen Ideologie entwickelt. Doch ein »deutsches Volk« als »die Gesamtheit derer, die sich von der Vorstellung des ›deutschen Volkes‹ ihre Identität auslegen lassen«[5], war dabei nicht entstanden. Ein deutsches Volk hatte sich niemals als solches in einer Revolution konstituiert; und die deutsche Nation war nach dem Zusammenbruch des Heiligen Römischen Reiches in Kleinstaaterei und politischen Opportunismus zerfallen.

Die Phantasie vom einigen deutschen Vaterland hatte in der historischen Wirklichkeit also keinen adäquaten Referenten, und ihre Propagandisten, die der französischen Konkurrenz so gern auch eine geeinte Nation samt Nationalidee entgegensetzen wollten,

3 Zentrum dieser Propaganda waren die Militärstrategen um den Freiherrn vom Stein, die mit den militärischen zugleich die ideologischen Strategien zur Überwindung Napoleons entwarfen.

4 Aus dieser Einsicht hatte Gerhard J. D. von Scharnhorst schon 1798 geschrieben: »Wir werden erst siegen können, wenn wir gelernt haben, so wie die Jakobiner einen Gemeingeist zu wecken, [...] wenn man mit derselben Tatkraft und Rücksichtslosigkeit alle Hilfsquellen der Nation mobil machen wird, ihre Leiber, ihr Vermögen, ihren Erfindungsgeist, ihre Hingabe zu dem Heimatboden und nicht zuletzt ihre Liebe zu den Ideen«; Gerhard Johann David von Scharnhorst, zit. n. Stulz 1969, S. 31.

5 Hoffmann 1994, S. 78.

mußten auf die Geschäftsgrundlage moderner Nationalstaaten verzichten: Auf die positive moderne Definition von Staat und Citoyen, auf gemeinsame Institutionen und Verfassung, Volkssouveränität und demokratische Bürgerrechte. Natürlich hätte man diese Werte und Prinzipien aufgreifen und sich anverwandeln können, wie es auch verschiedentlich versucht wurde. Doch die Ablehnung der französischen Besatzer zog vielfach, und nicht allein bei Vertretern der alten Ordnung, eine Verdammung auch des von ihnen so gewalttätig und verzerrt repräsentierten Ideengutes der Aufklärung nach sich. Die deutschen Ideologen brauchten darum Ersatz für »liberté–égalité–fraternité«, für die nun als »undeutsch« empfundenen Werte der Französischen Revolution.[6] Diesen Ersatz fanden sie in der angeblichen (unterbrochenen) Kontinuität des Franken- und Stauferreiches, in der mythischen Überhöhung der neu entdeckten deutschen Abstammungs- und Blutgemeinschaft und den daraus abgeleiteten Tugenden des »Deutschen«, wie Treue, Biedersinn und Kampfesmut. Das Konzept eines organischen Staates, der nicht durch den Willen seiner Mitglieder konstituiert wird, sondern als schon immer gegebene natürliche Einheit eine den Menschen vorgegebene Realität sei[7], wird so ausdrücklich als Gegenmodell zur vertragsgesellschaftlich begründeten Staatsnation der Franzosen entworfen.[8]

Die romantisch-idealistische Bestimmung des »Deutschtums« (bieder, fromm und stark) allerdings war so vage und realitätsfremd, daß sie als Gefühlskitt der Nation keinesfalls genügen konnte. Als wirksamer erwies sich die nationale Selbstdefinition ex negativo: Die intensive Beschreibung des »Nichtdeutschen«, »Fremden«, denn das »Fremde« war nicht überprüfbar, weil es eben fremd war und unbekannt. Durch die Negation konnte die eigene »Leerstelle« undefiniert bleiben, und durch die pointierte

6 Graml 1995, S. 17.

7 Vgl. zum organischen Denken der Romantiker Schmitt 1925, S. 80: Organismus als »eine den Zwiespalt von Natur und Geist überwindende Totalität«. Zum romantischen Staatsbegriff Adam Müller: *Die Elemente der Staatskunst*. 1809.

8 Die erforderlichen Kategorien hierzu stellte die »politische Romantik« zur Verfügung, die seit 1806 ihren zunächst ästhetischen und philosophischen Protest gegen den Rationalismus der Aufklärung zunehmend mit dem Protest gegen die französischen Unterdrücker verband. Zur politischen Romantik Schmitt 1925; Stanslowski 1979; Scheuner 1980.

Herausstellung eines Anderen und Fremden sonderte sich endlich das deutsche Volk und die Idee des »Eigenen« gewann Konturen. Als die brauchbarsten »Nichtdeutschen« boten sich hierbei die Juden an. Die Propagandisten des deutschen Nationalstaates hatten über die Geschichtsromantik vom goldenen Mittelalter das Erbe des christlichen Abendlandes angetreten und übernahmen auch dessen Feinde und Feindbilder. Und wie für die Wortführer der Idee vom christlichen Abendland die Juden als »Nichtgläubige« die das Eigene konstituierenden Feinde waren, wurden sie für die Verfechter der deutschen völkischen Idee als geeignete Projektionsfläche für »Undeutsches« zur unersetzlichen Bezugsgruppe.

Der Antisemitismus des frühen 19. Jahrhunderts, jener »rege Eifer« also, »alles Fremde von uns auszuscheiden«, war darum kein erneutes Aufflammen der sich vom Mittelalter bis in die Neuzeit hinziehenden religiös und ökonomisch argumentierenden Judenfeindschaft. Vielmehr zeichnete sich zum ersten Mal ein Antisemitismus ab[9], der sich nicht mehr nur auf die (im Prinzip universelle)

9 Der »moderne Antisemitismus« wird in der historischen Forschung übereinstimmend als »Produkt der modernen Gesellschaft« gesehen, das erst in der Phase der »großen Depression« im frühen Kaiserreich nach 1873 entstanden sei, siehe Rürup 1974, S. 388. Hier soll keineswegs bestritten werden, daß die »Judenfrage« nach 1873 eine neue Wendung nahm, in der der Antisemitismus zu einer Weltanschauung wurde, die mit der Lösung der »Judenfrage« die Erwartung der Lösung anderer, allgemeiner gesellschaftlicher Probleme verband. Auch in seiner rassentheoretischen Begründung und seiner Organisationsform in Parteien und Verbänden läßt sich nach 1873 eine neue Qualität erkennen. Doch bin ich –Erb und Bergmann folgend – der Auffassung, daß die Forderung nach einer Emanzipation von den Juden, die Rürup als ein wesentliches Merkmal des modernen Antisemitismus darstellt, schon lange vor 1873 auftrat. Die Ansicht, daß das Judentum eine Macht darstelle, gegen die man sich in einem Abwehrkampf befinde, setzt keineswegs ein rechtlich emanzipiertes Judentum voraus, sondern entstand bereits als Reaktion auf die geplanten Rechtsverbesserungen mit dem Beginn der Emanzipationsdebatte Ende des 18. Jahrhunderts. Es scheint mir darum gerechtfertigt, für den Antisemitismus der Emanzipationsepoche den Begriff »Frühantisemitismus« zu verwenden. Vgl. Erb/Bergmann 1989; Behnen 1976; Hortzitz 1988; Berding 1988, S. 11-86. – Statt »Frühantisemitismus« verwenden die Formulierung »Anfänge«, »Entstehung«

Christenheit, sondern auf das deutsche Volk und seine Unverträglichkeit mit den Juden berief. Alte Stereotypen und Vorurteile wurden nicht nur reaktiviert, sondern umgewertet und in einen neuen, nationalen Begründungszusammenhang eingefügt.

Dieser frühe Antisemitismus als integraler Bestandteil eines genuin fremdenfeindlichen Nationalismus, der die Juden als Gegenbild zum eigenen Ideal und Selbstverständnis braucht, ist Gegenstand meines Beitrages. Am Beispiel des romantischen Poeten Achim von Arnim (1781-1831) soll untersucht werden, wie die »Judenfrage« bei dem Versuch nationaler Selbstdefinition benutzt und umformuliert wurde.[10] Arnim ist Mitglied jenes konspirativen Kreises gewesen, den der Freiherr vom Stein 1806 in Königsberg versammelt hatte, um den Widerstand gegen Napoleon geistig und militärisch vorzubereiten. Neben verschiedenen Militärstrategen gehörten vor allem auch Dichter wie Arndt, Jahn, Körner und Kleist diesem Zirkel an[11], da Stein überzeugt war, daß man sich der Schriftsteller bedienen müsse, um die bisher nur vage und unsystematisch von einigen Intellektuellen gedachte Vorstellung eines gesamtdeutschen Vaterlandes auszuarbeiten und in breiteren Volksschichten zu verankern.[12]

Im Mittelpunkt der Arbeit steht dabei Arnims 1812 entstandener und zu Lebzeiten unveröffentlicht gebliebener Erzählzyklus *Die Versöhnung in der Sommerfrische*[13], dessen Judenbilder hier erstmals auf ihren Zusammenhang mit dem nationalen Diskurs des

und »Vorgeschichte« des Antisemitismus Sterling 1969; Pulzer 1966 und Massing 1959.

10 Die Arbeiten von Michael Jeismann (1992) und Lutz Hoffmann (1995) haben bereits sehr entschieden die konstitutive Funktion eines äußeren Feindes für die deutsche Nation aufgewiesen; die Verlagerung nationaler Abgrenzungsbemühungen auf einen »inneren Feind« im späten 18. Jahrhundert behandelt Hans-Martin Blitz in diesem Band oben S. 111 f. und S. 119 f.

11 Hoffmann 1994, S. 93.

12 »[...] auf den Deutschen wirkt Schriftstellerei mehr als auf andere Nationen, wegen ihrer Leselust und der großen Menge von Menschen, auf die die öffentlichen Lehranstalten einen Einfluß irgendeiner Art haben müssen.« Karl Freiherr vom Stein 1961, S. 818.

13 1976 erstmals von Heinz Härtl bearbeitet (ungedruckte Dissertation). 1980 unvollständig und fehlerhaft abgedruckt von Duncan (siehe *Die Versönung in der Sommerfrische*). 1992 in die Werkausgabe von Burwick/Knaack/Lützeler/Moering u. a. aufgenommen.

beginnenden 19. Jahrhunderts überprüft werden.[14] Außerdem herangezogen werden die noch immer nicht vollständig gedruckten Akten der von Arnim 1811 gegründeten »Christlich-deutschen Tischgesellschaft«[15], die ebenfalls zum ersten Mal auf Aussagen zu diesem Themenkomplex untersucht werden.[16] Schließlich wird Arnims Erzählung Die *Majoratsherren* neu gelesen und in die Untersuchung einbezogen. Zwar treten auch in anderen Werken Arnims episodenhaft jüdische Figuren auf[17],

14 Die einzigen beiden Aufsätze, die die Forschung bisher dem Judenbild Arnims widmete, gehen diesem Zusammenhang nicht nach. Henckmanns (1986) überaus unkritische Arbeit leugnet ohnehin alle über bloße »Judensatire« hinausgehende Feindseligkeit Arnims. Die wesentlich differenziertere Arbeit von Heinz Härtl (1987) zeigt zwar detaillierte Kenntnis von Werk und Person Arnims, weist jedoch ebenfalls nur traditionellen Judenhaß nach und verkennt die Radikalisierung seiner Berliner Jahre. Erste Überlegungen zum Zusammenhang von Nationalbewußtsein und Antisemitismus in der Romantik bei Kleßmann 1969, doch ist er diesem Problem nicht weiter nachgegangen; interessante Einzelaspekte bei Frühwald 1988; Oesterle 1992; auf den nationalen Aspekt von Arnims Antisemitismus gehen sie nicht ein.

15 »Die Geschichte der ›Christlich-deutschen Tischgesellschaft‹ ist noch nicht geschrieben worden.« Frühwald 1988, S. 76. Das gilt immer noch, trotz der neueren Untersuchungen von Härtl 1971; 1987; Henckmann 1986. – Die erste Darstellung der Tischgesellschaft von Steig 1901, S. 21-55 und S. 609-639, ist einseitig und tendenziös; dasselbe gilt noch mehr für Eberhard 1937 und Krüger 1939. Erste Klarstellungsversuche unternahm Knaack 1976, der aber in seinen Bemühungen um eine Rehabilitierung Arnims die Tischgesellschaft allzu unkritisch interpretierte. – Noch immer existiert keine zusammenhängende Publikation des umfangreichen, im GSA eingelagerten Aktenmaterials. Nur die Statuten der Gesellschaft und Arnims Judenrede sind bisher vollständig veröffentlicht worden, zuletzt in der Werkausgabe von Burwick/Knaack/Lützeler/Moering u. a. 1992. – Meine Verwendung von ausgewähltem Material weiter unten erfolgt mit freundlicher Genehmigung des Archivs.

16 Vgl. zu Arnims journalistischer Produktion und den dort formulierten politisch-patriotischen Anschauungen Knaack 1976, Kastinger Riley 1982 und Portmann-Tinguely 1989, S. 156-229. Aus der umfangreichen Literatur zu Arnims dichterischem Gesellschaftsbild sei hier verwiesen auf Werner 1982; Gajek 1982; Segebrecht 1985 und Ziegler 1986.

17 In der Novelle *Isabella von Ägypten* (1812) erscheint das Klischee des gelehrten Juden, und in *Armut, Reichtum, Schuld und Buße der Gräfin*

doch nur in den beiden genannten spielen sie eine zentrale Rolle. Die deutsche Forschungsliteratur über Achim von Arnim hat sich bis in die Gegenwart hinein oft darum bemüht, zwischen der ästhetischen Würdigung seines dichterischen Werkes und der moralischen Kritik an den häßlichen Auswüchsen seines Antisemitismus zu unterscheiden. Sie hat dabei das Bindeglied zwischen beiden übersehen. Denn Arnims romantische Vorstellung von einer deutschen Volksnation speist nicht nur seinen Antisemitismus; sie liegt auch seinen literarischen Phantasien wie der *Versöhnung in der Sommerfrische* und *Des Knaben Wunderhorn* zugrunde, und sie trägt, in verwandelter Form, weite Teile seines sonstigen literarischen Werkes.

II. Nation in Waffen

1798 war Arnim Kosmopolit. In einer Rede, die er in diesem Jahr nach bestandenem Abitur am Berliner Joachimthalschen Gymnasium hielt, beschwört der Siebzehnjährige noch »allgemeinen Weltbürgersinn« und singt ein Loblied des Kosmopolitismus, jener »süßen Bande, [...] die alle Menschen gleich umschließen, ohne Vaterland zu erkennen oder Stamm«. Nationaler Chauvinismus erscheint ihm hier als »schändlicher [...] schwankender Sinn«, und mit großem Nachdruck verurteilt er jene

> rohe Liebe zum vaterländischen Boden und zu den vaterländischen Sitten, die in Verachtung aller entartete, welche aus einem anderen Menschenstamme entsprossen, fern wohnend, anders gefärbt, anders gesittet waren.[18]

Erst in der Fremde, während einer fast dreijährigen Bildungsreise durch Europa, die Arnim nach abgeschlossenem Studium zwischen November 1801 und August 1804 mit seinem Bruder Karl Otto unternahm, entzündete sich eine schwärmerische, mit Heimatsentimentalität vermengte Vaterlandsliebe: »O mein heiliges Vaterland«, schrieb er 1803 emphatisch aus Paris,

Dolores (1810) werden in einem eingeschobenen Kasperlspiel ›typisch jüdische‹ Wesenszüge karikiert. In dem Doppeldrama *Halle und Jerusalem* (1810) wird zwar ausdrücklich die ›Judenfrage‹ verhandelt, doch wird vor allem die religiöse Differenz zum Judentum betont, weshalb dieses frühe Werk auch ursprünglich den Juden hatte gewidmet werden sollen (siehe Hs GSA 03/97, U. 31).

18 Arnim, *Werke*, Bd. VI, S. 35 u. 29.

ich fühle es, daß du mich hier noch in der Fremde begeisternd anhauchst, du hebst mich, zu dir hin lebe ich, fühle mich leicht wie eine Feder.[19]

»Wie will ich deutsche Erde küssen«[20], beteuerte er wenige Monate später seinem Onkel aus London, und wieder an Clemens Brentano richtete er seine »ersten Worte aus dem alten, reinen Deutschland«.[21]

Die Bedeutung, die jene Reise- und Fremdheitserfahrung für Arnim als auslösendes Moment für die Bewußtwerdung eigener nationaler Zugehörigkeit hatte, war durchaus beispielhaft.[22] Wie sich an einer Reihe von Biographien weiterer romantischer Intellektueller zeigen läßt, wurden Reisen ins Ausland und dessen Metropolen –vor allem nach Paris – häufig Anlaß zur Formulierung einer eigenen, auf Distanz zum Fremden gehenden nationalen Programmatik. Für Friedrich Schlegel z. B., mit dem Arnim in Paris engen Kontakt hatte und für dessen Zeitschrift *Europa* er seine *Erzählung von Schauspielen* schrieb, wurde seine Parisreise zum Ausgangspunkt einer »kulturellen Gegenoffensive« mit der Absicht, gegenüber der fremden Kultur ein »Gegenprofil des Deutschen« zu entwerfen.[23] Die unvermeidbare Modernitäts- und Kontrasterfahrung, die die Reisenden vor allem in Paris machten, wo sie urbane Modernität in ihrer fortgeschrittensten Form erlebten, führte ihnen die Rückständigkeit ihres eigenen Landes um so drastischer vor Augen und regte die intellektuelle Suche nach einem eigenen, nationalen (Sonder-)Weg an.[24]

Eine deutliche Radikalisierung hin zu einem aggressiven Chauvinismus erfuhr Arnims Nationalbewußtsein im September 1806 mit dem Eintritt Preußens in den Krieg gegen das revolutionäre Frankreich und schließlich unter dem Eindruck der Napoleonischen Besatzung. Das kosmopolitische Credo seiner Jugend ver-

19 An Clemens Brentano am 4. April 1803 aus Paris, in: *Achim von Arnim und die ihm nahe standen.* Bd. 1, S. 69.

20 An seinen Onkel im Mai 1804 aus London, a.a.O., S. 108.

21 An Clemens Brentano am 12. August 1804, a.a.O., S. 109.

22 Vgl. hierzu auch Giesen/Junge 1991.

23 Oesterle 1989, S. 164 f.

24 Reinhard Bendix spricht hier in einem weiter gefaßten Zusammenhang von einer »archetypischen Erfahrung«, siehe Bendix 1982, S. 130. Die konstitutive Funktion von Reise-und Kontrasterfahrungen für die Herausbildung eines eigenen Nationalbewußtseins betont auch Anderson 1988, S. 60 ff. und 140 ff.

engte sich innerhalb weniger Jahre zu einer streng nationalistischen Perspektive, und großdeutsches Denken verdrängte seinen an Preußen gebundenen Landespatriotismus. Scharf tadelte er darum jene

> Engherzigen, [...] [die] ihren deutschen Sinn, der alles zwischen der Nordsee und dem adriatischen Meere erfassen sollte, auf ein paar Meilen Land, auf eine Stadt, auf eine Familie oder einen Namen beschränken, der doch nur Bedeutung und Wert in der Verbindung mit andern hat.[25]

Partikularismus und Kleinstaaterei wollte Arnim überwinden und den Deutschen das Bewußtsein von einer die Landesgrenzen überschreitenden Einheit der Nation einpflanzen. »Ein Volk, soweit man deutsch am Markte reden hört«[26], sollte sich bilden, denn nur ein geeintes Deutschland könne die französische Vorherrschaft abschütteln und den Sturz Napoleons herbeiführen.

Als Grundlage dieser Fiktion vom einigen deutschen Vaterland sollte nicht nur die Rückbesinnung auf das gemeinsame kulturelle Erbe eines idealisierten Mittelalters dienen, sondern auch der Kampf gegen einen gemeinsamen Feind. Die emotionale Polarisierung gegenüber den Franzosen als Volk sollte die Herausbildung eines deutschen Zusammengehörigkeitsgefühls und Nationalbewußtseins befördern.

Daher ist das Bild, das Arnim in seinen Kriegsliedern vom Feind des Vaterlandes zeichnet, das des »Antichrist(en)«[27], des »Teufels«[28] und Menschenfeindes. Dieser Transfer, der die Figur des Feindes der Christenmenschen von der Religion in die Politik überführt, verstärkt nicht nur die Dämonisierung des Feindes, sondern gibt ihr auch eine qualitative Steigerung, welche die Feindschaft auf den grundsätzlichen Gegensatz von »gut« und »böse« erweitert: »Sie dienen all dem Teufel / Du aber dienest Gott.«[29] Der strikten Zuordnung von gut und böse, christlich und

25 Arnim, *Vorläufige Anzeige eines neuen Wochenblattes*, in: *Werke*, Bd. VI, S. 187.

26 Arnim, *Von Volksliedern*, in: *Des Knaben Wunderhorn*, Bd. I, S. 396. Dieser Titel wird künftig mit DKW abgekürzt.

27 Arnim, *Der Stralauer Fischzug* (1806), in: *Gedichte*, Bd. I, S. 15.

28 Arnim, *Halte dich Danzig!* (1807), in: *Gedichte*, Bd. I, S. 45; auch in ders., *Rheinisches Bundeslied* (1806), in: *Gedichte*, Bd. I, S. 18; und ders., *Der deutsche Völkerbund* (1813), in: *Gedichte*, Bd. II, S. 101.

29 Arnim, *Halte dich Danzig!* (1807), a.a.O., S. 42.

unchristlich – Michael Jeismann spricht von einer »nationalen Partialisierung des Sündenfalls«[30] – entspricht auch die moralische Disqualifizierung und Kriminalisierung des Feindes, mit der Arnim die eigene von der fremden Nation trennt. Vor dem französischen »Räubervolk«[31], das voller »Lug und Trug«, »Falschheit«[32] und »Hinterlist«[33] und als »alles umwindende, giftige Schlange [...] verführt und vernichtet, raubt und schändet«[34], hebt sich bieder, treu und stark die Lichtgestalt des »fromme(n) Deutsche(n)«[35] ab:

> Der ist ein Deutscher wohlgeboren
> Der von Betrug und Falschheit frey
> Hat, voll der Redlichkeit und Treu
> Nicht Glauben, nicht Freyheit verloren.[36]

Arnims Aufrufe zum Mord am Feind stehen darum an verbaler Radikalität den Vernichtungsphantasien der übrigen »Freiheitssänger« seiner Zeit um nichts nach[37]: »Thut, wie brave Preußen pflegen /Und durchbohrt Franzosenbrut«[38], ruft er seine Landsleute auf und stilisiert Töten zur vaterländischen Pflicht und Tugend[39], denn: »Weihend ist der Feinde Blut.«[40]

30 Jeismann 1992, S. 88.

31 Arnim, *Glück zu ihr Landsleute*, in: *Werke*, Bd. IV, S. 213.

32 Beides Arnim, *Kriegslieder 7*, in: *Achim von Arnim und die ihm nahe standen.* Bd. II, S. 202.

33 Arnim, *Kriegslieder 6*, a.a.O., S. 201.

34 Arnim, *Glück zu ihr Landsleute*, a.a.O.

35 Arnim, *Rheinisches Bundeslied*, a.a.O.

36 Arnim, *Kriegslieder 1*, a.a.O., S. 197; vgl. auch Arnim, *Der deutsche Völkerbund* (1813), in: Gedichte, Bd. II, S. 99: »Lieb und Treue soll verkünden /Wer mit Recht sich Deutscher nennt«.

37 Vgl. z. B. Heinrich von Kleist, *Germania an ihre Kinder*: »Schlagt ihn tot! Das Weltgericht /Fragt Euch nach den Gründen nicht«, in: Kleist, *Sämtliche Werke und Briefe*, Bd. 1, S. 26. Ernst Moritz Arndt, *Kriegers Zuversicht auf Gott*: »Schlagt alle Welschen mausetot /schlagt alle Buben tot«, in: Leffson/Steffens 1912, Bd. 1, S. 84. Theodor Körner, *Lied der schwarzen Jäger*: »Gebt kein Pardon (...) Würgt sie ohne Scheu«, in: Werke, Bd. 1, S. 28.

38 Arnim, *Der Landesvater* (1806), in: *Gedichte*, Bd. 1, S. 21.

In seinen Kriegsgedichten grenzt Arnim das fiktive deutsche Vaterland vor allem nach außen ab, indem er die Differenz zu den Franzosen als einem feindlichen nationalen Großkollektiv in den Vordergrund stellt. Damit folgt er der Tradition Klopstocks und des Göttinger Hainbundes. Wird aber die Differenz nach außen betont, so steigt der Homogenitätsdruck nach innen, und ein Volksverständnis, das sich auf den Gegensatz zu anderen Völkern gründet, erzeugt im Inneren eine verschärfte Exklusion. Arnims Nationalismus, der als Selbstbehauptungswille zunächst vornehmlich gegen die französische Okkupation gerichtet war, enthielt darum nach innen Homogenitätsvorstellungen, nach denen für Fremde kein Platz in der deutschen Gesellschaft war – dies ist die völkische Variante des Gleichheitsgedankens.[41] Die von Arnim benutzten Homogenitätskriterien variierten hierbei allerdings: Gelegentlich sah er den standardisierten deutschen »Typus« bereits durch gleiche Religionszugehörigkeit als ausreichend garantiert, in anderen Fällen berief er sich auf eine gemeinsame Kultur – inklusive »naturalisierter« Kultur, mit dem Volks- als Vergesellschaftungsbegriff. Doch gleich welches Homogenitätskriterium er zur Konstruktion des nationalen Kollektivs bevorzugte, stets

39 Thomas Sternberg weist zu Recht darauf hin, daß weder der Blutrausch noch die Verherrlichung des Heldentodes bei Arnim anhielten. Pathos und Unbekümmertheit wichen Trauer und desillusionierter Bitterkeit, siehe Sternberg 1983, S. 91-99. Doch scheint es mir unbillig, nur Arnims Kritik ernst zu nehmen, seine Hurra-Poesie aber zu bagatellisieren, als wenn er ohne Überzeugung und eigentlich widerstebend, nur aus Vaterlands- und Pflichtgefühl seine Kriegslieder geschrieben hätte. Zwar war Arnim 1806 zweifellos mitgerissen von der nationalen Emphase der Zeit und wollte seinen Beitrag zum nötigen Enthusiasmus der Truppen leisten, auch zollte er »offenbar Tribut an den mehr als fragwürdigen Geschmack überhitzter Vaterlandssänger dieser Zeit«, aber fraglos meinte er es ernst damit. Vgl. Rölleke 1971, S. 79.

40 Arnim, *Der Landesvater* (1806), a.a.O., S. 22.

41 In anderen Arbeiten dieses Bandes ist die Tendenz nationaler Schriften, den Volkskörper als homogen darzustellen, anders begründet worden, nämlich mit dem Identitätsbedürfnis der von »Volk« und »Nation« schreibenden Männer. Beide Argumentationen beschreiben den gleichen Sachverhalt.

waren Einheitlichkeit und Reinheit sein Ziel: das »reine Deutschland« sollte es sein.[42] Der empirische Zustand Deutschlands aber entsprach diesem Reinheitsdenken nicht. Er war uneindeutig und zersplittert, die beschworene Reinheit eine Fiktion. Mit der Absicht, sie zu realisieren, also alles »Fremde« auszumerzen –»Fort mit dem Fremden im Einheimischen«[43] –, zeigt sich das gewalttätige Potential von Arnims Nationalismus.

1. Christentum als Bedingung der Deutschheit

In dem »Gespräch über die Einbürgerung der Juden«, das Arnim seiner Erzählung *Die Versöhnung in der Sommerfrische* als politischen Traktat einfügte[44], erteilt er Auskunft darüber, wie die Schaffung eines einigen deutschen Volksgeistes seiner Auffassung nach zu erlangen sei. Er war überzeugt davon, »daß sich dieser Volkssinn eben darin am herrlichsten äußert, daß er einen gemeinsamen Glauben [...] hervorbringt.«[45] In einer etwas später verfaßten handschriftlichen Notiz heißt es noch deutlicher: »Einheit des Volkssinns muß nothwendig in Einheit des Glaubens sich äu-

42 Arnim, Brief an Clemens Brentano vom 12. August 1804, in: Steig 1894-1904, Bd. 1, S. 109.

43 Arnim, *Von Volksliedern*, in: DKW, Bd. I, S. 410. Mit diesem Reinhaltungsgebot fordert Arnim, das deutsche Volkslied vor Vermischung und fremden Einflüssen zu schützen, da er es als unmittelbare Schöpfung der dichtenden Volksseele und darum als authentischen Ausdruck des spezifischen Charakters und der unverwechselbaren Eigenart des deutschen Volkes begreift; Die in *Des Knaben Wunderhorn* gesammelten »alten deutschen Lieder« waren ihrer Intention nach darum auch alte deutsche Lieder. In seinem Volkslieder-Aufsatz verlangt Arnim deshalb: »Versteckt euch eben so wenig hinter welschen Liedern, dem einheimischen Gefühl entzogen seyd ihr dem Fremden nur abgeschmackt«; siehe Arnim, *Von Volksliedern*, in: DKW, Bd. 1, S. 386.

44 Das Gespräch wird von Arnim mit der Anmerkung »Ich habe dieses Gespräch abgesondert, damit Staatsmänner es abgesondert lesen können und Romanfreunde es überschlagen können« ausdrücklich aus der fiktiven Welt herausgehoben und als politische Abhandlung gekennzeichnet; siehe Arnim, *Die Versöhnung in der Sommerfrische*, in: *Werke*, Bd. III, S. 554.

45 Arnim, *Die Versöhnung in der Sommerfrische*, in: *Werke*, Bd. III,

ßern.«[46] Im Interesse einer gemeinsamen Volksreligion war Arnim zwar tolerant genug, ein gleichberechtigtes Nebeneinander von Katholizismus und Protestantismus hinzunehmen[47], doch zwischen den beiden christlichen Religionen und dem Judentum wähnte er eine unüberbrückbare Kluft. »Deutsch« und »christlich« werden in dieser Auffassung von der Nation gleichgesetzt, Glaubenssphäre und politischer Ideenhorizont verschmelzen zu einer Einheit. Weil das Christentum Arnim als integraler Bestandteil der deutschen Nationalkultur und als Bedingung deutschen Wesens galt, bleiben die Juden außerhalb des nationalen Rahmens. Das Staatsbürgerrecht wird so an das christliche Bekenntnis gekoppelt und schließt die Juden als erklärtermaßen nichtchristliche Minderheit aus den Reihen der Bürger aus.

Gleichberechtigung und Integration der Juden wurden von Arnim ausschließlich bei völliger Anpassung an die hegemoniale christliche Kultur befürwortet, also nur bei Aufgabe ihrer religiös-kulturellen Gruppenidentität und Verleugnung ihres Judentums: »Es gibt nur einen Weg wie die jüdischen Colonien mit den verschiedenen Völkern Europens zu gleichem Volkssinn übergehen können, dies ist das Christentum« (559). Nicht eine Minderheit als Minderheit sollte in diesem Konzept einer deutschen Nation gleiche Rechte erhalten, sondern die Minderheit sollte sich als soziale Gruppe auflösen und an die Mehrheit assimilieren.

Daß Arnim mit der Verknüpfung von »Deutschheit« und Christentum durchaus im Trend der Zeit lag, hat der jüdische Publizist Saul Ascher erkannt und diese allgemeine Tendenz in einer Streitschrift als »Germanomanie« verhöhnt:

S. 559. Im folgenden wird direkt im Text jeweils nach den Zitaten auf die entsprechenden Seitenzahlen dieser Ausgabe verwiesen.

46 Hs GSA 03/176, U. 9.

47 Arnim plädiert für ein »ganz allgemein gehaltenes Christentum [...] das von jeglicher Dogmatik frei ist«; siehe Wolff 1936, S. 53. So kommt es in der Schlußszene von Arnims Drama *Halle und Jerusalem* zwischen dem protestantischen Ritter Sidney und dem Guardian eines katholischen Klosters zu einem großen Rededuell, in dem die konfessionellen Verschiedenheiten innerhalb des Christentums nicht als schroffe Gegensätze aufgebaut werden, sondern das Gemeinsame der sich gegenüberstehenden Bekenntnisse als das Wichtigste hervorgehoben wird: »Ihr glaubt an Christus, das ist genug«, siehe Arnim, *Halle und Jerusalem*, S. 238.

Deutschlands Rettung von dem Joche der fremden Tyrannei kann nur vorbereitet werden, durch Einheit und Einigkeit des Volkes in der Idee. Die Einheit und Einigkeit in der Religion spricht dieß Erforderniß ganz aus; [...] und so bestand daher für diese Denker ein *deutsches Christenthum* oder eine *christliche Deutschheit*, die sie zu gründen und zu verbreiten sich vorsetzten.[48]

Es zeigt sich: Arnims bisher überwiegend religiös argumentierender traditioneller Antijudaismus, der sich gegen die Juden als Irrgläubige, Christuskreuziger und Anhänger einer überlebten Religion richtete[49], wurde vor dem Hintergrund seiner nationalen Einheitsphantasien in einen neuen, nationalen Begründungszusammenhang eingefügt. Denn seine Aufforderung an die Juden, das Christentum anzunehmen, wurde im zeithistorischen Kontext der deutschen Einigungsversuche kurz vor den »Befreiungskriegen« zur Bedingung für ihre Integration in die deutsche Nation. Durch diese Transposition verändert der traditionelle Judenhaß nicht nur seine Funktion, sondern auch seine Gestalt. Er nahm Momente in sich auf, die dem religiös bestimmten Antijudaismus fremd waren; sie markieren die tiefe Kluft, die den modernen vom traditionellen Antisemitismus unterscheidet, bei allen historischen Zusamenhängen, die zwischen ihnen bestehen. – Von solchen neuen Momenten handelt der folgende Abschnitt.

2. Volk und Rasse

In seiner Erzählung *Die Versöhnung in der Sommerfrische* hatte Arnim wortreich seine Überzeugung von der Abwaschbarkeit des Judentums durch Taufe verfochten. Im selben Text aber formuliert er ein bleibendes tiefes Mißtrauen auch und gerade gegen getaufte Juden, wenn er von der unveränderbaren Natur und Wesenhaftigkeit der Hauptfigur, des Juden Raphael Rabuni, spricht.

48 Ascher, *Die Germanomanie* , S. 13. Hervorhebung von Ascher.

49 Arnims christlich motivierter Judenhaß wird vor allem in seinem Erlösungsspiel *Halle und Jerusalem* von 1810 formuliert. Die Christianisierungsintention des Stückes ist insofern judenfeindlich, als ihr die Überzeugung von der Überlegenheit des Christentums zugrunde liegt und sie die Heilsbestimmung der Juden als Juden negiert.

Die Erzählung spielt nach der Niederschlagung der antinapoleonischen Aufstände in Tirol. Rabuni ist fremd dort, ein Zugereister. Er erscheint als nicht integrierbarer und nicht assimilierbarer Fremdkörper, der niemals wirklich »dazu«gehören und unter den Einheimischen immer ein Außenseiter bleiben wird. Mit großer Sorgfalt wird er von Arnim aller Eigenschaften beraubt, durch die irgendeine Gemeinsamkeit mit seiner Umwelt hergestellt werden könnte. Als überfeinerter, wurzelloser, kopflastiger Stadtmensch steht er in schroffem Gegensatz zu seiner bodenständigen, bäuerlichen Umwelt, und gegenüber den gesunden, kraftstrotzenden, bodenverbundenen Tirolern wird Rabuni als schwächlich, im Grunde degeneriert und lebensuntüchtig gezeichnet:

Gegen den »jungen Held[en]« (587) Joseph, der »schön und ernst unter allen durch Größe und Stärke hervorragte« (595) und der »beste Schütze« (545) des Dorfes war, erscheint Rabuni als ein »feines, hübsches Männlein« (547), von »kranke[m] und zarte[m] Gemüte« (597), das »etwas schwach auf der Brust« (548) und von »hypochondrische(r) Empfindlichkeit« (565) ist. Auch die unverdorbene, natürliche Bauerntochter Therese, deren »hoher freier Wuchs und frische Kraft« den Erzähler die Abkunft von einem »größere[n] herrlichere[n] Geschlecht« (544) ahnen läßt, ist größer als Rabuni, und während sie den Erzähler mit ihren »freudigen Himmelsaugen« (544) anstrahlt, fehlt Rabuni »ein freudiges deutsches Gemüt« (585). Auch hat er »keine Freude an der Gartenarbeit« (576), sondern widmet sich lieber seinen »poetischen Studien« (550) und ist der satten, üppigen, spätsommerlichen Naturherrlichkeit der Tiroler Alpenlandschaft nicht gewachsen: Während der Erzähler und Therese »mit stiller Wonne das [...] Bild dieser Pracht« betrachten, kann Rabuni »mit seinen schwächeren Augen« (576) diesen Anblick nicht ertragen und muß wegsehen.

Zwar versucht Rabuni, sich anzupassen an das, was Landessitte ist in Tirol, aber das kann nicht gelingen: Er hüllt sich in altdeutsche Tracht – doch das »rote alte Barett« paßt nicht, und »fast« nur gleicht er damit jenen »alten deutschen Bildern«, die er nachzuahmen trachtet (552). Dem Erzähler hingegen, der, aus Norddeutschland gebürtig, also ebenfalls fremd in Tirol ist, gelingt es scheinbar mühelos, diese Fremdheit zu überwinden, sich harmonisch einzufügen und Landesart anzunehmen. Er spricht und kleidet sich »wie unsre Leute« (544) und wirkt damit keineswegs,

wie Rabuni, lächerlich, sondern erscheint überzeugend als Tiroler Landsmann.
Unterstrichen wird Rabunis Fremdheit noch zusätzlich durch seine Sprache: Zwischen den Tiroler Bauern redet er wie ein Intellektueller, geistreich und gewandt, und hat »nicht ohne Phantasie und Witz seine Rede zu einer seltenen Dialektik [...] ausgebildet« (550). Es fehlt ihm dabei die »Treuherzigkeit« (552) der Tiroler Mundart, so daß der brave Sebastian ihn selten wirklich verstehen kann: Ihm ist alles, was der Jude sagt, »zu hoch«, und überdies läßt es sich »nicht einmal auf gut Tyrolerisch sagen« (550). Schließlich sind auch die hohe Buchgelehrsamkeit und die ärztliche Kunst, mit der Arnim seinen Juden ausstattet, dazu angetan, Rabunis Andersartigkeit zu betonen. Rabuni verfügt über allerhand Wissen, »geheime Kunst« (547) und wundersame Heilkräfte, die ihn zwar befähigen, die liebeskranke Therese durch Magnetisieren von ihrer Traurigkeit zu kurieren, die ihm aber andererseits den Ruf von Magie und Zauberei eintragen und den »ehrlichen Tyroler[n]« (542) nicht geheuer sind.
Diesem fremden Juden, der sich in allem von den Einheimischen unterscheidet, gelingt es nun, die Liebe Thereses zu gewinnen, doch um den Preis, daß auch Therese sich unter seinem Einfluß von ihrer Umgebung entfernt, fremd wird. Plötzlich spricht sie Hochdeutsch, »wie sie es nie gekonnt«, nimmt Klavier- und Zeichenunterricht bei Rabuni, anstatt bei der Ernte zu helfen, und läßt sich überhaupt so viel von ihm »weismachen« und »einbilden«, daß es ihrer Familie scheint, »als ob wir ihr gar nichts mehr werth wären« (548). Der jüdische Eindringling kann nicht liebend die Liebe der deutschen Frau gewinnen, sondern muß sie verhexen, um sie für sich einzunehmen.
Darum mißbilligt Thereses Familie diese Verbindung zunächst ausdrücklich, doch kommt es schließlich, durch die Vermittlung des Erzählers und mit dem Segen eines alten Einsiedlers, zu einer tränenreichen Versöhnungsszene. Allerdings ist diese »Versöhnung«, die den Titel von Arnims Erzählung bildet, nicht von Dauer und kann es auch nicht sein: Denn obwohl sich die ganze Familie dem taufwilligen Juden wohlwollend zuwendet und bereit ist, ihn »unter sich aufzunehmen mit Milde und Nachsicht«, um ihn »durch Freundlichkeit ganz aus den Schlingen des alten Bundes zu lösen«[50], schießt jene »eingewurzelte Torheit«, die seinem »alten Stamme« (565) eigentümlich sei, immer wieder in ihm

auf und führt die Katastrophe herbei: Er überfällt und beleidigt aus grundloser Eifersucht einen jungen, vielversprechenden Dragoneroffizier und wird von diesem aus verletzter Ehre anschließend erschossen.

Trotz seiner Liebe zu Therese und obwohl er zum Christentum überzutreten bereit ist, scheint also Rabuni außerstande zu sein, die »eingewurzelten Torheiten« seines »alten Stammes« zu überwinden. Seine faktischen und vermeintlichen Fehler erscheinen damit nicht nur als unabhängig vom individuellen Wollen – denn Rabuni will ja Christ werden –, sondern werden darüber hinaus zur schicksalhaften und damit unüberbrückbaren Wesensverschiedenheit hypostasiert. Unlösbar bleibt Rabuni an seine jüdische »Natur« gebunden, »wie eine Schnecke an die Last ihres Hauses« (544): »Es bleibt doch immer ein Jude« (547). Die Bildungsutopie der Aufklärung, daß Bildung und Erziehung den Menschen verändern können, was Arnim in der »Zueignung an die Juden« seines Dramas *Halle und Jerusalem* noch ausdrücklich bejahte, wird damit ebenso außer Kraft gesetzt wie die Taufidee. Arnim ist überzeugt: »Der Mensch soll nicht binden, was der Himmel getrennt hat, Juden und Christen« (587).

Gute siebzig Jahre also bevor die »klassischen« Werke des deutschen Rassenantisemitismus erschienen, ging Arnim, ohne allerdings den ethnischen Gesichtspunkt zu verabsolutieren, bereits von einem ursprünglichen, eigentümlichen, schwer oder gar nicht beeinflußbaren jüdischen Sondercharakter aus, von einem »dem Taufwasser unzugänglichen Wesenskern«[51], der sich mit der Tiroler Volksart nicht vertrage. Es ist hier von der unveränderbaren »Natur« des Juden die Rede, seinem »Wesen« und seinen »eingewurzelten« Fehlern, die auch durch Religionswechsel nicht korrigierbar seien und Arnims Auffassung von der Verwandlung durch Taufe in Frage stellen: Denn Rabuni erhält zwar unmittelbar vor seinem Tod durch einen alten Diener die Nottaufe und kann so erlöst sterben. Ein glückliches Leben jedoch gesteht Arnim dem Juden auch als Christen nicht zu, – bekehrt und getauft kann er im Christentum bestenfalls einen guten Tod finden: Er ist »als Christ gestorben, wohl ihm, aber er war ein verruchter Jude vorher«

50 Arnim, Rede vor der Christlich-deutschen Tischgesellschaft am 18. Januar 1815, in: Knaack 1976, S. 135.

51 Reissner 1977, S. 331.

(587). Arnims Zweifel an der Wirksamkeit der Taufe dokumentiert auch eine in die Erzählung eingeflochtene Anekdote von einem dänischen Matrosen, der einen ertrinkenden Juden aus dem Wasser rettete, ihn taufte und dann wieder hineinschmiß, »damit er selig stürbe«, denn »wenn man sie nicht so taufe, bleiben sie doch immer nur getaufte Juden« (564).[52]

Arnims Nationalbewußtsein wird durch diese plötzlichen »Zweifel« an der Wirksamkeit der Taufe an seinem wesentlichsten Punkt erhellt: Daß er nach der Auflösung des religiösen Gegensatzes durch die Taufe gleich eine neue Differenz zwischen Deutschen und Nichtdeutschen erfindet, die die Juden abermals auf ihre alte Funktion als Antithese festlegt, zeigt, daß seine Konstruktion vom deutschen Vaterland ohne ein Feindbild nicht auskommt.

Gleichzeitig entlarvt die Erzählung das terroristische Reinheitsideal von Arnims Vaterlandsphantasien und seine tödlichen Konsequenzen: Bevor nämlich Rabuni stirbt, taucht Thereses totgeglaubter Verlobter Joseph wieder auf, und Therese wendet ihm ihre Liebe erneut zu. Durch ihre Vermählung ist die vorher durch Thereses Verbindung mit dem Juden aus den Fugen geratene Welt wieder ins Lot gekommen: Therese ist »ganz in ihre vaterländische Natur zurückgekehrt« und von den »fremdartigen Einwirkungen« (596) Rabunis befreit. Als der Erzähler sie wenige Tage später nach einigen Büchern befragte, die sie bei Rabuni gelesen, »hatte (sie) alles daraus vergessen« (603).

Die Liebe von Therese und Rabuni scheitert an der unaufhebbaren Fremdheit und Andersartigkeit des Juden. Der Jude gehört nicht in das Land, in dem er lebt, er stört die Harmonie und hat Unruhe gebracht in eine geordnete Welt: »wie kann doch ein Jude eine ganze Christenwelt verunreinigen wie eine Katze ein ganzes Haus verpesten kann« (603). Erst nach seinem Tod gibt es ein ruhiges, glückliches Leben für die übrigen. Das Schlußtableau der Erzählung versöhnt symbolisch den preußischen Erzähler, den Tiroler Sebastian und dessen ehemaligen Kriegsgegner Max aus Bayern zu einer großen deutschen Volks-Familie. Weil sie alle »gleich« sind und Arnims Standardisierung des deutschen Typus entsprechen, können sie in natürlicher Eintracht gemeinsam leben. Bedroht und geschädigt wird diese homogene deutsche Großfamilie nur durch den fremden jüdischen Eindringling. Er

52 GSA 03/103, U. 121.

dringt ein in den deutschen Volkskörper wie in die deutsche Frau, verdirbt beide und wird zur Strafe dafür vom Dichter getötet. Dieselbe Rolle, die Rabuni in der Familie des Tirolers Sebastian übernimmt, weist Arnim in seiner Erzählung auf nationaler Ebene den Juden als Kollektiv zu: die des Eindringlings, Fremdkörpers, Störfaktors, der als negative Kraft das Zusammenwachsen der Nation verhindert und Arnims Ideal von einem homogenen Deutschtum und einem einigen deutschen Volkssinn sprengt. Denn solange die Juden als »abgesondertes Volk« (557) überall eine rechtliche, religiöse und ökonomische Sonderexistenz führten, »ohne ein andres Vaterland als den Handelsvorteil« (558) zu kennen, erscheinen sie Arnim als nicht integrierbare »fremde« Nation innerhalb der eigenen, als jüdischer Stachel im Fleisch des deutschen Volkskörpers.

IV. Die exklusive Nation: Arnims »Christlich-deutsche Tischgesellschaft«

1. Ein Männerbund als Keimzelle der neuen Nation

Arnims nationalistische Emphase erreichte ihren Höhepunkt im Jahr 1811 und schlug sich nieder in der Gründung der »Christlich-deutschen Tischgesellschaft«. Als patriotischer Verein zur geistigen Mobilmachung kurz vor den »Befreiungskriegen« bildete sie eine Plattform für ausgewählte, gesellschaftlich privilegierte Männer, die sich geistig gegen die Aufklärung, politisch gegen Frankreich und gesellschaftlich gegen die Juden zusammenfanden.
Aus der doppelten Verneinung der bürgerlichen Moderne einerseits und der Suprematie Frankreichs andererseits entwickelten sie einen spezifisch deutschen Nationalbegriff, dessen exklusiv-ausstoßender Charakter sich nicht nur gegen andersnationale Nachbarn, sondern vor allem gegen die jüdische Minderheit im eigenen Land richtete. Der Antisemitismus erhielt damit, im Kontext des neuen, nationalen Denkens, erstmals die Gestalt, die seine verheerende Wirkung in der Geschichte des 19. und 20. Jahrhunderts bestimmen sollte. Der Nationalismus aber bekam die Figur eines natürlichen Wesensfeindes zugewiesen, der, wollte man der Logik dieses Systems folgen, eliminiert und ausgerottet werden

müßte. Ob und wieweit Arnim allerdings zu solchen Konsequenzen bereit und imstande war, muß sich noch zeigen.
Zum ersten Mal am 18. Januar 1811, dem »Krönungstag unserer Monarchie« [53], und dann jeden zweiten Dienstag hatte Arnim etliche Prominenz des Berliner Geisteslebens, des Militärs und des märkischen Adels zum Mittagessen in ein Lokal geladen – »die angesehensten Gelehrten, die höchsten Staatsbeamten, Offiziere und Hofleute fanden sich zahlreich ein«.[54] Arnim plante zunächst, einen Gemeinsinn stiftenden »Freystaat«[55] ins Leben zu rufen, und wollte beweisen, daß eine »gemischte Gesellschaft aus vielen trefflichen, aber einander wenig bekannten Menschen zur gemeinsamen Berathung über Gesetze« fähig sei.[56] In geselligem Kreis sollte praktisch-politisches Verhalten eingeübt und die »fröhliche« Tischgenossenschaft so zur Probebühne für die nationale Gesellschaft werden.

53 Brief an die Brüder Grimm Ende Dezember 1810, in: Steig 1894-1904, Bd. III, S. 95. Die Bezeichnung verweist auf den 18. Januar 1701, an dem König Friedrich I. von Preußen in Königsberg zum ersten preußischen König gekrönt wurde.

54 Karl August Varnhagen von Ense, zit. n. Bruer 1991, S. 312. Zu den wichtigsten Vertretern des Adels gehörte vor allem Prinz Anton Heinrich von Radzivill, den Arnim bereits aus seiner Königsberger Zeit kannte und dessen Haus in Berlin Sammelpunkt der antinapoleonischen Opposition war (vgl. Lützeler in: *Werke*, Bd. I, S. 761). Außerdem Adolf Graf von Chasot, der Führer des patriotischen und paramilitärischen »Charlottenburger Vereins« (zum Charlottenburger Verein vgl. Johnston 1990, S. 65). Den größten Teil der Gesellschaft machten Mitglieder des preußischen Militärs aus, u. a. Carl von Clausewitz, der eng mit dem Reformflügel um den Freiherrn vom Stein verbunden war, Leopold von Gerlach und der Kleistfreund Ernst von Pfuel. Die preußische Beamtenschaft wurde u. a. vertreten von dem Geheimen Staatsrat Friedrich August von Staegemann und von Johann Albrecht F. Eichhorn, dem Syndikus der neugegründeten Berliner Universität. Den künstlerischen Flügel bildeten vor allem Arnim und Clemens Brentano sowie der Komponist Johann Friedrich Reichardt und der Verleger Georg Andreas Reimer, der seinerseits Begründer und Gastgeber der antinapoleonisch ausgerichteten »Lesenden und schießenden Gesellschaft« war; vgl. Dann 1976, S. 129-233, und ders. 1979.

55 Arnim, Rede vom 18. Januar 1815. In: Rede zum 18. Januar 1815. In: *Werke*, Bd. VI, S. 481.

56 Hs GSA, 03/176 U. 7.

Das scheinbar demokratisch angelegte Konzept einer »gemischten Gesellschaft« scheiterte jedoch bereits an der Zusammensetzung von Arnims Tafelrunde. Denn es trafen sich hier zwar durchaus verschiedene Berufsstände, und die politischen Überzeugungen ihrer Mitglieder reichten von liberaler Reform- bis zu konservativ-altständischer Staatsgesinnung. Unterlaufen wurde die von Arnim proklamierte Heterogenität jedoch nicht nur durch die Zulassungsbestimmungen der Gesellschaft, welche Frauen, Philister und Juden aus ihren Reihen ausschloß[57], auch die als gemeinsam vorausgesetzte Dreieinigkeit von christlicher Religion, deutscher Nationalität und monarchischer Gesinnung diskreditierte diesen Anspruch und profilierte die Tischgesellschaft als deutlichen Gegenentwurf zur jüdischen Salonkultur, wo Standesschranken, Geschlechterrollen und Religionsbarrieren bereits weitgehend aufgehoben waren. Den ideologischen Konsens, über den sich ihre Mitglieder als christlich-deutsche Gesellschaft integrierten, hatte Achim von Arnim formuliert:

> öffentliche Anerkenntnis des Christlichen und des Deutschen [...], die Verachtung gegen erstorbnen Mechanismus der Welt, gegen das Judentum und gegen das Philistertum, wie Verehrung gegen das Bewährte [...], insbesondre gegen die Krone, unter der wir vereinigt leben. Daß wir aus Liebe zu dieser Krone und zu Deutschland alles Französische herzlich hassen [...], versteht sich bei allen von selbst.[58]

Das Bekenntnis zum preußischen König, zum christlichen Gott und zum deutschen Vaterland verlangt nach dieser Überzeugung Feindschaft gegen Juden und Franzosen. Der Haß gegen die Franzosen, den äußeren Feind – für den die jungen Dichter des Göttinger Hainbundes in den 1780er Jahren noch ziemlich allein die Werbetrommel rühren mußten –, war im Jahr 1815 allerdings bereits zu einer Selbstverständlichkeit geworden, er »versteht sich bei allen von selbst«. Die Ausgrenzung eines inneren Feindes hingegen, der Juden, scheint erstmals als Bestandteil deutschen Nationalstolzes gebraucht zu werden und wird darum ausdrücklich hervorgehoben und erläutert.

57 Nur Männer »von Ehre und guten Sitten und in christlicher Religion geboren« sollten aufgenommen werden; siehe den Bericht, in: *Werke*, Bd. VI, S. 361.

58 Arnim, Rede vom 18. Januar 1815, in: *Werke*, Bd. VI, S. 481.

Adam Müller, »Mitunternehmer«[59] und »Chefideologe«[60] der Tischgesellschaft, formulierte den programmatischen Antisemitismus seiner Tischgenossen in seiner letzten Rede als Sprecher der Gesellschaft am 18. Juni 1811:

Wir führen Krieg [...] gegen die Juden, gegen ein Gezücht, welches mit wunderbarer Frechheit ohne Beruf, ohne Talent, mit wenig Muth und noch weniger Ehre, mit bebendem Herzen und unruhigen Fußsohlen, wie Moses ihnen prophezeiht hat, sich in den Staat, in die Wissenschaft, in die Kunst, in die Gesellschaft [...] einzuschleichen, einzudrängen, einzuzwängen bemüht ist. Vom Staat, von der Wissenschaft und von der Kunst es zurückzuweisen, stehet nicht in unsrer Macht; aber vom Hufeisen dieses Tisches es zu verbannen, das steht nicht blos in unsrer Gewalt, sondern halten wir für unsre Pflicht. [61]

Auf die von der preußischen Regierung inaugurierte Gleichstellung der Juden im öffentlichen Leben reagierte die Tischgesellschaft also mit Verteidigung des geselligen Bereiches durch Aus- und Abgrenzung. Die rechtliche Gleichstellung sollte mit gesellschaftlicher Kränkung und Nichtanerkennung vergolten und so wenigstens symbolisch wieder rückgängig gemacht werden – dies zumindest machte Adam Müller allen Mitgliedern der Tafelrunde zur Pflicht. »Die Tendenz zur rechtlichen Gleichstellung«, diagnostizierte hierzu Günther Oesterle, »verändert das Integrationsproblem von Minoritäten; die Auseinandersetzungen verlagern sich verschärft in Bereiche der Geselligkeit und der gesellschaftlichen Akzeptanz.«[62]

In drei großen Reden vor ihren Tischgenossen unternahmen es darum erst Clemens Brentano, dann Arnim und Adam Müller, ihre öffentliche Verachtung gegen die Juden zu demonstrieren und so die soziale Kluft zwischen Juden und Nichtjuden zu zementieren. Seine politische Brisanz erhielt der tischgesellschaftliche Antisemitismus dabei vor allem durch den Modellcharakter, den Arnim seiner Tafelrunde gegeben hatte: Denn was im Kleinen, im

59 An die Brüder Grimm, Dezember 1810, in: Steig, Bd. III, S. 95.

60 Härtl 1977, S. 298.

61 Adam Müller, Rede vor der Tischgesellschaft am 18. Juni 1811, in: Härtl 1977, S. 292. Achim von Arnim: *Über die Kennzeichen des Judenthums*, in: *Werke*, Bd. VI, S. 362-387. Auf die Philistersatire der Tischgesellschaft wird in dieser Arbeit nicht weiter eingegangen, vgl. hierzu Oesterle 1992.

62 Oesterle 1992, S. 71.

Geselligkeitskreis, erprobt wurde, konnte aufs Große, auf die Gesellschaft, leicht übertragen werden. Und war den Juden der Zutritt zum Wirtshaus erst verboten, mußte die Ausgrenzung aus der nationalen Gemeinschaft nur als ein weiterer Schritt erscheinen.

2. Der moderne Jude

Judenhaß erschien in der Tischgesellschaft vor allem als Bestandteil eines aggressiven Nationalismus und verband sich darum zunehmend auch mit einer radikal antimodernen Mentalität, die von Liberalismus und Kapitalismus nichts wissen wollte. Das Bekenntnis zum Antisemitismus wurde so gleichsam zum Signum der Zugehörigkeit zu einem bestimmten, antimodernen und antiemanzipatorischen kulturellen Lager. Man drückte dadurch die Präferenz für bestimmte soziale, politische und moralische Normen aus, die darauf abzielten, den Modernisierungsprozeß aufzuhalten und möglichst rückgängig zu machen.[63] Zum Zeichen der »gründlichen Protestation gegen die ephemeren Neuerungen« der Moderne war darum der Ausschluß der Juden erst aus der Tischgesellschaft und dann aus der zu schaffenden nationalen Gemeinschaft von Arnims Tischgenossen verlangt worden:

> In einer Zeit, wo die Satzungen der Väter größtentheils umgestoßen werden, wo heilig Altes mit dem geistlos Veralteten in dieselbe Gruft begraben wird, wo eine große Verwirrung und Vermischung aller Dinge, Gesetze, Stände und Religionen, kurz, ein allgemeiner plebejischer Zustand herbeygeführt werden soll, in einer solchen Zeit kann eine Tischgesellschaft ihre gründliche Protestation gegen die ephemeren Neuerungen der Tageswelt nicht besser zu erkennen geben, als durch Verbannung der Juden, dieses Erbfeindes der Christenheit, dieses Widersachers aller Ordnung, dieses neugierigen und neuerungssüchtigen Volkes.[64]

63 Zu einer Ideologie, die ein Einzelproblem, die »Judenfrage«, zum Inbegriff aller anderen machte, wurde der Antisemitismus erst gegen Ende des 19. Jahrhunderts. Doch das gesamte Arsenal einer im Kaiserreich virulent werdenden »antisemitischen Ideologie« wurde in den Jahren vor den »Befreiungskriegen« bereits geschmiedet. Vgl. zum Antisemitismus als »kulturellem Code« Volkov 1990.

64 Adam Müller in: Härtl 1977, S. 292.

Die Juden werden hier explizit mit der Moderne und mit ihren vermeintlich negativen Erscheinungsformen identifiziert, die die traditionellen politischen, wirtschaftlichen, religiösen und kulturellen (»deutschen«) Werte bedrohten. Jener »tiefgreifende Wandlungs- und Modernisierungsprozeß«[65], mit dem die Umwandlung von einer ständisch-feudalen, primär landwirtschaftlich und handwerklich orientierten Gesellschaft in eine bürgerliche, an industriell-kapitalistischen Grundsätzen sich ausrichtende Klassengesellschaft begann, war in Preußen vor allem mit der Reformpolitik – von der die rechtliche Gleichstellung der Juden nur einen kleinen Teil ausmachte – des Staatskanzlers Hardenberg eingeleitet worden.

Die größten materiellen Nachteile drohten von dieser Reformpolitik dem preußischen Junkertum, das durch den Übergang vom Lehenswesen zur Geldwirtschaft und besonders durch die Bauernbefreiung von 1807 und das Finanzedikt von 1810, mit dem erstmals Steuern auf Grundeigentum erhoben wurden, enorme wirtschaftliche Einbußen erlitt. Offensichtlich Vorteile aus der Hardenbergschen Reformpolitik aber gewannen die Juden. Mit dem Edikt vom 11. März 1812 wurden alle bisherigen Gesetze und Vorschriften für Juden aufgehoben und Juden zu »Einländern und Staatsbürgern« erklärt. Als preußische Staatsbürger genossen Juden nun nahezu die gleichen bürgerlichen Rechte und Freiheiten wie Christen, wenngleich ihnen der Zugang zu zivilen Staatsämtern und zur Offizierslaufbahn weiterhin verschlossen blieb. Zwar profitierten die Juden nicht als einzige von den Reformen, doch vor dem Hintergrund ihres bisherigen Ausschlusses aus der Gesellschaft waren sie die offensichtlichsten Gewinner.

Hatte man die Juden aber erst einmal als Profiteure der Reformen ausgemacht, war es nur folgerichtig, dieses »neuerungssüchtige Volk« auch als Urheber des gesellschaftlichen Umbruchs zu entlarven. Denn im selben Umfang, in dem die Neugestaltung von Staat und Gesellschaft den Juden nutzte, konnten sie auch mit diesen neuen, ihre eigene Position befördernden Strukturen identifiziert werden und von jenen Kreisen, die in ihrer Anpassungsfähigkeit an eben diese Strukturen überfordert waren, für ihre Nöte verantwortlich gemacht werden. Modernisierungsverlierer waren vor allem die alten Führungseliten, besonders der Adel in

65 Rürup 1974.

Grundbesitz, Heer und Ministerialbürokratie: Dies aber waren die Schichten, die auch die große Mehrheit der Tischgesellschaftsmitglieder stellten.
Die antisemitische Grundhaltung der Tischgesellschaft ist also in erster Linie als Reaktion einer altständischen Junkerclique auf den Verlust ihres Einflusses und ihrer Privilegien zu bewerten:

> Die Vereinfachung nicht scheuend, verbanden sich in diesen Schichten syndromartig eine latente, religiös motivierte Disposition zur Judenfeindschaft, Elemente von Xenophobie sowie die Kompensationssehnsucht für die im weitesten Sinne nicht mehr bewältigte eigene Existenz mit der Vorstellung, daß der Jude, der mit all dem die eigene Existenz gefährdenden Neuen ja weitgehend identisch war, an allem Schuld sei.[66]

Die Juden wurden zum Träger, Nutznießer und eigentlichen Urheber der kapitalistischen Wirtschaft gestempelt und somit zum leicht faßbaren und denunzierbaren Medium, an dem sich alle Unzufriedenheit mit der neuen Ordnung abreagieren ließ. Mit dieser einfachen Diffamierung ersparten sich Arnims Tischgenossen eine Analyse der wirklichen Ursachen gesellschaftlicher Spannungen und Konflikte und luden ihren Unmut auf einen wohlpräparierten Sündenbock ab.
Achim von Arnim kann nicht in jedem Punkt dieser altständischen Adelsfronde zugerechnet werden.[67] Er war kein blinder Reaktionär, wollte durchaus keine Restauration des Ancien Régime[68] und distanzierte sich konsequent von der »eigensinnigen Klasse« jener Adligen, »welche blind an eine notwendige Rückkehr derselben Verhältnisse glaubte, die ihnen lange bequem gewesen«.[69] Doch auch er erklärte die eigene ökonomisch-finanzielle Misere[70] mit dem Klischee von der jüdischen Geldmacht,

66 Habel 1977, S. 95.
67 Dies wurde schlüssig nachgewiesen von Knaack 1976.
68 »Was untergegangen, muß nicht aus dem Grabe zitiert werden«, und, »Es muß nicht von uns die alte Reichsmumie wieder aufgestellt werden«, schreibt er in seinem 1806 entstandenen Aufsatz *Was soll geschehen im Glücke*. In: *Werke*, Bd. VI, S. 205 und 203.
69 Arnim, *Armut, Reichtum, Schuld und Buße der Gräfin Dolores*, in: *Werke*, Bd. I, S. 285.
70 Gerade in den Jahren vor den »Befreiungskriegen« wurde Arnim als verarmter kurmärkischer Adliger in ein heute nur noch schwer entwirrbares Geflecht von finanziellen Abhängigkeiten und Verschuldun-

die nur darauf warte, christlich-deutsche Grundbesitzer auszuwuchern und von Haus und Hof zu vertreiben. Die Furcht vor der wirtschaftlichen Potenz der Juden und ihrem angeblichen Willen zur parasitären Bereicherung an der von anderen geleisteten Arbeit verband sich bei Arnim mit der Vorstellung von unkontrollierter Machtexpansion[71]:

> Sind ihnen nicht manche Rechte eingeräumt, z. B. Güterbesitz. Eben darum muß der Christ strenger als je gegen sie auf der Wacht seyn. Ja, das Wesentliche des Grundsatzes ist in keiner Zeit so ins Auge springend als eben jetzt, [...] wo viele mit den Reichthümern, die sie [aus] der Noth der Länder erwucherten, auf mannigfaltige Art über Christen zu herrschen vermögen, wogegen endlich nur laute Verachtung etwas vermag.[72]

Arnims Verschwörungsphantasien gipfelten schließlich in seiner Erzählung *Die Majoratsherren* aus dem Jahr 1816: In dieser Erzählung gelingt es der alten Jüdin Vasthi, nachdem Deutschland unter Napoleonische Herrschaft geraten war, das Majoratshaus der früheren Gutsherrenfamilie »durch die Gunst der neuen Regierung«[73] zu erwerben. Hinter der Formulierung »durch die Gunst der neuen Regierung« wird das schon aus *Die Versöhnung in der Sommerfrische* bekannte Stereotyp von den Juden als antinationaler, »undeutscher« sozialer Gruppe sichtbar: Die Juden werden als Verbündete und Nutznießer der Napoleonischen Herrschaft gezeichnet, was seinen Ursprung vor allem in der durch die Revolution erreichten bürgerlichen Gleichstellung der Juden in Frankreich und den mit Frankreich verbündeten deutschen Ländern hatte. Schon vor der Tischgesellschaft hatte Arnim

gen verstrickt. Seine »Arnimsarmut« war damals fast sprichwörtlich. Vgl. hierzu auch Härtl 1987, S. 1166.

71 Schon in *Die Versöhnung in der Sommerfrische* formulierte Arnim seine Überzeugung von einem »typisch jüdischen« Wirtschaftsgeist, dessen konstitutive Elemente Wuchersinn, Profitgier und der Wille zur parasitären Bereicherung an der von anderen geleisteten Arbeit sei. Er läßt Rabuni klagen, daß jüdische »Güterkaufsocietäten [...] die besten, arbeitsamsten Eigenthümer in Zeiten, die einem raschen Wechsel der Preise unterworfen sind«, einfach aufkauften und vernichteten; in: *Werke*, Bd. III, S. 558.

72 Hs GSA 03/176, U. 9.

73 Arnim, *Die Majoratsherren*, in: *Werke*, Bd. IV, S. 147. Im folgenden wird direkt auf die entsprechenden Seitenzahlen dieser Ausgabe verwiesen.

die angebliche nationale Unzuverlässigkeit der Juden beklagt und behauptet, daß sie »in Kriegen mit überraschender Leichtigkeit zu jedem Sieger übergingen [...], wenn Vortheil durch Noth zu hoffen« war.[74] Entsprechend kollaboriert die Jüdin in den *Majoratsherren* nicht nur mit dem Feind, sie profitiert auch noch von der Not des Landes. Während das durch die Kontinentalsperre geknebelte Deutschland unter dem Joch der Fremdherrschaft ächzt, wird Vasthi durch »heimlichen Handelsverkehr auf Schleichwegen« (146) reich: Es wurden zwar »die Juden aus der engen Gasse befreit«, gleichzeitig wird »der Continent aber wie ein überwiesener Verbrecher eingesperrt« (146). Aufstieg und Gleichberechtigung der Juden bedeuten nach dieser Auffassung stets den Niedergang der Deutschen.

Nach dem Kauf wird das ehrwürdige Majoratshaus von Vasthi in eine Salmiakfabrik umgebaut. So erhielt es »eine seinen Nachbarn zwar unangenehme, aber doch sehr nützliche Bestimmung, und es trat der Credit an die Stelle des Lehnrechts« (147). Mit diesem Satz, mit dem historischen Triumph der Vasthi, schließt die Erzählung. Die traditionelle feudale Ordnung wird abgelöst von Geldwirtschaft, Kapitalismus und bürgerlicher Gesellschaft. Die Jüdin aber wird zur Symbolfigur, zur Repräsentantin dieser neuen Macht.

Arnims heftige antikapitalistische Zeitkritik richtet sich gegen die Juden, die seit dem Mittelalter mit Handel und Geldverkehr assoziiert wurden – obwohl sie zu keiner Zeit die einzigen Geldverleiher und nie das einzige Handelsvolk waren.[75] Die Gleichsetzung von Juden und Kapital war nicht zuletzt ein Resultat ihrer Ausgrenzung aus der christlichen Gesellschaft, die ihnen als alleinigen Erwerbszweig Handel und Geldverkehr offen ließ. Weil sie in diese Berufe gedrängt und fortan mit ihnen identifiziert worden waren, konnte die Vorstellung von der Rolle und Macht des Geldes mit der über die Person des Juden und den Charakter des jüdischen Volkes verschmelzen. In dieser Kombination lag der Vorstellungskomplex »Jude und Geldmacht« zur Verwendung bereit, als »die im Mittelalter randständige zirkulative Praxis [...] in der modernen bürgerlichen Gesellschaft« allgemein wurde. Jetzt konnte er eingesetzt werden, um einen als undurchschaubar und

74 Hs GSA 03/176, U. 9.

75 Vgl. hierzu die immer noch maßgebliche Arbeit von Detlev Claussen 1987.

bedrohlich erfahrenen gesellschaftlichen Prozeß auf einen scheinbar einleuchtenden Nenner zu bringen: »In der ›modernen‹, der bürgerlichen Gesellschaft, regiert das Tauschprinzip alle gesellschaftlichen Beziehungen und Verhältnisse der Individuen. Was einst ›jüdische‹ Domäne war, herrscht jetzt allgemein.«[76] Der Triumph des Kapitalismus am Ende der Erzählung gilt Arnim darum als Triumph des »jüdischen Prinzips«.

Das Bild von der Jüdin als typischer »Kapitalistin« wird in der Erzählung verknüpft mit einer Dämonisierung zum »Würgeengel«, und vor allem in dieser Verknüpfung erhält die Figur der Vasthi ihre antisemitische Brisanz. Dies wird am deutlichsten in der Todesszene ihrer christlichen Stieftochter Esther, die mit der Ermordung des Mädchens durch die Jüdin endet: Im Vordergrund der Szene agiert die »alte Vasthi« mit einer »Diebeslaterne« (113) in der Hand. Bereits zu Beginn der Geschichte wird mit Vasthi Hexenhaftes assoziiert, wenn sie als »ein grimmig Judenweib, mit einer Nase wie ein Adler, mit Augen wie Karfunkel, einer Haut wie geräucherte Gänsebrust, einem Bauche wie ein Bürgermeister« (122) beschrieben wird und das schwarze Tuch, welches sie auf dem Kopf trägt, dem jungen Majoratsherren wie ein »schwarzer Rabe« erscheint. Aus ihrem Mund erklingt nichts als »fürchterliches Rabengekrächze, [...] in halb hebräischen Schimpfreden, und im verzerrtesten Judendialect« (122). Vasthi dringt in das Zimmer der allgemein für tot gehaltenen, in Wahrheit aber nur ohnmächtigen Esther ein und stiehlt zunächst ihren Schmuck. Nachdem sie ihre »Raubgier« (143) solchermaßen befriedigt hat, setzt sie sich zu Esther ans Bett, und es scheint dem Majoratsherren, der die Szene durchs Fenster beobachtet, als ob sie bete. Doch die scheinbar Betende verwandelt sich in der folgenden Schilderung in eine groteske Tierfigur: Es

> zogen sich alle Züge ihres Antlitzes in lauter Schatten zusammen, wie die ausgeschnittenen Kartengesichter, welche einem Lichte entgegengestellt, mit dem durchscheinenden Lichte ein menschliches Bild darstellen, das sie doch selbst nicht zu erkennen geben: sie erschien nicht wie ein menschliches Wesen, sondern wie ein Geier, der lange von Gottes Sonne gnädig beschienen, mit der gesammelten Glut auf eine Taube niederstößt. So setzte sie sich wie ein Alpdruck auf die Brust der armen Esther, und legte ihre Hände an ihren Hals. (141)

76 Beide Zitate Claussen 1987, S. 28.

Durch Schattenbildung verzerrt sich das »schreckliche Gesicht« der »grausamen Vasthi« (133) zu einer dämonischen Fratze in dem Moment, als sie sich zum Morden anschickt. Sie wird entmenschlicht zu einem mörderischen Vogel, zu einem »grimmige[n] Geier« (141), der auf eine »himmlische Taube« (140) niederstößt.
In scharfem Kontrast zu der Mordszene stehen Esthers anschließend geschilderte Himmelfahrt und Erlösung in einer wunderähnlichen, aus sowohl christlich-nazarenischem als auch jüdischem Mythenmaterial montierten Bildvision.[77] Die heilsgeschichtliche Verklärung von Esthers seligem Ende und die anschließende Verkündigung einer höheren Welt durch die Phantasie wird abrupt konfrontiert mit der Aussage, daß Vasthi dafür blind sei und »von all der Herrlichkeit nichts zu erkennen« (142) scheine. Als fluchbeladene Jüdin ist die Diebin, Mörderin und Kriegsgewinnlerin von jener höheren Welt der Spiritualität und der göttlichen Erlösung ausgeschlossen. Sie bleibt der Inbegriff des fortlebenden ausschließlich Materiellen, der »Raubgier« und des diesseitsverfallenen Bösen, das sich in einer Phase historischer Umwälzungen neu formiert.
Zusammenfassend läßt sich festhalten, daß Arnims (auch) ökonomisch motivierte junkerliche Negation der Moderne auf das tradierte Stereotyp des jüdischen Wucherers zurückgreift, um daraus in mehreren Schritten von seinen Reden vor der Tischgesellschaft bis zu seiner Erzählung *Die Majoratsherren* einen politischen, antimodernistischen Antisemitismus zu entwickeln. Das traditionelle Klischee vom Schacher- und Wucherjuden, wie es z. B. noch in seinem Drama *Halle und Jerusalem* erscheint, radikalisiert sich in der Figur der Vasthi zum Bild vom Juden als Prototyp des »Kapitalisten«. Im Juden wird jetzt nicht mehr nur der Händler und Geldverleiher abgelehnt, sondern ein ökonomisches Prinzip und eine politische Ordnung: der Frühkapitalismus und die (vom Geld bestimmte) bürgerliche Gesellschaft. Darum wird auch in den *Majoratsherren* die Emanzipation der Juden zum Synonym für die Entfesselung einer schrankenlosen Geldherrschaft, die in dem fast apokalyptisch anmutenden Szenario der »Machtübernahme« durch die Jüdin Vasthi gipfelt.

77 Vgl. zur heilsgeschichtlichen Dimension der Todesszene Oesterle 1988, S. 44, und Nerjes 1967, S. 132.

3. Der Jude als Schädling

Das völkische Moment von Arnims Nationalismus taucht in den *Majoratsherren* nicht auf. Wieder aufgenommen und weiterentwickelt wird dieses aus der *Versöhnung in der Sommerfrische* bereits bekannte Motiv jedoch in Arnims großer Rede *Über die Kennzeichen des Judentums*, mit der Arnim die sich gütlich tuende Männerrunde seiner Tischgesellschaft im Frühjahr 1811 bereicherte. Diese Rede ist von Heinz Härtl zu Recht als »der schlimmste antisemitische Text der deutschen Romantik«[78] bezeichnet worden, wobei er den schlüpfrig-heiteren Ton der Rede mit ihrer Berufung auf Aristophanes und Eulenspiegel nicht als Relativierung, sondern als Verschärfung ihrer Tendenz deutete.
Arnim beunruhigte sich in dieser Rede zunächst wortreich über das allmähliche Verschwinden eines ihm unentbehrlichen Feindbildes aus dem täglichen Leben: Der assimilierte Jude, der Hochdeutsch spricht und Schweinefleisch ißt, sei durch äußere Erscheinung und Auftreten nicht mehr als Jude zu erkennen. Vom ehrlichen Christenmenschen sei er, da er »Sprache, Edelmut, Politik [...] längst zum Scheine angenommen«[79] habe, nicht mehr zu unterscheiden, weshalb es ihm leicht werde, »sich an allen Orten einzuschleichen« (369) und die christlich-deutsche (Tisch-)Gesellschaft von innen her auszuhöhlen und zu verderben.
Arnim bedauerte darum die Aufhebung der mittelalterlichen Kleiderordnung, also der äußeren, sichtbaren Kenntlichmachungen der Juden, und behauptete anschließend körperlich-biologische Differenzen zwischen Juden und Deutschen, »wie wenn das als Abzeichen dienende Rädchen oder der Spitzhut von jetzt ab in ihr Fleisch eingraviert worden wäre«.[80] Er wies seine Zuhörer auf Erkennungsmerkmale hin, welche die Juden nicht mehr wie einen gelben Fleck oder eine Religion einfach ablegen könnten, sondern die »innerlich begründet« seien und »auch physisch sich offenbaren« (379). Er warf den Juden nicht mehr nur ein bestimmtes

78 Härtl 1987, S. 1162.

79 Arnim, *Über die Kennzeichen des Judenthums*, in: *Werke*, Bd. VI, S. 379. Im folgenden wird direkt im Text auf die entsprechenden Seitenzahlen in dieser Ausgabe verwiesen. Vgl. zum »unsichtbaren Juden« auch Ginzel 1991, S. 136.

80 Poliakov 1987, S. 106.

beabsichtigtes Verhalten vor, sondern bezichtigte sie spezifischer, nicht durch den freien Willen steuerbarer, naturgegebener Eigenschaften. In diesem Zusammenhang wies er auf »sonderbare Erbkrankheiten« (379) hin, welche die zwölf Stämme Israels wegen der Hinrichtung Christi befallen hätten. Wenn auch der folgenden Beschreibung kein stringenter Rassenbegriff zugrunde liegt und Josef Körners Diktum vom »funkelnagelneuen Rassenhaß romantischer Fraktur«[81] darum vielleicht zu weit geht, so artikulierte Arnim doch zweifellos die empfundenene kulturelle Distanz unter Zuhilfenahme biologischer und anthropologischer Begrifflichkeiten:
Als Symptome der jüdischen »Erbkrankheiten« listete Arnim verschiedene körperliche Defekte und physiognomische Besonderheiten auf: »Zahnleiden«, »Schwitzeschmerzen«, »Beulen an der Stirne, als wenn ihnen Hörner wachsen wollten«, und »Hauer wie Schweinezähne im Mund« (380). Außerdem litten alle Juden an Aussatz und hätten so etwas »Schwere[s], Zischende[s] in der Zunge« und »speichelten den Leuten ins Angesicht« (381). Hervorstechendstes Merkmal sei ein »sonderliche[r] Gestank« (384), der »spezifische Judengeruch« (385). Damit verbunden war der Vorwurf der Unsauberkeit, die als invariante erbliche Eigenschaft ausgewiesen wird: »mag der Kerl sich doch alle Tage baden, er bleibt doch schmutzig« (381).
Nachdem Arnim der Gesellschaft die äußeren Merkmale der jüdischen »Erbkrankheiten« referiert hatte, schlug er anschließend verschiedene chemische Experimente vor, mittels derer auch hartnäckig leugnende Juden zu entlarven seien. So empfahl er, zur genaueren Bestimmung der »spezifischen Ausdünstungen« (384) wahlweise einem Juden die Haut abzuziehen oder einen »dicken Juden in Lackmuspapier und einen anderen dicken Juden in Curcumapapier« (385) zu hüllen und die chemische Reaktion über Nacht abzuwarten. Am wirkungsvollsten aber sei es, zu experimentellen Zwecken den einen oder anderen Juden in seine »Bestandteile« (382) zu pulverisieren, um die spezifische Zusammensetzung eines Juden zu ermitteln:

> [...] man nehme also einen, zerstoße ihn erst und gebe Achtung auf Kristallisation und Bruch, ob er schwer oder nicht sonderlich schwer, derb, fettglänzend, flachmuschelig, durchscheinend sei, ob er scharf-süßlich

81 Körner 1931/32, S. 145.

schmecke, knoblauchartig rieche u. s. w. Nachher zerreibe man ihn im Feuersteinmörsel, erwärme ihn mit Ätzlauge im Platinatiegel, allmählich bis zum Durchglühen. (382)

Diese Torturphantasien enden mit einer Mahnung zur »Humanität« (489) und mit Gesundheitswünschen für alle Juden (490). Doch obwohl Arnim von alledem nichts ernst zu meinen behauptet, sondern seine »Scherze« nur »zur Unterhaltung einer fröhlichen Tischgenossenschaft« (384) zum besten gibt, tragen doch die Gehässigkeit und drastische Brutalität seiner Ausdrucksweise ebenso wie seine Bilder vom Hautabziehen und Durchglühen in Ätzlauge in hohem Maße zur Gewöhnung an einen gewaltsamen Umgang mit Minderheiten bei.

In die gleiche Richtung zielen die Parasitismus- und Ungeziefermotive, die Arnims Bilderwelt beherrschen: Als Ergebnis seiner oben geschilderten chemischen Analysen stellt Arnim im Juden »3 Teile Gewürm und Wurmgespieß« (383) und auch Elemente der »Beutelratte« (382) fest. An anderer Stelle ergötzt sich Arnim an dem Bild eines »Mutterschwein[s], das einen jungen Juden säugt« (367), und in einer der Rede eingefügten Verserzählung vom *Juden zu Frankfurt* wird wiederum eine Analogie von Juden und Ratten hergestellt. Das Bild von der Judenkinder säugenden Muttersau suggeriert eine Abstammungslinie zwischen Schwein und Jude. Die übrigen zum Vergleich herangezogenen Tiere – Ratten und Würmer – sind als Ungeziefer und Parasiten einzustufen. Sie sind klein, fressen viel, vermehren sich rasch und verbreiten Seuchen. Diese Metaphorik rückt die Juden nicht nur in eine maximale Entfernung zum Menschen, sondern bringt gleichzeitig eine Schädlichkeitsvorstellung zum Ausdruck: Gefräßigkeit, Massenhaftigkeit und ein zerstörerischer Charakter auch der Juden wird so assoziiert.

Die Schädlings- und Ungeziefermetaphorik ist nicht Arnims Erfindung. Unsauberkeit und Gestank sind alte Topoi der Judenfeindschaft.[82] Doch auch hier hat das überlieferte Argumentationsmaterial durch seine Verwendung im neuzeitlichen Kontext Gestalt und Funktion verändert. Reformationszeit und Barock hatten Tropen und Metaphern als rhetorische Argumente zur Diffamierung benutzt – die Körpernähe bestimmter Bilder mochte

82 Bereits Martin Luther sprach von den »stinkenden Juden«; siehe Erb/Bergmann 1989, S. 149.

deren Wirkung steigern, der Sache und der Funktion nach unterschieden sie sich aber nicht von anderen Negativurteilen wie den Juden als Wucherern oder Christusmördern und waren affektiv schwächer besetzt. Anders im 18. und 19. Jahrhundert. In den identifikatorischen Texten des modernen Nationalismus, in denen »Nation« und »Volk« und »Deutschland« Phantasien Ich-naher Körperhaftigkeit darstellten, rückten die auf den nationalen Feind gemünzten Abwehrbilder in neue Bedeutungen ein.[83]

Bei Klopstock tauchten zum ersten Mal hochemotionalisierte Vorstellungen vom Feinde auf, der sich am Körper – hier noch der Kinder, Bräute und Frauen – vergreift; bei Kleist wurde die Gegenwart des Feindes bereits als Geschehen am eigenen Leib empfunden, der »Feind« als Insektenbrut, von dem der nationale Körper »gesäubert« werden müsse.[84] Bei beiden wurden nicht Juden, sondern »die Römer« mit solchen Bildern belegt; beide Autoren hatten die Metaphorik nicht aus dem traditionellen Antisemitismus-Arsenal geschöpft, vielmehr ging sie bei ihnen aus der inneren Logik des Identitätsphantasmas »Deutschland« hervor. Arnim hingegen führte beide Stränge zusammen.

Das leuchtet ein, da für seine Vorstellung vom Deutschen und vom »Volk«, wie beschrieben, das Moment der organischen Einheit besonderes Gewicht hatte. Da war es nur folgerichtig, daß Arnim das Aggressionspotential, das in der Schmutz- und Schädlingsmetaphorik angelegt war, weit über den von seinen Vorgängern erreichten Stand hinaustrieb. So erging er sich nicht nur in den metaphorischen Säuberungs- und Ausmerzungsphantasien, von denen bisher die Rede war; immer wieder kreisen seine Texte auch um die weitergehende Vorstellung, die »schädlichen Juden« zu vertreiben oder gar physisch zu vernichten.

83 Es sieht so aus, als ob die Ungeziefermetaphorik überhaupt erst im späten 18. Jahrhundert entstanden sei. Alexander Beins sprachwissenschaftliche Untersuchung des Topos ›Jude als Parasit‹ beschreibt (etwas kursorisch) das Aufkommen des Begriffs »Parasit« im 18. Jahrhundert und seine Übertragung auf den menschlichen Bereich im Zuge der allgemeinen »Biologisierung der Sprache« in der Romantik; sein frühester Beleg ist ein Herder-Zitat von 1784. Bein 1965, S. 128. Die neuere Untersuchung von Hortzitz 1988 setzt erst 1789 ein und wartet dort mit breitem Material auf.

84 Siehe in diesem Band S. 171 und S. 189f.

Seine höchste Steigerung erfuhr Arnims Judenhaß in den vereinzelt geäußerten Vorstellungen von Vertreibung und Vernichtung der Juden. Schon in *Die Versöhnung in der Sommerfrische* rechtfertigt Arnim die Vertreibung der Juden aus Tirol während des Aufstandes unter Andreas Hofer mit der angeblichen nationalen Unzuverlässigkeit der Juden und mit der ihnen unterstellten Neigung des »Spionierens für Freund und Feind in doppelter Untreue«:

> [...] darum war es auch keine christliche Glaubenswut, die während der letzten Insurrection des Landes [...] die Juden hier austrieb, sondern vielmehr eine listige Maasregel, da das arme Bergvolk ihnen wenig Geld bieten konnte, um sie für sich nützlich zu machen (558).

In den Tischgesellschaftsakten ist der Entwurf einer weiteren Erzählung Arnims erhalten geblieben, die sich mit der Frage nach der Vertreibung der Juden auseinandersetzt. Die Geschichte berichtet von einem Ritter, dem es durch List und höhere Lenkung gelang, die Juden einer Kärntner Stadt auszutreiben. Arnim beendet diesen Bericht mit einem Trinkspruch auf das Wohl und »die Gesundheit dessen, der unsre Stadt mit gleichem Glück von diesen Wuchergästen befreyt. Er lebe hoch!«.[85]

Der hier formulierte Wunsch nach Vertreibung und räumlicher Trennung von den Juden als schnellster und bequemster Lösung der »Judenfrage« war typisch für Arnims Zeit. Seit der Berliner Justizrat Karl Wilhelm Grattenauer 1791 erstmals mit einem Ausweisungsvorschlag auf die beginnende Emanzipationsdebatte in Preußen reagierte[86], war die öffentliche Diskussion um dieses Thema bis zum Vormärz mit unverminderter Heftigkeit fortgeführt worden. Gleichzeitig wurden auch immer wieder Gewalt- und Vernichtungsmaßnahmen gegen Juden erwogen. Hier machte Arnim ebenfalls keine Ausnahme: In dem Dramenfragment *Roar und die schwärmenden Schäfer* läßt er eine Horde spanischer Schäfer ein blutiges Pogrom gegen den hartherzigen jüdischen Grundbesitzer Elieser und dessen Familie veranstalten. Zwar verurteilt Arnim am Schluß der Geschichte die Bluttat mit dem

85 Hs GSA 03/176, U. 9.

86 Karl Wilhelm Friedrich Grattenauer: *Über die physische und moralische Verfassung der Juden.* S. 17.

Hinweis auf Gewaltverbot und Missionierungsauftrag der Bibel, aber gleichzeitig fürchtet er ähnliche Ausschreitungen auch für die Juden seiner Zeit. »O meine Herren, mich erfüllen bange Sorgen für meine jüdischen Freunde.« Anlaß genug bestand nach Arnims Auffassung für Pogrome jedenfalls, und ihre, zumindest subjektive, Berechtigung mochte er ihnen auch zugestehen: »Im Grunde kann man die Landedelleute, nun die Wolle steigt, das Getreide nichts gilt und die Juden sie in ihrer Tasche haben als Judenschäfer betrachten.«[87] Ähnlich äußerte er sich in seiner Judenrede: »Auch jetzt ist beinahe wieder das gesamte Vermögen der Nation in der Juden Hände gekommen [...] so müssen wir nicht mit Unrecht ähnliche Verfolgungen erwarten.« (386)

Gleichzeitig berichtet er von dem schönen alten Brauch, der es einst neu gekrönten römischen Kaisern erlaubte, »nach Belieben alle Juden [zu] töten bis auf eine Zahl, die er zum Gedächtnis übrig lassen müßte« (386). Um jedoch nicht den Vorwurf auf sich zu laden, daß er »ähnliche Grausamkeiten veranlassen wollte« – Arnim ruft sich hier gleichsam selbst zur Ordnung –, besteht er abschließend auf dem scherzhaften Charakter seiner Rede und wünscht »allen Juden die beste Gesundheit« (386).

In den zitierten Textpassagen werden Vernichtungsüberlegungen und der Gedanke an gewaltsame Vertreibung thematisiert, als reale Möglichkeit aber zugleich wieder verworfen und abgeschwächt, da sie unchristlich oder grausam seien. Doch als Erinnerung an eine historische Möglichkeit, aber auch als »Warnung« durch den »pädagogisch« gemeinten Hinweis, was passieren würde, wenn die Juden ihren Wuchergeist nicht aufgäben, bleiben Vertreibung und Vernichtung am geistigen Horizont Arnims. Implizit werden Gewaltmaßnahmen, die vom gedrückten Volk oder von geschädigten »Landedelleuten« ausgehen könnten, nicht nur als potentielle Gefahr gesehen, sondern auch gerechtfertigt. Ein Moment der Drohung bleibt so in Arnims Schilderungen erhalten.

87 Hs GSA 03/176, U. 9.

v. Schlußbemerkung

Die unter dem Druck der französischen Fremdherrschaft erneut und mit erhöhter Dringlichkeit aufgeworfene »deutsche Frage« – was nämlich »die Deutschen« charakterisiere und wo sie zu Hause seien in der Moderne des 19. Jahrhunderts – konnte von Arnim und seinen Komplizen der christlich-deutschen Tischgesellschaft unmöglich positiv beantwortet werden: Mit romantischer Geschichtsmystik, dem deutschen »Wesen« und dieser und jener Heldentugend war ernsthaft kein Staat zu machen. Blieb also der Umweg über die »Judenfrage«. Mit dem Judentum war aus der abendländisch-christlichen und speziell aus der deutschen kulturellen Tradition ein geeignetes Gegenbild übernommen worden, von dem man sich polemisch abgrenzen und durch das man eine identitätsstiftende Orientierung gewinnen konnte.

Für den Nationalismus des frühen 19. Jahrhunderts bedeutete dies vor allem eines: Der zu schaffende deutsche Nationalstaat war in solchen antithetischen Konstruktionen vom nationalen Wir kaum mehr ein politisches Phänomen, da das Bekenntnis zu politischen Werten und Prinzipien als konstitutives Element zurücktrat hinter der postulierten Teilhabe an einer überlegenen Sittlichkeit, die allein der deutschen Abstammungs- und Blutgemeinschaft innewohne.

Die Untersuchung von Arnims Texten machte deutlich, daß diesem »dualen Schematismus«[88] eine starke Tendenz zur Emotionalisierung und Diskriminierung anhaftete. Die binäre Struktur führte gerade auf der Ebene politischer Auseinandersetzungen zur Entdifferenzierung und zur Ausbildung einer nur noch vom eigenen Bedürfnishaushalt, nicht mehr von der Wahrnehmung des Gegenübers gesteuerten Aggressivität gegenüber dem »Fremden«. Wenn die antithetische Gegenüberstellung von Eigenem und Fremdem schließlich in eine so ausgesprochene Bedrohungs- und Schädigungsvorstellung mündete, wie dies vor allem in Arnims Judenrede vor der Tischgesellschaft der Fall war, dann konnte der Weg von der Aggressionsbereitschaft zu physischen Tätlichkeiten nicht mehr weit sein, auch wenn diese »eigentlich« nicht intendiert waren, wie Arnim stets beteuerte. Arnim war kein Totschläger, er war eher ein Totlacher, der in Spottversen und

88 Hoffmann 1995, S. 25.

humoristischen Vorträgen Feindseligkeit gegen Juden scherzhaft schürte.

Die Hep-Hep-Unruhen von 1819 bildeten dann den vorläufigen Höhepunkt einer auch von Arnim mitbewirkten Entwicklung, die auf den Ausschluß der Juden nicht nur aus der nationalen Gemeinschaft, sondern aus dem Kreis aller moralischen Verpflichtungen überhaupt hinauslief. Sie zeigen, daß ständige Verbalattakken gegen Minderheiten nicht nur zur Gewöhnung an Intoleranz und Diskriminierung führen, sondern in Krisenzeiten auch physische Gewalt mobilisieren.

Postkarte zum hundertjährigen Bestehen des Hermannsdenkmals (1975) im Teutoburger Wald bei Detmold

Hans Peter Herrmann
Arminius und die Erfindung der Männlichkeit im 18. Jahrhundert

Unter den Leitbildern der Deutschen nimmt »Hermann der Cherusker« eine besondere Rolle ein. Aus grauer Vorzeit stammend, wurde er bereits im 16. Jahrhundert in den Rang eines nationalen Symbols erhoben.[1] Seit 1875 können sich die Deutschen sogar vorstellen, wie er ausgesehen haben mag: ein Mann mit einem hoch emporgereckten Schwert, gen Westen dräuend, auf seinen Schild gestützt.[2] Wie er wirklich aussah, wissen wir nicht[3], selbst sein deutscher Name ist eine Erfindung.[4] Doch ist Arminius, anders als sein weibliches Pendant Germania, eine historisch verbürgte Persönlichkeit von einiger Geschichtsmächtigkeit. Daß er im Jahre neun nach Christus im Teutoburger Wald mit einer kurzlebigen Koalition germanischer Stämme den römischen Feldherrn Varus besiegte, der Weltmacht Rom eine empfindliche Niederlage beibrachte und der weiteren Kolonialisierung Germaniens Grenzen setzte, lernt wohl auch heute noch jedes Schulkind, zumindest im Gymnasium.[5]

1 Ulrich von Hutten: *Arminius*. 1520. Erschien postum 1529. In deutscher Übersetzung greifbar in: Hutten 1991, S. 191-206, und Roloff 1995.

2 Das Hermannsdenkmal im Teutoburger Wald bei Detmold wurde 1837 von Ernst von Bandel entworfen, aber erst 1875 fertiggestellt und eingeweiht. Erste Pläne für ein Arminius-Denkmal gibt es seit dem Ende des 18. Jahrhunderts. Dazu Sandow 1975 und Unverfehrt 1975.

3 »Die Quellenlage zu Arminius ist dergestalt, daß man seine Persönlichkeit kaum wirklich fassen kann.« Callies 1975, S. 33. Callies Aufsatz gibt die beste Darstellung des historischen Arminius und eine knappe, nüchterne Geschichte der Arminius-Figur bis zum Anfang des 20. Jahrhunderts.

4 Die Gleichsetzung Arminius–Hermann zuerst um 1530 im Wittenberger Kreis um Luther; so Callies 1975, S. 40, und Ridé 1995 (mit einer insgesamt skeptischen Einschätzung der Bedeutung der deutschen Reformationen für die Geschichte des Arminius-Mythos).

5 Das historische Verdienst des Arminius sei geringer, als gemeinhin angenommen, und trete weit hinter der Wirkung zurück, die von der Rezeption der Arminius-Figur ausgegangen sei: so die These der Arbeit

Mit seiner Tat prädestinierte sich Arminius gleich zweifach zum möglichen Symbol deutscher Nationalsehnsüchte: den an der territorialen Zersplitterung leidenden Deutschen nährte er den Traum geographischer Einheit und völkischer Geschlossenheit, und den um Geltung und Weltmachtstellung Bemühten nährte er den Traum machtvoller Siege über alle Feinde: »Deutsche Einigkeit meine Stärke – meine Stärke Deutschlands Macht« steht auf seinem Denkmalsschwert.[6] So wurde Hermann zum Deutschesten der großen Deutschen: er symbolisierte dem deutschen Bildungsbürgertum, was es zu haben begehrte: deutsche Einheit und deutsche Macht.

Entsprechend vielfältig sind die Versuche von Künstlern, kollektive und individuelle Wünsche nach Einheit und Macht in der Figur des Hermann Gestalt gewinnen zu lassen.[7] Das Detmolder Denkmal wird auch heute noch von Millionen Besuchern im Jahr besichtigt; weniger bekannt ist, daß »Hermann« auch in der deutschen Literatur ein viel verwendetes Motiv darstellt. Von den zahlreichen epischen Darstellungen, Dramen, Opern[8] und Gedichten des 16. und 17., vor allem des 18. und 19. Jahrhunderts ist nur noch Kleists *Hermannsschlacht* in unserm Bildungsbewußtsein präsent.[9] Dabei sind auch Kleists Vorgänger, die Arminius-Dramen des 18. Jahrhunderts, von Interesse.[10]

von Callies 1975. – Im übrigen nehmen Archäologen heute an, daß die Varusschlacht nicht im Teutoburger Wald bei Detmold, sondern am Wiehen-Gebirge bei Bramsche stattgefunden hat. Dazu jetzt mehrere Artikel in Wiegels/Woesler 1995.

6 Vgl. Abbildung S. 160.

7 Beiträge zu einer Bildikonographie mit Beispielen aus dem 16. (zuerst 1517 Ambrosius Holbein) und 18. Jahrhundert bei Unverfehrt 1975, S. 137.

8 Eine Liste von 31 Arminius-Opern behandelt Forchert 1975. Arminius war noch im 18. Jahrhundert ein Hit der stadthöfischen Unterhaltungsindustrie; dazu Barbon/Plachta 1995.

9 1982 hat Claus Peymann die *Hermannsschlacht* in einer viel beachteten Aufführung in Bochum herausgebracht. Berichte darüber in *Theater heute* 1982, 1983 und 1984, Artikel dazu im *Kleist-Jahrbuch* 1984.

10 Über die Stoffgeschichte informieren ausführlich die beiden einander ergänzenden Darstellungen von Riffert 1880 und Hofmann-Wellenhof 1887/88. Eine sich auf die wichtigsten Werke beschränkende (und die Lyrik aussparende) ideologiekritische Darstellung gibt Kuehnemund 1966. Weitere Forschungsliteratur in den einschlägigen Aufsätzen in

Sie zeigen bereits sehr früh den prekären Zusammenhang von patriotischem Gemeinschaftswillen und nationalistischen Abgrenzungs-und Vernichtungsbedürfnissen, das Gefahrenpotential jeglichen Nationalismus bis heute.[11] Das liegt auf der Hand. Weniger beachtet wurde bisher ihr Beitrag zur Formierung bürgerlicher Männlichkeitsvorstellungen. Im 18. Jahrhundert entstand ein historisch neuer Männlichkeitsdiskurs, in dem unterschiedliche Formen männlicher Identität zur Debatte gestellt wurden.[12] Literarische Figuren wie Götz und Prometheus, Werther und Ganymed, Karl Moor, Max Piccolomini oder Wilhelm Meister gehören in diesen Diskurs; die Arminius-Dramen bilden eine besondere Variante, in der die Einheit der männlichen Psyche nach innen und die Abgrenzung des Mannes nach außen immer wichtiger wurden. In wachsender Schärfe stellten sie die Macht des Mannes über sich selbst, über andre und über Frauen heraus.

Am binären Schema des Gegensatzes männlich-weiblich haben alle Männerbilder des 18. Jahrhunderts teil – und sei es mit Einwänden[13]; die Arminius-Dramen rücken das Schema ins Zentrum und radikalisieren es in fortschreitendem Maß. So entwickeln sie bereits an der Schwelle zum Sturm und Drang das Bild einer aggressiven und frauenfeindlichen, männerbündlerischen und machtbetonten Männlichkeit, die 100 Jahre später, im soldatischen Mann des Wilhelminismus und der Nationalsozialisten, historische Breitenwirkung entfalten sollte.

Wiegels/Woesler 1995. Dort für den allgemeinen Aspekt der Hermann-Figur vor allem Seeba 1995. – Für das 19. und 20. Jahrhundert, mit besonderem Gewicht auf Kleists *Hermannsschlacht* und dem Detmolder Hermannsdenkmal: Dörner 1995 (zu ihm oben S. 10, Anm. 12).

11 Dazu oben S. 12-14.

12 Das läßt sich bis in die Sprachgeschichte hinein verfolgen: Im 18. Jahrhundert erhalte der Begriff ›männlich‹ eine spezifische Bedeutung, »insofern ›männlich‹ nicht blosz das tapfere, sondern das feste, geschlossene, beharrende des Mannes in jeder Beziehung hervorheben will.« Grimms Wörterbuch, Bd. 6, Leipzig 1885, Sp. 1600. Leitbeleg ist ein Schiller-Zitat, das den »männlichsten Mann« dem »weiblichsten Weib« entgegenstellt.

13 Zur – relativen – Kritik an der Männerdominanz im Drama der Klassik siehe Wagner 1988 und Herrmann/Herrmann 1992, S. 107 ff.

1. Johann Elias Schlegel, 1740

Johann Elias Schlegel schrieb 1740 mit seinem fünfaktigen Alexandriner-Drama *Herrmann. Ein Trauerspiel* einen im Sinn der Aufklärung gehaltenen Fürstenspiegel.[14] Das von Tacitus und anderen übernommene Bild des Germanenfürsten wird vom bürgerlichen Schriftsteller zum Muster eines guten Herrschers nach den Maßstäben der eigenen Zeit gestaltet, ausgestattet mit den Tugenden der opferwilligen Pflichterfüllung und der Verantwortung für den moralischen Zustand des »Vaterlandes«. Diese Verantwortung nennt Schlegel im Sinne eines aufgeklärten Absolutismus »Bürgertreue« – ein Begriff, in dem die Grenzen zwischen Herrscher- und Untertanenmoral, ansatzweise, eingeebnet werden.

Das »Vaterland«, das in *Herrmann* vielfach beschworen wird, ist nur in begrenztem Maß mit nationalistischen Gefühlen besetzt. Dennoch fällt auf, daß überall dort von »Vaterland« die Rede ist, wo es in Schlegels wenig später geschriebenem Drama über einen dänischen Nationalhelden, *Canut* (1746/47), »Staat« heißt. Die Figur des Herrmann ist eingebettet in einen frühaufklärerischen patriotischen Diskurs[15], den Schlegel mit diesem Drama vorantreibt.[16]

Schlegels Herrmann ist ein männlicher Held; er rettet das Vaterland durch die Entschiedenheit seines Widerstands gegen alle Unterdrückung und durch seine Entschlossenheit als Heerführer in der Schlacht. Aber seine Männlichkeit wird vom Text nicht betont, im Gegenteil. Die Werte, die er vertritt, sind geschlechterübergreifend, allgemeinmenschlich. So spielen die Frauen bei Schlegel einen eigenen, selbständigen Part in der intellektuellen

14 Schlegel, *Werke*, Bd. 1. Ich zitiere nach Akt, Szene und Seitenzahl dieser Ausgabe.

15 Dazu Sahmland 1990, S. 78 ff. (mit sozialgeschichtlichem, nicht nur politisch-historischem Erkenntnisinteresse), und Stauf 1991, S. 95 ff. Auch Klopstock schreibt das martialische Kriegslied mit seinem »Willkommen, Tod fürs Vaterland« bereits 1749; zu diesem Text siehe oben S. 93 ff.

16 Der Erfolg des Werkes war erheblich. Gottsched zahlte für die Veröffentlichung in der *Deutschen Schaubühne* sogar ein Honorar, weitere Drucke, Übersetzungen und Nachfolgestücke anderer folgten; bis in die 70er Jahre hinein wurde es gern bei Festvorstellungen aufgeführt, 1766 eröffnete das neue Theater in Leipzig mit dem *Arminius*.

Auseinandersetzung und besitzen eigene Handlungsspielräume. Adelheid, Herrmanns Mutter, formuliert die Werte, nach denen Herrmann handelt[17], und Thusnelda, Herrmanns Braut, verteidigt ihre Gattenwahl offensiv und erfolgreich gegen ihren Vater. Das wäre ein halbes Menschenalter später, als die Literatur mit Lessings *Miß Sara Sampson* die kleinfamilialen Verinnerlichungsmechanismen entdeckte, in einem deutschen Drama nicht mehr vorstellbar.[18] Beide Frauen folgen den Männern in die Schlacht, und Thusnelda zieht dort sogar einen Degen aus einer Leiche und verteidigt sich mit der Waffe.[19]

Thusnelda ist es auch, die in der zentralen weltanschaulichen Passage das Kampfesziel dieser 18.-Jahrhundert-Germanen formuliert: die Freiheit von den Römern ist nicht Selbstzweck, sondern Vorbedingung für die eigentlichen, die humanistischen Werte der Aufklärung: Sprachfähigkeit, Gesellschaftlichkeit, Selbstbestimmung und Vernunft.[20] Das Persönlichkeitsbild, das Schlegels Text in den Germanen-Diskurs einzeichnet, ist das des aufrechten Ganges; es ist Männern wie Frauen eigen.

Das Männerbild von Schlegels Drama wäre jedoch unvollständig ohne einen Blick auf Herrmanns Bruder Flavius. Flavius ist der Gegentyp, der Schwankende und Unsichere, der Mann, der zwei Vaterländer haben möchte, weil er sich zwischen Roms Zivilisation und dem heimischen Germanien nicht entscheiden kann. Labil erscheint er nicht nur auf der inhaltlich-politischen Ebene des Dramas, sondern auch auf der emotionalen und privaten. Er

17 Schlegel v,2, S. 375.

18 Schlegels Drama arbeitet mit dem traditionellen Familienschema des Hermann-Mythos, aber seine Konflikte sind primär politisch, nicht familial motiviert: Vater (Segest), Mutter (Adelheid), Sohn (Herrmann) und Sohnesbraut (Thusnelda) vertreten eine einheitliche Weltanschauung; der Vater der Braut (Segest), ihr Bruder (Siegismund) und Herrmanns Bruder (Flavius) stehen auf der Gegenseite. Klopstocks Drama übernimmt die Konstellation, vermeidet aber jegliche Auseinandersetzung zwischen Vater und Tochter; seine Personen sind von kleinfamilialen Beziehungen geprägt. Bei Kleist sind alle Eltern des Paars verschwunden; er gestaltet einen einsamen Helden ohne Rückbindung an eine Familie.

19 Schlegel v,4, S. 382.

20 Schlegel iv,1, S. 358. Zur Interpretation der langen, sprachlich schwierigen Stelle siehe oben, S. 43.

begehrt Thusnelda, seines Bruders Weib, und diese Liebe wird von ihm als qualvolle Auslieferung an die eigene Sexualität erlebt, als Problematisierung seiner männlichen Identität.[21]
J. E. Schlegel hat hier eine komplexe, interessante, moderne Figur geschaffen. Mit der Konfiguration Herrmann–Flavius erhält das Drama einen Subtext, der das relativ schlichte Charakterbild des Titelhelden für eine andere Geschichte durchsichtig macht. Die abgeschlossene Persönlichkeit und unbeirrte Tugendhaftigkeit des älteren Bruders erscheint nicht mehr selbstverständlich, sondern als Gegenbild einer anderen, problematischeren Charakterstruktur.
Literaturgeschichtlich ist diese Konfiguration eine Vorform des »Brudermotivs« im Sturm und Drang: der stabile, geschlossene, handlungsfähige Mann und sein Gegenbild, der labile und in seinen Beziehungen schwankende, problematische Mann.[22] In Schlegels Drama taucht diese Konstellation in einer frühen Formulierung auf und gibt der Figur des Herrmann Tiefendimension. Daß der Gegensatz der Brüder auch auf erotischem Feld spielt, zeigt, daß der Text im Widerspruch zum allgemeinmenschlichen Ideal, das er postuliert, untergründig von einer spezifischen Möglichkeit männlicher Existenz handelt: vom Bild des stabilen, handlungsfähigen, im Unterschied zum labilen, passiven Mann.
Daß Flavius Thusnelda »römisch« liebt, also sexuell begehrt, lähmt und verwirrt ihn; erst die Überwindung dieser Liebe macht ihn wieder handlungsfähig. Er weiß, was das Ideal sei:

> [...] deutsche Lieb [...],
> Die der Geliebten nie ein Herz zu Füßen legt,
> Die mich mir selber läßt, nicht meinen Mut vermindert,
> Nicht meine Werke stört, nicht meine Pflichten hindert;
> In Blicken unberedt, im Seufzen ungeübt,
> Sich durch ein kaltes Wort ganz zu verstehen gibt.[23]

Das ist bereits 1740 ein vollgültiges Programm der Subjektkonstitution und Leistungssteigerung durch Triebsublimierung.

Das Motiv der keuschen, »deutschen« Liebe wird übrigens später

21 Schlegel I,4, S. 325 f.; zitiert oben, S. 50, Anm. 42. Die Stelle lohnte eine ausführliche Interpretation, für die hier kein Platz ist.
22 Beispiele: Klingers und Leisewitz' Brudermord-Dramen, Goethes *Götz*, *Tasso* etc.
23 Schlegel I,4, S. 325 f.

in einer Vielzahl von Liedern um den deutschen Jüngling und das deutsche Mädchen abgehandelt. Einige Beispiele:
Klopstock, *Vaterlandslied* (1770):

> Ich bin ein deutsches Mädchen!
> Mein Aug' ist blau, und sanft mein Blick,
> Ich hab ein Herz
> Das edel ist, und stolz, und gut.
> Ich bin ein deutsches Mädchen!
> Zorn blickt mein blaues Aug' auf den,
> Es haßt mein Herz
> Den, der sein Vaterland verkennt.
> [...][24]

Matthias Claudius, *Vaterlandslied* (1772):

> Ich bin ein deutscher Jüngling!
> Mein Haar ist kraus, breit meine Brust;
> [...][25]

Friedrich Leopold Graf zu Stolberg, *Mein Vaterland*, Widmung »An Klopstock«, (1774):

> In deinen Hütten sichert die Zucht
> Den Bund der Ehe! Rein ist das Bett
> Zärtlicher Gatten, und fruchtbar
> Ihre keuschen Umarmungen![26]

Noch einmal später, in den Gesängen der Befreiungskriege, ist das Mädchen verschwunden und der junge Mann nur noch auf Kampf gestimmt: Ernst Moritz Arndt in seinem *Vaterlandslied* (1812):

> Der Gott, der Eisen wachsen ließ,
> der wollte keine Knechte,
> drum gab er Säbel, Schwert und Spieß
> dem Mann in seine Rechte. [...][27]

J. E. Schlegel steht also am Anfang einer langen, prominenten Reihe. Nicht zufällig stellte vier Jahre nach ihm J. A. Cramer seine Herrmann-Ode ganz auf den Gegensatz männlich contra weich-

24 Klopstock, *Oden*, S. 222 f.
25 *Göttinger Musenalmanach 1772*, S. 102.
26 *Göttinger Musenalmanach 1775*, S. 98.
27 Arndt, *Werke* 1, S. 100; auch bei Scheuer 1990, S. 19.

lich/weibisch ab.[28] In dieser Generation frühaufklärerischer Intellektueller wird nach Bildern von Männlichkeit gesucht. Der patriotische Diskurs mit seiner Arminius-Figur ist ein bevorzugter Ort dieser Suche.

Auch Schlegels zweite Gegenfigur zu Herrmann trägt in das Heldenbild des Dramas Züge einer männlichen Charakterproblematik ein. Siegismund, den sein Vater Segest zum römischen Priester gemacht hat, muß sich, um zu den Germanen zurückzufinden, von der Unterordnung unter seinen Vater befreien. Der verlangt Gehorsam von ihm; Siegismund setzt dagegen das Recht zur Selbstbestimmung. Das allgemeinmenschliche Ideal des aufrechten Ganges, wie es Thusnelda formuliert und Herrmann vorlebt, bekommt hier seine individuelle, männliche Ausprägung.

Noch wird der historische Generationenkonflikt zwischen feudal-autoritätsbestimmtem Vater und bürgerlich-selbstbestimmtem Sohn auf der inhaltlichen Ebene formulierter Wertvorstellungen und nicht als ödipale Triebauseinandersetzung geführt, wie in den Vater-Sohn-Konstellationen des Sturm und Drang; aber erkennbar hat das Heldenbild, das Herrmann fraglos und allgemeinverbindlich repräsentiert, auch im Selbstverständnis des Textes etwas zu tun mit den individuellen Vaterkonflikten und den Selbstfindungsprozessen eines jungen Mannes. In den objektiven Sprach- und Denkformen des klassizistischen Alexandrinerdramas skizziert Schlegel zugleich die Umrisse eines privaten Heldenbildes, in das bereits die nächste Autorengeneration stärker subjektivierte, individualisierte Männerprobleme eintragen konnte.

Auf diesen Subtext hinweisen heißt nicht, Schlegel literaturhistorische Prophetenfähigkeiten zuzusprechen. Hier findet kein Vorgriff auf den Sturm und Drang statt, sondern das Drama registriert sehr genau individuelle, historisch bedingte Voraussetzungen in der dramatischen Phantasie seines Autors. Der bürgerliche Autor entwirft einen fürstlichen Helden, ein Ideal für die Machthaber der Zeit; dabei meldet sich auf begrifflicher Ebene im Wort »Bürgertugend« ein erster republikanischer Gleichheitsanspruch, und auf emotionaler Ebene dringen in die Heldenbilder

28 J. A. Cramer: *Herrmann*. Eine pindarische Ode. Dort vor allem S. 558 und 564. Auch Cramer, später Theologieprofessor und Superintendent, war damals erst 21 Jahre alt.

des Dramas die problematischen Bedürfnisse bürgerlicher Männlichkeitskonstitution ein: der Zwang zur innengeleiteten Triebbeherrschung, die Dynamik des ödipalen Vater-Sohn-Konflikts. In der Figur des Herrmann wird nicht nur der ideale adlige Fürst dargestellt (opferwillig, pflichtbewußt und weise), sondern auch der ideale bürgerliche Mann: selbstdiszipliniert (»tugendhaft«) und selbstbestimmt (in idealer Übereinstimmung mit den Werten des Vaters, der nun getrost sterben kann).

Es spricht einiges dafür, daß die nationale Komponente des Arminius-Motivs dem Autor die Möglichkeit zu solch identifikatorischen Grenzüberschreitungen erleichterte.[29] Der siegreiche Kampf der Germanen gegen die Römer: das war »unsere« Vergangenheit, die der Fürsten und der Bürger des 18. Jahrhunderts gleichermaßen. Herrscher die einen, Untertanen die andern, aber Deutsche waren sie beide, und so kläglich die politische Gegenwart, so strahlend und zukunftsversprechend dieser sieghafte Augenblick der gemeinsamen Vergangenheit. Der Germanendiskurs des 18. Jahrhunderts, der bald mächtig aufblühen sollte[30], bot noch ungeahnte Möglichkeiten zu männlichen Teilhabe-Projektionen.

II. Friedrich Gottlob Klopstock, 1768

Mit Klopstocks *Hermann's Schlacht* von 1768[31] erhält das Arminius-Motiv einen anderen emotionalen Zuschnitt und eine größere identifikatorische Relevanz. Der Erfolg des bald von der Literaturgeschichte überholten und heute völlig vergessenen Dramas war groß, noch Schillers *Räuber* nehmen Bezug auf Klopstocks Stück und die »Hermann«-Mode der Zeit.[32]

29 Sie finden sich z. B. nicht in Schlegels *Cato*.

30 Zum Germanendiskurs des 18. Jahrhunderts ein knapper Überblick bei See 1970, S. 19-33, sowie Zimmermann 1987, S. 90-147.

31 Gedruckt 1769; Klopstock ließ zwei weitere Dramen folgen: *Hermann und die Fürsten*, 1784, und *Hermanns Tod*, 1787. Deren zeitgenössischer Erfolg war sehr viel schwächer; sie bringen für unser Thema nichts Neues. Klopstocks *Werke*, Bd. 6. Ich zitiere nach Szene und Seitenzahl dieser Ausgabe.

32 »Ach, daß der Geist Hermanns noch in der Asche glimmte!« Karl Moor in seiner »Verwerfungsrede«, Schiller, *Die Räuber*, I,2.

Schon die dramatische Konstruktion ist bezeichnend. Tief im Wald, auf einem Felsen über einem Tal, begleiten germanische Priester (»Druiden«) und Dichter (»Barden«) beobachtend und kommentierend die unten tobende Schlacht, in der die Germanen in einem blutigen Gemetzel die Römer niedermachen. Die Druiden gehören zum traditionellen Repertoire des Arminius-Stoffes; die Barden sind Klopstocks eigene Zutat. Sie feuern die kämpfenden Stammesbrüder mit langen, gefühlsmächtigen Klopstockschen Oden an und nehmen damit unmittelbar Einfluß auf das Kampfgeschehen: »Wir helfen siegen!«[33] Mit *Hermann's Schlacht* schreibt der Autor Klopstock den Dichtern eine unmittelbare gesellschaftliche Rolle zu: von ihrem Zuspruch hängen Sieg und Niederlage des Volkes ab; mit ihrem Gesang sind sie direkt am Kampf beteiligt.

Entsprechend hoch ist die emotionale Identifikation mit Kampf und Schlacht, die der Text erzeugt. In den vom Bardenchor gesungenen Oden und den Gesprächspassagen wird in immer neuen Wendungen und Bildern die blutige Auseinandersetzung zwischen Männern beschworen.

EIN CHOR:
Ihr stammet von Mana, Ihr stammet von Thuiskon!
  Reißet die Lanzen aus den Todten und stürzet die Lebenden hin!
   Es schlägt sonst Euren jungen Sohn, den Blüthenzweig,
    Ihr Schwert herab!
ALLE:
Wodan, Wodan! Römerblut, Wodan![34]

Die über 100 Jahre alte Rollenverteilung zwischen dem (adligen) Helden, der in den Kampf zieht, und dem (bürgerlichen) Autor, der ihn besingt, wird durch den identifikatorischen Aufwand der Sprache überspielt. Der »Dichter« rückt neben dem Heerführer in die Heldenrolle ein; beide erledigen gemeinsam die männliche Aufgabe des blutigen Kampfes fürs Identifikationsobjekt Vaterland:

33 Klopstock 3. Szene, S. 283. Wenn die Römer zu siegen drohen, fordern die germanischen Hauptleute Schlachtgesang an (6. Szene, S. 301; 7. Szene, S. 304); Hermann würdigt nach dem Sieg ihre Rolle: »Barden! Ihr habt noch nie so viel Theil an den Ehren der Schlacht gehabt« (11. Szene, S. 318).

34 Klopstock 7. Szene, S. 304.

ALLE:
O Vaterland, o Vaterland!
Mehr als Mutter und Weib und Braut,
Mehr als ein blühender Sohn
Mit seinen ersten Waffen![35]

Es spricht einiges dafür, daß die Annäherung der sozialen Rollen von Held und Dichter, Fürst und Bürgerlichem nicht beiläufige Folge dieser dramatischen Konstruktion ist, sondern ihr Sinn. Als Bürger bliebe der Dichter immer ausgeschlossen vom Heldentum[36]; als Barde kann er sich neben dem Heerführer in die Rolle des Helden imaginieren, mit ihm im Geiste die Feinde vernichten und die hohen Güter verteidigen, das Vaterland und die Familie. Das ist eine beachtliche Phantasie männlicher Macht und Potenz. Klopstock entdeckt und verwendet das Arminius-Motiv und den Germanendiskurs als Medium einer bis dahin unbekannten Selbstinszenierung bürgerlicher Männlichkeit.

Getilgt ist bei Klopstock Schlegels Bindung des heldischen Mannes an inhaltliche Werte; die »Freiheit des Vaterlands«, von der so viel die Rede ist, wird negativ bestimmt[37] als Abwehr von Gefahren, die die Herrschaft der Römer für das »Vaterland« bedeutet: sie bedrohen den kleinfamilialen Macht- und Schutzbereich des Mannes. Die Oden und die Gespräche sind durchzogen von vagen, aber leidenschaftlich vorgetragenen Anklagen gegen die Römer als »Säuglingsmörder«, als Räuber, die »euch das edle Weib« in die »Sklaverei« führen, die »eure Bräute« mit Alkohol und Unzucht verderben, als »blutige Eroberer«, die – nun in Kombination – niemals »mit Deutschlands Säuglingen und Bräuten Mitleid« hatten.[38] Die Horrorbilder haben die Funktion, den

35 Klopstock 7. Szene, S. 306.

36 Erst die Entwicklung über die Befreiungskriege zu den Volkskriegen des 19. Jahrhunderts und zum Ersten Weltkrieg beseitigt diesen Mangel. Vgl. dazu Mosse 1976, 1993 und 1994.

37 Anders Zimmermann 1981 und 1993, der das Drama als Ausdruck von Klopstocks politischem Emanzipationsdenken liest.

38 Klopstock 2. Szene, S. 268; 7. Szene, S. 305; 11. Szene, S. 330; darüber hinaus noch mehrfach. Das Motiv der Vergewaltigung germanischer Frauen durch Römer gehört seit der Antike zum Arminius-Mythos; Lohenstein beginnt seinen Roman damit, Kleist macht die Hally-Geschichte daraus. Klopstock verwendet es auffallend exzessiv und mit großem emotionalen Betroffenheitsaufwand.

Kampfeswillen der Germanen zu wecken: gegenüber solchen Feindeshorden ist jeder Mann aufgerufen, sein Heiligstes zu schützen und den, der es bedroht, zu vernichten.

Der Text tut nichts, um den Eindruck zu vermeiden, daß es sich hier um projektive Phantasien und nicht um Realitätswahrnehmungen handelt; ihm kommt es auf die Inszenierung von Emotionen an. So entsteht schon auf der Textebene der Verdacht, daß diese Männer die Angriffe auf die empfindlichen Stellen ihrer männlichen Identität, ihren familialen Besitz, sich selbst imaginieren, um in der Abwehr dieser Bedrohung die Feinde töten und sich als wahre Männer bewähren zu können: ein geschlossener Ring zur Selbstkonstitution von Männlichkeit, die sich über das Bild des Feindes definiert.

Auf der Ebene von Produktion und Rezeption des Textes hieße diese Lesart, daß *Hermann's Schlacht* geschrieben wurde, um in der Maske der Germanen den Autor und die Rezipienten in eben diesen geschlossenen Ring zu führen und sie so an der Selbstkonstituierung von Männlichkeit teilnehmen zu lassen – oder sie die Selbstkonstituierung von Männlichkeit bewundern zu lassen, wenn es sich um Rezipientinnen handelte. – Da ließe sich gar sagen, in Wahrheit befreiten sich Klopstocks Germanen nicht von den Römern, sondern von den Tötungs- und Herrschaftsverboten, durch die die Männlichkeitswünsche ihres Autors – und ihrer Rezipienten – im Zaum gehalten wurden.[39]

Die Interpretion fügt sich in unser heutiges Bild des 18. Jahrhunderts. Die Sozialgeschichte lehrt, warum begabte und anspruchsvolle Männer aus den aufstrebenden, aber machtlosen Schichten des Bildungsbürgertums ein solches Interesse an einer neuen, männlichen Selbstdefinition hatten[40]; in der Epoche des Umbruchs, der Auflösung tradierter Berufsformen und Sozialstrukturen, waren sie auf der Suche nach neuen Selbstbildern und neuen Gemeinschaftsdefinitionen. Und die Frauen- und Fami-

39 Ganz auf diesen Punkt stellt Andreas Dörner seine diskursanalytische Interpretation des Hermann-Mythos ab: Seine dichterische Gestaltung diene der Herabsetzung der Tötungshemmung in konkreter politischer Situation. Dörner 1993 und 1995.

40 Dies ist auch die These neuerer Untersuchungen zur Entstehung des Nationalismus im 18. Jahrhundert, vgl. z. B. Giesen 1993, mit weiterer Literatur zur Sozialgeschichte wie zum Nationalismusproblem. Vgl. oben in der Einleitung, S. 20.

lienforschung lehrt, warum für solche Selbstdefinitionen im 18. Jahrhundert der Typus des Geschlechtscharakters mit seiner Mischung von biologischen und ideologischen Momenten zur Verfügung stand.[41]

Natürlich blieb die Phantasie vom wehrhaften deutschen Mann nicht auf den engen Bereich des Arminius-Mythos beschränkt. Die oben zitierten lyrischen Appelle an »deutsche Liebe« sprechen auch vom »deutschen Mann«; weitere Beispiele finden sich in den Gedichten des Göttinger Hainbundes. Eine systematische Suche in der Gesellschaftslyrik der Zeit, in Gedichtsammlungen und Musenalmanachen, würde mit Sicherheit eine Fülle solcher Männerbilder zutage fördern; eines sei wenigstens hier noch zitiert. Es stammt vom Anakreontiker und preußischen Kriegsdichter Gleim und könnte als Lehrstück über den Unterschied zwischen mittelalterlicher und neuzeitlicher Deutschlandverehrung dienen, denn in seiner zweiten Strophe formt Gleim auf bezeichnende Weise Walther von der Vogelweides *Preislied* um:

DER DEUTSCHE MANN

Ein deutscher Mann zu sein ist Ehre,
Gottlob, ich bin ein deutscher Mann!
Ich grämte mich, wenn ichs nicht wäre,
Säh' neidisch deutsche Männer an!
Der deutsche Mann birgt seine Seele,
Wie Löw und Luchs, in eine Höhle,
Vor Forschern und Belauschern nicht,
Er trägt sie offen im Gesicht.

Der deutsche Mann ist wohlgezogen,
Und wohlgethan das deutsche Weib!
Wer's anders weiß, der ward betrogen,
Dem sing ich: Du Betrogner bleib!
Du deines Vaterlandes Schande,
Bleib nicht in deinem Vaterlande,
Das dir kein Obdach geben kann;
Geh aus, und werd' ein fremder Mann![42]

41 Immer noch grundlegend Karin Hausens Studie zur Entstehung des weiblichen Geschlechtscharakters: Hausen 1976.

42 Et cetera, über drei weitere Strophen bis zur Schlußzeile: »Gottlob, ich bin ein deutscher Mann«. Gleim *Gedichte* …, B2f., und 1811, Bd. 2

Im Arminius-Motiv imaginieren sich bürgerliche Männer Teilhabe an gesellschaftlicher Macht. Der Weg zur Teilhabe an der realen politischen Macht in Deutschland war noch weit; die entsprechenden Hoffnungen von 1815 wurden enttäuscht und erst 1870/71 eingelöst – beide Male war die Arminius-Figur mit von der Partie. Für den Weg zur Teilhabe an ökonomischer Macht ist gerade Klopstock ein gutes Beispiel, dessen Anspruch und Selbstinszenierung als bedeutender Mann ihm kurzfristig Geld, mittelfristig gesellschaftliche Geltung und langfristig beachtlichen Ruhm eingetragen haben; der Publikumserfolg von *Hermann's Schlacht* trug dazu bei. Von der Teilhabe an der sexuellen Macht der Männer spricht das Drama selbst deutlich genug – auf die bekannt vertrackte Weise, daß auch Frauen sich mit ihr identifizierten.

Markantes Merkmal der hier inszenierten Männlichkeit ist die Polarisierung der Geschlechtscharaktere, die den Mann idolisiert[43]

(Zeile 1: »deutscher«, in der Ausgabe von 1811 gesperrt, wohl ein Tribut des Herausgebers an die Zeitstimmung). – Die Unterschiede gegenüber Walther sind auffallend: Walthers beschreibende Kollektivbezeichnung wird von Gleim umgewandelt in ein normatives Identitätskonzept, das sich an der Matrix der Geschlechtscharaktere ausrichtet. Auch das Vaterland bekommt einen normativen Charakter: wer schlecht von den Deutschen spricht, der ist nicht nur getäuscht (wie schon bei Walther), sondern der wird moralisch verurteilt: er ist des Vaterlandes Schande – das Vaterland kann einen Geltungsanspruch erheben, dem der einzelne genügen muß. Damit wird der freundlich-werbende, einladende Charakter von Walthers Preislied durch eine barsche Ausgrenzungsdrohung ersetzt: wer nicht in den Preis des deutschen Mannes und des deutschen Weibes einstimmen kann, der wird als innerer Feind betrachtet und ausgestoßen. – Hinweis auf das Gleimgedicht mit weiterer Literatur bei Schaffry 1995.

43 Der Text setzt Hermann groß ins Bild. Ehe er in den Kampf eingreift, geht alles schief: »Die Cheruskerhauptleute führten gut, aber sie hatten keinen Feldherrn.« Doch dann tritt der Held auf (Klopstock 6. Szene, S. 302): »Indem kamen Reiter die Büsche hergesprengt, einer stürzte und starb. Sie schrien: ›Hermann kommt‹! Gleich darauf sah ich ihn mit seinem jüngsten Kriegsgefährten kommen. Ich hab' ihn so noch nie gesehn. Lang wie die junge Tanne war sein gestrecktes Roß! Sein Haarbusch wehte fürchterlich! Er hatte Thusneldas Brautschild mit den Purpurblumen. Eine Römerlanze, denke ich, hatte er; aber er flog zu schnell vorbei, und die Lanze war zu blutig. Ich konnt's nicht un-

und ihm die Frau unterordnet. Das zeigen schon die Reden über die hilflosen, des männlichen Schutzes bedürftigen Bräute und Gattinnen. Bei Schlegel war Thusnelda willens und imstande gewesen, sich im Bedarfsfall selbst zu verteidigen. Bei Klopstock imaginieren sich die Männer im Drama in eine Allmachtsvorstellung hinein, in der eigenständige Frauen nicht mehr vorkommen.

Dem entspricht das Frauenbild, das die dramatische Konstruktion entwirft. Bei Klopstock ist Hermanns Mutter nur noch eine Randfigur[44], und Thusnelda, Hermanns Gattin[45], ist nur noch Anhängsel ihres Ehemanns. Während der Schlacht besteht ihre Rolle darin, Angst um ihren Hermann zu haben (5. Szene) oder dankbar zu sein, daß er heil zurückkommt; nach der Schlacht ist sie dienendes Echo seines Siegs.

Bezeichnend die erste Begegnung des Ehepaars nach dem Kampf. Hermann nimmt seine Frau, die ihm glücklich entgegenstürzt, gar nicht wahr[46], sondern ist mit sich selbst, mit dem eben Erlebten und all den Männerangelegenheiten beschäftigt, die erst noch zu

terscheiden.« Das phallische Bild des potenten Helden überfordert die Fassungskraft des Beobachters.

44 In der letzten Szene des Dramas erscheint sie kurz, als Furie, die so hemmungslos nach Rache für den gefallenen Gatten, Herrmanns Vater, schreit, daß selbst der Sohn sie hinausführen läßt. Mütter kommen im Drama der Männlichkeit meist ganz besonders schlecht weg.

45 Bei Schlegel war sie Herrmanns Braut, also schon von ihrem Status her mit größerer Handlungsfähigkeit ausgestattet.

46 Beginn der 11. Szene, S. 317:
HERMANN (indem er im Eingange sich nach einem Hauptmanne umwendet): Die kühlsten Quellen sind die besten für die Wunden.
THUSNELDA: (die mit ausgebreiteten Armen auf ihn zu läuft): Hermann! (Nachdem sie ihn umarmt hat, fällt sie vor ihm nieder und hält seine Hand und seine Lanze).
HERMANN: (Er reißt seine Hand von ihr los und hält seine etwas blutige Lanze gegen den Altar.) Wodan! dies war der dritte Tag und ich lebe! Haltet mir die Lanze in den Bach. (Er giebt sie weg.)
THUSNELDA: Kommt und bringt die Blumen!
(Thusnelda und ihre Jungfrauen streuen Blumen um Hermann.)
HERMANN: Wo sind meine Kriegsgefährten? Wo ist Hawart? [...] Horst! Vala will mit den Reitern entrinnen!
Es folgen zwölf weitere Zeilen Anweisungen an Horst. – Die Szene ist in ihrem stummen Spiel ausgesprochen modern; sie wird von Kleist in

Ende gebracht werden müssen, ehe er sich seiner Ehefrau zuwenden kann. Die Szene basiert auf der dem klassizistischen Heldendrama fremden, aber für das bürgerliche Drama konstitutiven Trennung von beruflich-öffentlicher und privat-familialer Sphäre. Der Mann kommt von ›draußen‹, aus dem ›feindlichen Leben‹ nach ›drinnen‹ ins geschützte Haus, und so sehr er sich drinnen dankbar und gnädig seiner Ehefrau zuwendet[47]: die Rangordnung beider Sphären, die Unterordnung des Hauses und damit der Frau, wird ausdrücklich festgeschrieben.[48] Die Potenzierung einer sich selbst setzenden Männlichkeit bei Klopstock ist an die Depotenzierung der Frauen gebunden.

Es ist noch ein Blick auf die Bruder-Gestalten zu werfen, die bei Schlegel wichtige Funktionen hatten. Beide tauchen bei Klopstock nur noch in untergeordneter Bedeutung auf.

Flavius wird als gefangener Römer und recht klägliche Verräterfigur eingeführt; er muß froh sein, am Schluß mit dem Leben davonzukommen. Die Konfiguration von tugendhaft-handlungsfähigem und sinnlich-labilem Mann wird von Klopstock fallengelassen, die Widersprüche männlicher Sozialisation werden von ihm aus dem Drama verdrängt. Zwar ist sein Hermann kein Schläger, eher ein Schwärmer mit durchaus weichen Zügen und zu Versöhnungsgesten geneigt, aber in dieser komplexen Gestalt ist er auf Eindeutigkeit und Geschlossenheit getrimmt: Abweichungen sind auch als Denkmöglichkeiten nicht mehr zugelassen.

Ähnliches bei Siegmund. An ihm wird kein Vater-Sohn-Konflikt

Penthesileas berühmter Geistes-Abwesenheit nach dem Kampf mit Achill aufgegriffen und fortentwickelt.

47 Erst nach erneutem Anruf (a.a.O., S. 318):

THUSNDELDA: Ach Hermann, Du siehst Deine Thusnelda nicht einmal an?

HERMANN: Edles Weib meiner Jugend! Ja, ich lebe, meine Thusnelda! Steh auf, Du freie Fürstin Deutschlands! Es war heiß und blutig in der Schlacht! Steh auf, Thusnelda! Ich habe Dich noch nie geliebt wie heut! Blumen hat mir meine Thusnelda gebracht?

48 Die Möglichkeit eines anderen Verhältnisses von Held und Frau zeigt wieder Schlegel: hier treffen sich Mann und Frau in Vorbereitung der Schlacht gleichberechtigt im Namen einer »dritten Sache«. Sie sprechen ein Liebesduett, das das Verhältnis der beiderseitigen Liebe zur gemeinsamen Aufgabe, dem Kampf für Freiheit und aufrechten Gang, behandelt (Schlegel III,4, S. 135 f.).

und keine Selbstbestimmungsproblematik abgehandelt, sondern die Re-integration eines Gruppenmitglieds vorgeführt. Sie wird als Charakterprobe inszeniert. Nicht Siegmunds Funktion als zusätzlicher Kämpfer in der (noch keineswegs entschiedenen) Schlacht ist wichtig, sondern seine Rückkehr in die Gemeinschaft der Deutschen wird gefeiert. So, wie das Römerbild der Germanen eine Funktion ihres Willens zur Männlichkeit ist (und nicht ihre Männlichkeit Ergebnis einer notwendig gewordenen Auseinandersetzung mit dem Feind), so setzt Klopstock die Gemeinschaft der Deutschen als Selbstzweck über den Kampf gegen die Römer. Männliches Handeln und Hingabe an das Vaterland sind die miteinander verbundenen Werte dieses Dramas; um sie zu installieren, greift Klopstocks Drama zum Hermann-Stoff und arbeitet seinen ganzen Apparat von Schlachtgetümmel, Blut und emotionalen Redeformen aus.[49]

Klopstock hat mit dieser Koppelung von Männlichkeit und Deutschtum ein hoch besetztes Thema seiner Zeit gekonnt auf den Punkt gebracht und an die nächsten Generationen weitergereicht. Im Namen von Klopstocks vaterländischen Oden und *Hermann's Schlacht* feierten, an Klopstocks Geburtstag 1773, die Dichter des Göttinger Hains – junge Studenten, aus deren Kreis die zitierten Jünglingsgedichte hervorgegangen waren – mit Trink- und Rauchriten ihren Dichterbund und verbrannten dazu Wielands, des undeutschen und unkeuschen Autors, Schriften.[50] Und eine halbe Generation später, 1787, begann der 18jährige Ernst Moritz Arndt seine Dichterkarriere mit einer Anknüpfung an eben diese Klopstock-Tradition, sich als junger Mann in die Siegerfigur des Germanenfürsten einzufühlen: *Hermanns Sieges-*

49 Gegen Klopstocks emotionalisierte Brutalisierung der Poesie hat Wieland entschieden protestiert. Dichtung habe »die Aufklärung der europäischen Nationen über ihr wahres Interesse« voranzutreiben und »uns den Geist des Friedens, der Duldung, der Wohltätigkeit und allgemeinen Geselligkeit einzuflößen«. Hier wird aus einer anderen Erfahrung der gleichen Zeitsituation an einem andern Männerbild gearbeitet. Wieland, S. 275 und 276. – Auch dies ein Beleg, daß die kritische Sicht dieser nationalistischen Literatur nicht nur unserem Gegenwarts-Blick entspringt.

50 Bericht und Interpretation der Szene bei Sahmland 1990, S. 143. Vgl. auch Schrader 1984. Beispiele zum Männerbild der Göttinger Haindichter oben im Beitrag von Hans-Martin Blitz.

lied.[51] Die Anziehungskraft des Mythos auf adoleszente Intellektuelle in der Zeit der eigenen Identitätsfindung war offenbar groß. Die Göttinger rückten allerdings bald von ihren Hermann-Schwärmereien ab; die späten 70er Jahre waren dem weiteren Ausbau nationaler Germanenmoden wenig günstig. Nach 1806 sah das schon anders aus. Ernst Moritz Arndt sollte das Thema bald vielfach variieren[52]; Hermann bekam in den Freiheitskriegen erneut Konjunktur.

III. Johann Gottfried Herder, 1770

Die Anziehungskraft des durch Klopstock so wirkungsvoll in Szene gesetzten Bildes von Hermann als nationalem Mann reicht weit. Ein lyrisches Beispiel sei hier noch behandelt, weil es im Anschluß an die Arminius-Figur eine ganz andere Art des Umgangs mit den Männlichkeitsbildern des nationalen Diskurses vorführt. Es handelt sich um ein Gedicht in unverkennbarer Klopstock-Nachfolge, das Herder 1770, unmittelbar nach seiner Seereise von Riga nach Nantes, geschrieben hat.[53] Das poetische Gewicht dieses 17 achtzeilige Strophen umfassenden Gebildes ist nicht sehr groß; Herder versucht, Klopstocksches Pathos in einer gereimten Ode zu erreichen, aber Gedanken, Bilder, Emotionen und Syntax fügen sich nur über kurze Partien zu einem überzeugenden Ganzen. Doch der Anspruch, mit dem das Gedicht geschrieben ist, und die Konsequenz, mit der Herder im Verlauf des Textes traditionelle Motive des Arminius-Mythos umformt, machen es im Zusammenhang dieses Kapitels wertvoll.[54]

Das Gedicht beginnt mit einer Anrufung von »Deutschlands Ge-

51 Arndt, *Gedichte*, S. 11.

52 Belege bei Scheuer 1990, S. 16ff. Auch Arndts Freiheitsdichtung beginnt mit einer Anrufung Hermanns, des deutschen »Männerworts« und der deutschen »Männertugend«. (*An die Deutschen* (1806). A.a.O., S. 30.) Zur Hermann-Figur in der Lyrik der Befreiungskriege vgl. auch Dörner 1995, S. 149ff.

53 [*An den Genius von Deutschland*]. Herders *Poetische Werke*, Bd. 5, S. 329-332. Der Titel stammt vom Herausgeber Carl Redlich, der das Gedicht aus dem Nachlaß ediert hat. In der Vorrede zu *Alte Volkslieder* (1774) hat Herder Strophen aus diesem Gedicht selber zitiert: Herder, *Werke in zehn Bänden*, Bd. 3, S. 21ff.

nius«.[55] Deutschland wird in der traditionellen Konkurrenzsituation Rom–Germanien gesehen: die religiöse Verehrung und der Glanz, die der Genius von Rom genoß, gehen Deutschland ab, aber sein Genius besitzt eine ganz eigene Lebendigkeit, mit der er seinen »Söhnen«, den »Hermannen«, voranschwebt. Diese werden dann vier Strophen lang in der traditionellen Helden-Männer-Rolle besungen: sie waren bereit, für »Gott und Vaterland« zu sterben und als edle Söhne die Mutter und das Vaterland zu beschützen.[56] Sie gingen damit ein ins »Väterhimmelreich«, in die »Unsterblichkeit«, und blicken nun von dort herunter auf ihre Söhne, die Zeitgenossen des Sprechers, und »segnen unsere Lieder«. Auch dieser Gegensatz von Helden einst, Dichter heute, vereint im Dienst des Vaterlands, ist ein von Klopstock entliehenes Motiv.

Dann nimmt das Gedicht eine eigenartige Wendung. Während es sich in vier weiteren Strophen von dem germanischen Heldenhimmel ab und der Gegenwart zuwendet, in der nicht mehr das Schwert, sondern das Lied herrscht, beginnt es, schrittweise, das bisher eindeutig patriarchal bestimmte Vaterland zu matriarchisieren. Schon im Eingangsteil waren »Mutter« und »Vaterland« in seltsame Nähe zueinander gerückt worden; jetzt wird von der »Adelgöttin Vaterland« gesprochen, die erneut als »Göttin« angerufen wird:

> Bist mehr als Weiberlieb' und Mann- und Vaterherz
> und Brudertreu' und Freundeschmerz
> bist Kind- und Weib- und Mutterschall
> und Freundeskreis! bist wie ein All
> der Erdesruhms- und Tugendnamen
> und großen Mutter *Menschlichkeit*
> der erstgebohrne Saamen
> und Erdeseligkeit,
> die Höchste! Vaterland! [...][57]

54 Der Hinweis auf diesen Text kommt von Otto Dann, der ihn aber nur knapp und im Rahmen seines eigenen Herder- und Nationalismusbildes behandelt: Dann 1989. Zu Herders »Patriotismus« auch Dann 1987, mit Forschungsüberblick. Neueres zu Herders Begriff der Nation bei Fohrmann 1988 und Schaffry 1995.

55 »Sei vor mir, Vaterlands= du Deutschlands Genius!« A.a.O., S. 329.

56 »zu beschützen / die Mutter, Vaterland / als Mauer, die Väter waren«. Ebd.

57 A.a.O., S. 331.

Die erste Zeile variiert eine Chor-Ode aus Klopstocks *Hermann's Schlacht*[58]; auch Klopstock bringt dort weiche, gefühlvolle Töne in das Vaterlandsbild, aber es sind männliche Gefühle, überwölbt vom beherrschenden Symbol des aufragenden Eichbaums, und die Ode endet mit dem Bild des männlichen, waffentragenden Jünglings.

Herder aber verläßt in seiner Adaption der Klopstockschen Überbietungsformel sowohl das kriegerisch-germanische wie das männliche Bildfeld und beschreibt das Wunschziel Vaterland als intimisierte und feminisierte Familienszene: »bist Kind- und Weib- und Mutterschall [...]«. Das ließe sich noch als narzißtische Männersehnsucht zum Mutterleib lesen, aber dann weitet Herder die Familienszene zum Bild bürgerlicher Geselligkeit (»Freundeskreis«) aus und dieses zur ganz großen Humanitätsvision im Namen der »großen Mutter Menschlichkeit«.[59]

Das ist ein erstaunlicher Vorgang. Herder beginnt seinen Text mit den heldischen Konnotationen des traditionellen Vaterlandbildes im Hermann-Mythos, aber dann schreibt er dessen männliche Elemente hinweg und ersetzt sie durch Bilder einer weiblichen »Mutter Vaterland«, die sich zum Freundeskreis und zu einer allein »Erdesruhm- und Tugendnamen« vergebenden, matriarchal bestimmten Humanität weitet. Und diese Umwandlung ist nicht nur transitorischer Effekt einer einzelnen Strophe, sondern offenbar der Zweck des ganzen Gedichts: »o Mutter Deutschland«, heißt es drei Strophen später, und mit »Mutter Vaterland« schließt seine letzte Zeile.

Auch der junge Herder nahm also Teil am Identitätsdiskurs Vaterland, wie zur gleichen Zeit die – allerdings jüngeren – Autoren des Göttinger »Hain«. Auch Herder befand sich privat in durchaus labiler Situation zwischen der verlassenen Heimat Riga und der neuen in Deutschland (als »Waise« bezeichnet er sich selbst); auch er fühlte sich im Hinblick auf den objektiven Zustand der ersehnten neuen Heimat »Deutschland« auf unsicherem Boden: Deutschland wird als ohnmächtig und zerrissen gezeichnet[60], un-

58 »O Vaterland, o Vaterland! / Mehr als Mutter und Weib und Braut, / Mehr als ein blühender Sohn [...]« (7. Szene, S. 306, erneut: 12. Szene, S. 341).

59 Das Wort ist im Original gesperrt.

60 »Brüllt ein Chaos so, wie's Deutschland füllt das Zwistgewitter!« S. 331.

terdrückt von »Tyrannen« und »Vormundjoch«, kulturell ohne eigene Stimme, wobei nicht nur die kulturelle und literarische Fremdbestimmung von Herder gerügt wird (Lieder von Themse und Seine statt von Rhein und Elbe), sondern auch der verbildete, sekundäre, abgezogene Charakter des deutschen Geistes.[61]
Die Zivilisationskritik dieser Formulierungen hatte Herder im *Journal meiner Reise* breit ausgeführt, eigene Erfahrungen mit Rousseaulektüre verbindend; sie bestimmte in den folgenden Jahren in deutlich erkennbarer Weise seine Suche nach vaterländischer Kultur, Geschichte und Literatur.[62] So beschreibt er z. B. in der Vorrede zu den *Alten Volksliedern* von 1774 die deutsche Gegenwartskultur, der er die englischen Volksliedsammlungen zum Muster empfiehlt, als Kultur des Klassengegensatzes (zwischen verachtetem Volk und Gebildeten), der Arbeitsteilung und, wiederum, der abgezogenen, abstrakten Gelehrsamkeit und hält ihr eine nationale Denkart als Ideal entgegen: in der sei

> das Volk mit ein so ansehnlicher Teil *des Volks*, dessen Namen man also nicht so Schamrot oder eckelnd und betroffen ansah und abscheute: der Gelehrte nicht bloß leider! *für den Gelehrten* und für den ärgsten von allen den *Volksunwissenden Stubengelehrten*, den Grübler, den Rezensenten, sondern für *Nation* ! *Volk* ! einen Körper, der *Vaterland* heißt! schreibend und sammlend [...][63]

Der Schreibende (»Gelehrte«) sehnt sich nach einem einheitlichen und ursprünglichen Ganzen, auf das er sich im Schreiben beziehen kann, statt der in Sparten aufgeteilten, sekundären Bildungswelt der deutschen Realität, deren Charakter Herder am Ende des Aufsatzes noch einmal kritisch beschreibt, als von »Abstraktion« und Sekundärem beherrscht, von

> der *hohen, Aetherischen, unsinnlichen, ganz Duft-Gewürz-und Moralvollen Erziehung*, wie sie unsre aufgeklärtere Zeit gibt.[64]

61 Strophe 14: »Wie schnöde muß er Kluftversausen [sic] / in Schulen, und statt Sonnewelt sich Seifenweltall brausen.« Fremdbestimmung: Strophe 15: die deutschen Lieder seien »tauber Schall« von »Thems' und Sein'« und nicht von »Rhein / und Kön'gin Elbe«. S. 332.
62 Zu den zivilisationskritischen Bedeutungsmomenten von »Volk« bei Herder siehe Ulrich Gaiers Kommentar in: Herder, *Werke in zehn Bänden*, Bd. 3, S. 868 ff.
63 Vorrede, a.a.O., S. 20, Z. 9-15.
64 Ebd., S. 24, Z. 19-21.

Und dieses Ganze, das er ersehnt, benennt er mit einer der für den jungen Herder so bezeichnenden Wendungen, deren metaphern-getränktes Aufblitzen einen ganzen geistigen Landstrich beleuchtet: »*Nation*! *Volk*! einen Körper, der *Vaterland* heißt«.

Auch Herder ist also entschieden daran beteiligt, unter modernitätskritischem, kompensatorischem Aspekt an der Formierung von Vaterland, Volk und Nation zu arbeiten, ein Wunschbild »Vaterland« als eine Körperphantasie zu imaginieren: einen Leib, der Ganzheit und Selbstidentität stiften kann in der abstrakten und zerrissenen Kultur der Gegenwart. Damit setzt er den Arminius-Diskurs folgerichtig fort. Die *Vorrede* zu *Alte Volkslieder* zitiert denn auch offen und verdeckt vielfach die Ode an den Genius der Deutschen.

Doch zugleich weicht Herder in zwei entscheidenden Punkten von den konstitutiven Vorstellungen des Arminius-Diskurses ab. Zuerst: Der erwünschte Körper des Vaterlandes ist für ihn nicht primär männlich kodiert, vielmehr drängt Herder die männlichen Züge des Vaterlandsbildes zurück und nimmt statt dessen betont weibliche Züge darin auf, bis hin zur Formel von der »Mutter Vaterland«, die männliche und weibliche Momente im Gleichgewicht vereint.

Dazu paßt der zweite Punkt. Der Arminius-Diskurs, von dem aus Herder sein emphatisches Vaterlands-, Volks- und Nationbild entwickelt, ist bei ihm kein Machtdiskurs. Im Germanenteil der Ode wird zwar die Verteidigung gegenüber den Feinden gefordert, aber kein Sieg über sie ausphantasiert. Die kriegerische Welt der Vorväter wird dann ohnehin bald verlassen zugunsten der Gegenwart mit ihren kulturellen Problemen; auch in deren bedrängenden Nöten hält der Sprecher die Situation des Unterlegenen aus und imaginiert sich nicht in die Position des Siegers. Und an der geschlechtsspezifischen Festschreibung männlicher Machtpositionen (über die Rollenbilder vom Jüngling und seinem deutschen Mädchen), wie sie die Göttinger betrieben, ist Herder nicht interessiert.

Das bedeutet, daß seine Arbeit an der Formierung von Vaterlandsbildern ohne Abgrenzung gegen äußere Feinde und ohne Ausgrenzung von inneren Feinden auskommt. Sein nationaler Patriotismus ist nicht exkludierend; der volkhafte und nationale Charakter, den er für die Deutschen zu begründen sucht, wird von ihm ebensogut andern Nationen zugestanden (in der *Vorrede*

z. B. den Engländern noch eher als den Deutschen). Wie immer Herder durch sein metaphorisches, manchmal raunendes Sprechen vom »Ursprung« späteren nationalistischen und rassistischen Volkstheorien Vorschub geleistet haben mag – ein aggressiver Nationalismus kann sich kaum auf ihn berufen. Nicht umsonst gipfelt seine Ode in der Beschwörung einer umfassenden Humanität, der »großen Mutter Menschlichkeit«.[65]

Innerhalb des Arminius-Diskurses stellt Herders Ode damit eine beachtliche Ausnahme dar. Sie zeigt an einem extremen Beispiel, daß das nationale Identitätsprojekt nicht immer zu Feindbildern, Ausgrenzungen und Aggressionen führen mußte – dann nicht, wenn die Identitätssuche sich freihalten konnte von den Machtwünschen einer ungefestigten, sich gefährdet fühlenden Männlichkeit. Herders Ode weist aber, als Ausnahme, zugleich darauf hin, wie leicht im Regelfall die Suche nach einer kulturellen und sozialen Identität in den Umbruchsnöten der Moderne sich verbrüdern konnte mit der Suche nach einer starken, männlichen Geschlechterrolle – wie eng Männlichkeitsdiskurs und nationaler Diskurs beieinander lagen. Das gilt nicht nur fürs 18. Jahrhundert. Dort, wo die Trennungserfahrungen der Moderne zu tief in die Psyche der Menschen eingreifen, bietet sich bis heute nur allzu rasch das Bild vom nationalen Mann als vermeintliche Rettungsphantasie an.

Es mag durchaus noch andere Ausnahmen gegeben haben. Weitgehend unerforscht ist vor allem das umfangreiche Feld weiblicher Lyrikproduktion im 18. Jahrhundert; im Hinblick auf die dramatische Literatur hat mich meine amerikanische Kollegin Susan Cocalis, Amherst, MA, auf einige Arminius-Dramen von Frauen hingewiesen, von denen das einzige, das mir zugänglich

65 Eine entschiedene Verteidigung der nicht-nationalistischen, humanitären Aspekte von Herders Volksbegriff neuerdings noch einmal bei Kroll 1996, gegen Jesaiah Berlin, der 1991 in einem Interview Verbindungslinien zwischen Herders Volksbegriff und dem von Herder selbst verabscheuten Nationalismus behauptet hatte. Ich denke, daß beide Positionen auf verschiedenen Ebenen liegen und sich nicht ausschließen müssen. Das könnte aber nur in einer umfassenden, neuen Interpretation von Herders Volksbegriff entwickelt werden, für die hier nicht der Ort ist.

war, erst im 19. Jahrhundert geschrieben wurde.[66] Es soll wegen seiner grundsätzlichen Bedeutung dennoch kurz hier erwähnt werden. Johanna Franul von Weissenthurn (1772-1847), nach Ausweis des Titelblatts »kaiserl. königl. Hofschauspielerinn«, folgte mit ihrem fünfaktigen Jambendrama *Herrmann* den klassizistischen Formmustern und der traditionellen Arminius-Thematik. Ihr Text behandelt den Zwist der deutschen Fürsten vor und Herrmanns Einigungsversuch nach der siegreichen Varusschlacht. Auffallend sind einige Abweichungen gegenüber den bisher untersuchten Texten. Thusnelda bekommt stärkere Konturen, mehr innere Selbständigkeit und mehr Handlungsspielraum, als sie bei Klopstock und Kleist besaß (auch wenn sie als Verlobte des Herrmann diesem klar untergeordnet bleibt). Das bei Klopstock mit männlichen Konnotationen versehene Bild der einsamen Eiche wird von Weissenthurn vermieden; sie schreibt statt dessen vom Eichenhain als einem Sinnbild der Gemeinschaft freier Menschen (z. B. I,1; S. 4). Auch in das – insgesamt natürlich strahlend-männliche – Heldenbild des Herrmann mischt sie ungewohnte Züge: wo Klopstock den Bericht vom heranreitenden Fürsten zu einem Inbild einsamer, aufragender, phallischer Potenz gestaltet hatte, da wird Herrmann bei Weissenthurn, ebenfalls im Botenbericht, als kühner Helfer eingeführt, der beim Heranreiten einen waffenlos gewordenen Mitstreiter rettet (II,1; S. 73 f.). Kampf- und Blutszenen fehlen, auch vermittelt spielt das Schlachtgeschehen keine Rolle; insgesamt geht es in diesem Drama nicht um Selbstverwirklichung von Einzelnen, schon gar nicht um männliche, sondern um Einigkeit der Fürsten und der Völker. Sie muß nicht im Drama herbeigeführt oder gar erzwungen werden, sondern sie wird als gelungene in einem festspielartigen Schlußbild vorgeführt.

Es bliebe zu untersuchen, inwieweit diese Abweichungen vom traditionellen Schema mitbestimmt sind durch Randmotive der Tradition selbst (so stellt auch Justus Möser weitgehend auf das Thema Uneinigkeit versus Einigkeit der germanischen Fürsten ab) oder durch die literarische Situation in Wien um 1810. Aber nach allem Bisherigen ist kaum zu bezweifeln, daß in Weissenthurns Text Momente weiblichen Schreibens eingegangen sind, oder vorsichtiger gesagt: daß bestimmte Motive und Themen, die in den

66 Weissenthurn 1817; weitere Titel aus der gleichen Zeit in: Kord 1992, S. 363, 401, 415.

Texten männlicher Autoren als männlich interpretierbar aufgefallen waren, in ihrem Text fehlen oder umgedeutet wurden. Weittragende Folgerungen lassen sich aus diesem Befund nicht ziehen; dafür ist die Basis zu schmal und das Problem zu komplex: welchen Spielraum haben Autorinnen in einem von männlichem Schreiben beherrschten literarischen Feld? Schon daß auch Frauen sich in diesen männlichen Diskurs einmischten, bedürfte ausführlicherer empirischer Behandlung und theoretischer Diskussion. Aber daß zumindest in diesem Fall die Autorin traditionelle männliche Bilder und Figuren vermeidet oder verändert, bestätigt die These vom geschlechterrelevanten Charakter des nationalen Arminius-Mythos.

IV. Heinrich von Kleist, 1809

Kleists *Hermannsschlacht* ist allgemein zugänglich und muß hier nicht weiter vorgestellt werden.[67] Im Hinblick auf die bisherige Bildreihe deutscher Männer fällt auf, daß bei Kleist alle nicht auf Herrschaft ausgerichteten Wesenszüge aus dem Männerbild seines Dramas ausgeschlossen sind. Die problematischen Figuren des Flavius und des Siegmund sind bei Kleist endgültig getilgt. Selbst Hermanns traditioneller Gegenspieler Segest ist aus der Konfiguration verschwunden.[68] Kleists Text kennt nur noch Hermann, einen einzigen, perfekten, unangefochtenen, einsamen Repräsentanten der Männlichkeit, der alle Gefühle[69], selbst die Liebe zu seinen Söhnen[70], dem einen Ziel unterordnet, den Feind zu besiegen und aus Germanien zu vertreiben. »Perfekt« ist Hermann im Sinn eines modernen, an die Figur des Einzelnen gebundenen Herrschaftsanspruches: selbstbeherrscht, starke Emotionen und intellektuelle Überlegenheit nach Belieben einsetzend, Herr jeder

67 Ich zitiere Kleists *Hermannsschlacht* nach Akt, Szene und Verszählung der Ausgabe im Deutschen Klassiker Verlag (siehe unten im Literaturverzeichnis).

68 Geblieben ist an Gegenspielern nur »Aristan, der Schlechtste just,/ Von allen deutschen Fürsten« Kleist V,9, 2094 f. Neu eingeführt hat Kleist dafür Marbod, den Typ des noch höher stehenden Mannes: mächtig, aber ohne individuelle Kontur.

69 IV,9, 1700 ff.

70 II,10, 714 ff.

Lage, planend und weitsichtig, dabei auch witzig und selbstreflektiert, unwandelbar[71] und vor allem: erfolgreich.[72]

Kleists Text erweckt den Eindruck, daß Hermanns Charakter und Handeln sich aus der selbstgewählten Aufgabe ableiten, das Vaterland zu befreien. Die meisten Interpreten sind diesem Eindruck willig gefolgt, haben das Drama als Manifestation des Nationalismus gelesen und diese »Idee« des Werks dann ihrerseits patriotisch, nationalistisch, völkisch oder religiös gedeutet.[73] Liest man den Text weniger voreingenommen, stößt man auf Szenen, die dem erklärten nationalen Hauptzweck von Hermanns Handeln erheblich zuwiderlaufen. Ginge es ihm wirklich um die Befreiung Germaniens, würde er kaum wider besseren Rat das Gelingen des Marbod-Plans leichtsinnig vom Zufall abhängig machen (II,10). Er inszeniert eine Götterprobe, aber an ihr ist ihm nicht der Entscheid über das Schicksal des Vaterlands wichtig, sondern das Urteil über das sprechende Ich.[74] Das Schicksal Germaniens wird dem Geschick des eigenen Ich nachgeordnet: es ist seine Fähigkeit zur perfekten Planung und zur Manipulation aller andern, die hier zur Bewährung steht.[75]

Da nimmt es nicht wunder, daß auch die frauenverachtenden und frauenfeindlichen Züge bei Kleist weiter verschärft werden. Thusnelda wird von Hermann nur »Thuschen« genannt, im Gespräch

71 V,14, 2260: »Du wirst nicht wanken und nicht weichen ...«.

72 Kleists Text darf nicht mit seinem Autor identifiziert werden. Kleists *Prinz von Homburg* wartet mit einem problematischen und von Ängsten gepeinigten Charakter auf, *Penthesilea* mit einem hingabefähigen männlichen Helden. In Hermannsschlacht spielt Kleist nicht einfach »sich«, sondern eine bestimmte Form von Männlichkeit durch. Klopstock hatte dazu die Mittel bereitgestellt; die politische Lage der Jahre nach 1806 gab die moralische Lizenz und den privaten Antrieb, um bestimmte eigene Männlichkeitswünsche in eine extreme Phantasiegestalt einschießen zu lassen.

73 Die bisher eigenwilligste Interpretation der *Hermannsschlacht*, im Partisanenbuch von Wolf Kittler, ist für die Fragestellung meines Aufsatzes wenig ergiebig, mit der Ausnahme, daß Kittler die Brutalität des Textes sehr ernst nimmt. Kittler 1987, S. 218 ff.

74 So II,10, 854 ff. »Der Plan könnte mißraten?« Hermann antwortet *nicht* im Sinn des Gottesurteils, etwa: ›dann ist es klar: die Götter wollten unsere Freiheit nicht‹, sondern er antwortet ganz existentialistisch: »[...] mein Geschick ists, das ich tragen werde.«, Vers 861.

75 Weitere Beispiele: Hermanns Selbstversunkenheit im Augenblick vor

mit herablassender Zuwendung als Dummchen behandelt und auf der Handlungsebene als berechenbares Ding für die eigenen Pläne instrumentalisiert. In der berüchtigten Bärenszene und dem ihr vorausgehenden Geplänkel mit Ventidius treibt Hermann ein gekonntes, infames Spiel mit den Gefühlen und dem Selbstbewußtsein seiner Frau: Thusnelda glaubt, mit dem grausamen Mord an Ventidius eine eigene, selbstbestimmte Tat zu vollbringen, wo sie in Wahrheit Hermanns Plan ausführt, und sie wähnt sich in Hermanns Schuld, wo in Wahrheit er sie, bewußt, in die demütigende Situation mit Ventidius gebracht hat. »Arminius' will ich wieder würdig werden!« rechtfertigt sie ihren Plan.[76] Die Instrumentalisierung durch den Mann wird von der Frau wie selbstverständlich als eigenes moralisches Versagen interpretiert. Der Text mit seiner demonstrativen Plazierung der Sentenz am Szenenende läßt befürchten, daß Kleist Thusneldas verzweifelten Ausbruch als Musterbeispiel verehrungswürdiger weiblicher Tugend gemeint hat.

Zum Männerbild, das Kleist hier inszeniert, gehört nicht nur die Instrumentalisierung weiblicher Gefühle, sondern auch die des weiblichen Körpers. Kleist erfindet dazu eine eigene Szene, in der er Klopstocks allgemeine Reden von den sexuell attackierten Bräuten und Müttern konkretisiert. Die Vergewaltigung der Waffenschmiedstochter Hally ist Anlaß zur Rache, aber nicht etwa an den Tätern (die erledigt der zuständige Römerhauptmann rasch und geräuschlos), sondern an Hally selbst.[77] Sie wird von den Männern, deren Schutz sie anvertraut war, in einem grausigen Ritual depersonalisiert und getötet. Die Szene ist von Kleist mit dem ganzen Instrumentarium sexueller Verfügungsphantasien ausstaffiert.[78] Hally wird bestraft für eine Gewalt, die sie erlitt, die

der Schlacht angesichts des ihn anbetend preisenden Bardenchors, V,14, sowie das Schlußbild V,24, 2634-36.

76 V,15, 2322.

77 Vgl. auch später: durch die Verteilung des Körpers soll nicht etwa Hally, sondern der Vater gerächt werden. IV,6, 1600.

78 Ohnmächtig wird sie, vor zahlreich versammeltem Volk, hereingeführt; nicht zu erkennen, ob ein Mann oder eine Frau; ihr wird ein Tuch über den Kopf geworfen wie einer, die gehenkt wird; dann eine sorgfältig vorbereitete, theatralische Geste, mit der drei Männer ihre Dolche gegen sie ziehn; danach »bohrt« der eigene Vater »sie nieder«. IV,5; Anweisung vor Vers 1574.

aber von Vater und Vettern als Eingriff in deren männliches Hoheitsgebiet empfunden wird. Für diesen Angriff halten sie sich an ihr schadlos, zumal sie als Objekt wertlos geworden ist und als Zeichen der eigenen Schwäche beseitigt werden muß. Und wieder, wie später bei Thusnelda, artikuliert der Text ausdrücklich die im Frauenbild seit dem 18. Jahrhundert immer neu wiederholte Vorstellung, daß solche männliche Gewaltherrschaft über Frauen mit der innigen Zustimmung der Frauen selbst geschieht.[79]

Hermann, der nach vollzogenem Mord hinzukommt, ergreift die Gelegenheit, den Körper der Frau für seine nationalen Zwecke zu benutzen. Der wertlos gewordene Leib soll sorgfältig aufgeteilt und zur Agitation an die fünfzehn Stämme Germaniens geschickt werden. Die symbolische Bedeutung, die Hallys Körper damit nachträglich erhält, meint nicht die wiederhergestellte Einheit ihrer Person, sondern die eines anderen, des zukünftigen Vaterlandes, dem sie damit endgültig subsumiert wird.

Klopstocks wuchernder sprachlicher Blutrausch ist bei Kleist der Erfindung einzelner, präzis beschriebener Tötungsakte gewichen. Inhaltliche Werte, warum das Vaterland befreit und die Römer getötet werden müssen, werden auch bei ihm abgewiesen.[80] Das Recht Deutschlands, nicht »unterdrückt« zu sein (dazu gleich mehr), setzt alle andern Regeln mitmenschlichen Zusammenseins außer Kraft.[81]

Was aber ist dieses Deutschland, das hier als höchster Wert gesetzt wird? Kleists selbstreflexiver Text behandelt die Frage explizit.[82] Deutschland, »Germanien«, ist ein – männliches – Gruppenphantasma, das ausdrücklich nicht in der Wirklichkeit existiert, sondern ›nur‹ in den Köpfen derer, die in seinem Namen kämpfen und siegen. »Germanien« ist die zu einem imaginierten Namen geronnene Macht, die diese Männergruppe zusammenhält und an

79 IV,6, 1579:
TEUTHOLD (indem er sich über die Leiche wirft):
Hally! Mein Einzges! Hab ich's recht gemacht?

80 Das einzige Mal, wo Hermann emphatisch von Freiheit spricht, geschieht das in einer höchst ironischen Passage: I,3, 236.

81 V,14, 2197 ff. Im Gegensatz zur Herrschaft des Mannes über die Frau wird die Herrschaft des Mannes über den Gegner vom Text nicht glorifiziert; der kriegsgefangene Septimius, den Hermann erschlagen läßt, erhält einen stolzen Abgang (V,14, 2221 ff.). Männer unter sich.

82 V,24, 2612 ff.; der Wortlaut der Passage oben in diesem Buch, S. 48.

der jeder dieser Männer teilhat. Diese Macht, »Germanien« genannt, existiert, insofern sie ausgeübt wird: im Töten desjenigen, der nicht dazugehört, und in der Selbstbestätigung derer, die gemeinsam töten oder töten lassen: »Was gilts, er weiß jetzt, wo Germanien liegt«[83] – sie wenigstens wissen es, jeder einzelne Mann hier spürt es: dort, wo sie ihre Macht wirken lassen können.

Diese Macht besitzen sie nur in ihrer Gemeinschaft, die sie »Germanien« nennen; das zu erkennen, hat Hermann sie durch Blut und List gezwungen. Deshalb akzeptieren sie ihn jetzt als ihren Führer und sind bereit, ihm zur Fortsetzung des Kampfes nach Rom zu folgen – und sei es auch wiederum nur in der Imagination. Das Schlußbild des Dramas[84] transzendiert den Vernichtungskampf gegen Rom ins Kosmische und verlängert ihn ins Unabsehbare. Das folgt aus der Logik der psychischen Dynamik, die zu inszenieren der Text da ist. Nur grenzen- und zeitenlos kann sich die Männermacht in der phantasierten Zerstörung Roms ihrer selbst gewiß sein.

Die nationale Gemeinschaft, die solche Männlichkeit ermöglicht, ist selbstverständlich gestaffelt in Führer und Gefolgschaft; egalitäre Momente sind ihr fremd. Auch hier führt eine Steigerungslinie von Schlegel über Klopstock zu Kleist.

Die imaginierte nationale Gemeinschaft ist kein wesenloser Schemen, sondern mit Körperbildern besetzt. Jeder Römer, der nach Deutschland kommt, wird als einer wahrgenommen, der »uns unterdrückt«; der abschließende Rachefeldzug soll möglichst viele Feinde noch auf »der Germania heilgem Grunde« zu fassen bekommen: nur ihre Vernichtung auf dem eigenen Boden macht sie wirklich tot; und die Feinde werden wie Schmutz und Ungeziefer am Körper des Vaterlands gefühlt, wovon dieser »gesäubert« werden muß: »die ganze Brut, die in den Leib Germaniens / Sich eingefilzt, wie ein Insektenschwarm / Muß durch das Schwert der Rache jetzo sterben.«[85] Die Säuberungsphantasien der nationalistischen Literatur und der nationalsozialistischen Propaganda[86]

83 Vers 2621.

84 V,24, 2634 ff.

85 II,10, 783, und IV,9, 1681-1683.

86 So z. B. Alfred Rosenberg, der 1927 in einer Theaterrezension im *Völkischen Beobachter* Kleist mit zustimmender, rassistischer Wendung zitiert: »[...] Wir wissen, daß heute Juden, Polen und Franzosen die

bis zu den gegenwärtigen Formeln, daß Deutschland wieder »ausländerfrei« werden solle[87], sind Fortsetzungen und Steigerungen dieses Topos. Eine frühe Ausformulierung erhielt der Topos, wenn ich richtig sehe, in Kleists Drama und in den nationalistischen und antisemitischen Texten der Freiheitskriege[88]; seine Entstehung läßt sich am Arminius-Motiv bis in die Anfänge der literarischen Gestaltung bürgerlicher Männlichkeitsvorstellung in der frühen Aufklärung zurückverfolgen.[89]

Klaus Theweleit hat gezeigt, daß solche Körperphantasien mit ihrer Ausdehnung des eigenen, labilen Körpergefühls auf ein imaginiertes größeres »Ganzes«, »Nation« oder »Volk« genannt, einem bestimmten Typ von Männern eigen sind, deren Ich-Konstruktion er mit den Begriffen der Objektpsychologie das »Ich des Nichtzuende-Geborenen« nennt.[90] Die ausgeprägten Formen dieser männlichen Psyche und ihrer literarischen Phantasien, die er untersucht hat, sind an die weiterentwickelten soldatischen Sozialisationsformen der Wilhelminischen Gesellschaft gebunden. Ein wichtiger Strang ihrer Entstehung läßt sich im Arminius-Motiv des 18. Jahrhunderts verfolgen. Die von den neuen Bedingungen der bürgerlichen Leistungsgesellschaft Betroffenen schufen sich in der Arminius-Gestalt ein Männeridol, in dem grenzenlose Herrschaft des Mannes über den eigenen Leib und die eigenen Wünsche, unbegrenzte Herrschaft des Mannes über die Frau, unbegrenzte Herrschaft über andere Männer (den Feind und die eigene Gruppe) einherging mit der Imagination eines größeren Ganzen, »Germanien«, »Volk«, »Deutschland« genannt, das versprach, dem Einzelnen Ersatz für seine Isolierung, Schutz für seine ge-

›ganze Brut ist, die in dem Leib Germaniens sich eingefilzt wie ein Insektenschwarm‹.« Zitiert bei: Rühle 1967, S. 823.

87 »Ausländerfrei«: Unwort des Jahres 1991; »ethnische Säuberung«: Unwort des Jahres 1992; so Oschlies 1994.

88 Zu Ungeziefer- und Säuberungsphantasien in nationalen und antisemitischen Texten Achim von Arnims siehe oben in diesem Buch S. 154 f.

89 Hier macht Schlegel mit seiner scharfen Abgrenzung von Römern und Deutschen den Anfang (Schlegel, 1,2, S. 318):

> Wer Rom nicht hassen kann, kann nicht die Deutschen lieben.
> Was teilest Du Dein Herz? Sei treu mit ganzen Trieben
> Sei römisch oder deutsch. Jetzt wähle deinen Freund;
> Rom oder deinem Volk sei günstig oder feind.

90 Theweleit 1977, besonders Bd. II, S. 239 ff.

panzerte Labilität und Legitimation für seine Machtwünsche zu geben.

Im 18. Jahrhundert wurde der breitenwirksame Arminius-Mythos nur von einzelnen, besonders sensiblen, gefährdeten und sprachbegabten Männern zur Ausformung derart extremer Männerphantasien benutzt. Entsprechend komplex waren die ästhetischen Gebilde, in denen das geschah.[91] Zumindest im Fall von Kleist hat das die zeitgenössische Rezeption seines Dramas verhindert. Erst im Wilhelminischen Kaiserreich setzt die – verabsolutierende – Wirkungsgeschichte seiner nationalen Haßbotschaft und seine Vorstellung von Männlichkeit ein.[92] Die Unterschiede zwischen den Männerbildern des 18. und denen des ausgehenden 19. und des 20. Jahrhunderts dürfen nicht verwischt werden.

Aber der Blick in die Geschichte zeigt auch Kontinuitäten. An ihnen läßt sich, meine ich, erkennen, daß solche Formen männlicher Sozialisation in unserer Gesellschaft nicht Ausgeburten exzeptioneller Krisensituationen wie der Zeit der Befreiungskriege oder der Weltwirtschaftskrise seit 1928 darstellen, sondern daß sie in der Struktur unserer Gesellschaft selbst angelegt sind. Sie begleiten die Glücksphantasien und Idealbildungen unserer Literatur von Anfang an. In individuellen und kollektiven Krisenzeiten werden sie nur freigesetzt. Ihre Widersprüche werden uns beschäftigen, solange unsere Gesellschaft ihre wirtschaftlichen, politischen, kulturellen und sozialen Strukturen so organisiert, wie sie es seit dem 18. Jahrhundert durchgängig tut: über die Figur des einzelnen, auf Selbstverwirklichung, Leistung und Konkurrenz getrimmten, männlichen Ichs.

91 Die Arminius-Texte der Befreiungskriege stellen demgegenüber eine erhebliche Simplizifierung der Figur wie der ästhetischen Formen dar, in denen sie sich präsentieren. Grabbes *Die Hermannsschlacht* verfolgt eine andere, eigene Linie im Arminius-Mythos.

92 Beispiele bei Seeba 1993, passim, und Dörner 1993, S. 212.

Literaturverzeichnis

1. Quellen

Abbt, Thomas: *Vom Tode für das Vaterland.* In: *Der Siebenjährige Krieg im Spiegel zeitgenössischer Literatur.* S. 47-94.

Achim von Arnim und die ihm nahe standen. Hg. Reinhold Steig und Hermann Grimm. 3 Bde. Stuttgart 1904.

Arndt, Ernst Moritz: *Werke.* Hg. A. Leffson/W. Steffens. Berlin 1912.

Arnim, Achim von: *Akten der Christlich-deutschen Tischgesellschaft.* Handschrift aus dem Nachlaß des Goethe- und Schiller- Archivs Weimar. Hs GSA 03/176.

– *Halle und Jerusalem.* In: *Arnims Werke. Auswahl in vier Teilen.* Bd. 3. Leipzig 1908. S. 20-250.

– *Roar und die schwärmenden Schäfer.* Handschrift aus dem Nachlaß des Goethe- und Schiller-Archivs Weimar. Hs GSA 03/69.

– *Werke in sechs Bänden.* Hg. Roswitha Burwick/Jürgen Knaack/Paul Michael Lützeler/Renate Moering u. a. Frankfurt a. M. 1989-92.

Ascher, Saul: *Die Germanomanie. Skizze zu einem Zeitgemälde.* Berlin 1815.

Cramer, J. A.: *Herrman. Eine pindarische Ode.* In: *Belustigungen des Verstandes und des Witzes.* Bd. VI. Leipzig 1744. S. 554-564.

Christlieb, Fürchtegott Leberecht: *Warum versagt ihr den Juden das Bürgerrecht?* In: *Nemesis* 8 (1816), S. 49-103.

Der Göttinger Dichterbund. Hg. August Sauer. Kürschners Deutsche National-Litteratur. Bd. 49: *Johann Heinrich Voß.* Stuttgart 1888. Bd. 50/1: *L. H. Chr. Hölty und J. M. Miller.* Stuttgart 1888. Bd. 50/2: *Friedrich Leopold Graf zu Stolberg. Matthias Claudius.* Stuttgart 1888.

Der Siebenjährige Krieg im Spiegel zeitgenössischer Literatur. Hg. F. Brüggemann. Leipzig 1935 (= Deutsche Literatur in Entwicklungsreihen. Hg. Heinz Kindermann. Reihe Aufklärung. Bd. 9).

Des Knaben Wunderhorn. Alte deutsche Lieder. Gesammelt von Achim von Arnim und Clemens Brentano. Kritische Ausgabe. Hg. Heinz Rölleke. Stuttgart 1987.

Die Versöhnung in der Sommerfrische. Eine ungedruckte Erzählung Achim von Arnims. Hg. Bruce Duncan. In: *Aurora. Jahrbuch der Eichendorff-Gesellschaft* 40 (1980), S. 100-146.

»Für Klopstock«. Ein Gedichtband des Göttinger Hains, 1773. Hg. Anton Lübbering. Tübingen 1957.

Gedichte und Briefe von Johann Friedrich Hahn. Gesammelt von Carl Redlich. In: *Beiträge zur deutschen Philologie (Festschrift Zacher).* Halle 1880. S. 243-266.

Gleim, Johann Wilhelm: *Gedichte nach Walter von der Vogelweide.* o. O. 1779.
– *Preußische Kriegslieder in den Feldzügen 1756 und 1757 von einem Grenadier.* In: *Der Siebenjährige Krieg im Spiegel zeitgenössischer Literatur.* S. 97-128.
– *Sämtliche Werke.* Hg. Wilhelm Körte. Halberstadt 1811. Bd. 2 und 4 (Neudruck Hildesheim/New York 1971).
Göttinger Musenalmanach auf 1770, 1771, 1772. Hg. Carl Redlich. Deutsche Litteraturdenkmale des 18. und 19. Jahrhunderts 49/50, 52/53, 64/65. Stuttgart 1894, 1895, 1897.
Göttinger Musenalmanach auf das Jahr 1773. In: *Musenalmanach 1770-1804.* Bd. 4. Hildesheim/New York 1979.
Göttinger Musenalmanach auf das Jahr 1774. Reprograph. Nachdr. d. 1774 bei Dieterich, Göttingen, erschienenen Ausg. Darmstadt 1978.
Göttinger Musenalmanach auf das Jahr 1775. In: *Musenalmanach 1770-1804.* Bd. 6. Hildesheim/New York 1979.
Grattenauer, Karl Wilhelm Friedrich: *Über die psychische und moralische Verfassung der heutigen Juden. Stimme eines Kosmopoliten.* Germanien (Leipzig) 1791.
Herder, Johann Gottfried: *Herders Poetische Werke.* Hg. Carl Redlich. Bd. 5. Berlin 1889 (= Herders *Sämtliche Werke.* Hg. B. Suphan. Bd. 29).
– *Werke in zehn Bänden.* Band 3: *Volkslieder, Übertragungen, Dichtungen.* Hg. Ulrich Gaier. Frankfurt a. M. 1990.
Hoffmann, Johann Adolf: *Zwey Bücher von der Zufriedenheit. Nach Anleitung der Vernunfft und Glaubens-Gründe verfasset, und in Dieser Fünfften Ausgabe verbessert.* Hamburg 1731. Reprint Frankfurt a. M. 1972.
Hutten, Ulrich: *Die Anschauenden* (1521). In: ders. *Deutsche Schriften.* Hg. Heinz Mettke. Leipzig 1972. Bd. 1. S. 168 ff.
– *Die Schule des Tyrannen.* Lateinische Schriften. Hg. Martin Treu. Leipzig 1991.
Kleist, Heinrich von: *Die Hermannsschlacht. Ein Drama.* In: ders. *Dramen.* Hg. Ilse-Marie Barth u. a. Frankfurt a. M. 1987. S. 447-554 (= Heinrich von Kleist. *Sämtliche Werke und Briefe in vier Bänden.* Hg. I.-M. Barth u. a. (Bibliothek deutscher Klassiker). Bd. 2).
– *Sämtliche Werke und Briefe.* Hg. Helmut Sembdner. München 1961 u.ö.
Klopstock, Friedrich Gottlieb: *Briefe 1767-1772.* Bd. 1: *Text.* Hg. Klaus Hurlebusch. Berlin/New York 1989 (= HKA Bd. V,1).
– *Die deutsche Gelehrtenrepublik.* Bd. 1: *Text.* Hg. Rose-Maria Hurlebusch. Berlin/New York 1975 (= HKA Bd. VII,1).
– *Epigramme. Text und Apparat.* Hg. Klaus Hurlebusch. Berlin/New York 1982 (= HKA Bd. II).
– *Hermann's Schlacht. Ein Bardiet für die Schaubühne.* In: *Klopstock's Werke.* Hg. Robert Boxberger. Sechster Teil. Berlin: Hempel o. J. S. 231-349.

– *Oden*. Hg. Franz Muncker/Jaro Pawel. 2 Bde. Stuttgart 1889.
– *Werke und Briefe*. Histor.-krit. Ausgabe (Hamburger Klopstock-Ausgabe, HKA). Bd. 1 ff. Begr. von Adolf Beck/Karl Ludwig Schneider/Hermann Tiemann. Hg. Horst Gronemeyer/Elisabeth Höpker-Herberg/Klaus und Rose-Marie Hurlebusch. Berlin/New York 1974 ff.
Kotzebue, August von: *Hermann und Thusnelda. Eine heroische Oper in drei Aufzügen*. In: ders. *Theater*. 39. Bd. Leipzig 1841. S. 95-105.
Lichtenberg, Georg Christoph: *Briefwechsel*. Hg. Ulrich Joost/Albrecht Schöne. Bd. I: *1765-1779*. München 1983.
– *Schriften und Briefe*. Hg. Wolfgang Promies. Bd. 1: *Sudelbücher I*. Darmstadt 1973.
Metelmann, Ernst: *E. Th. J. Brückner und der Göttinger Dichterbund. Ungedruckte Briefe und Handschriften*. In: *Euphorion* 33 [1932], S. 341-420. Faksimile-Neudruck: ders. *Zur Geschichte des Göttinger Dichterbundes 1772-1774*. Stuttgart 1965.
Möser, Justus: *Arminius*. In: Justus Möser. *Sämtliche Werke*. Histor.-krit. Ausgabe. Bd. I.2. Hamburg 1961. S. 117-197.
Moser, Friedrich Carl von: *Von dem Deutschen Nationalgeist* (1766) (Nachdruck Selb: Notos Verlagsbuchhandlung 1976).
Müller, Adam: *Die Elemente der Staatskunst*. Jena 1922. [Erstdruck 1809].
Schlegel, Johann Elias: *Herrmann, ein Trauerspiel*. In: ders.: *Werke*. Hg. Johann Heinrich Schlegel. Bd. 1. Frankfurt a. M. 1971. S. 281-384 (= Athenäum Reprints).
Stein, Karl Freiherr vom: *Briefe und amtliche Schriften*. Bd. III. Hg. Erich Botzenhardt/Walther Hubatsch. Stuttgart 1961.
Stolberg, Friedrich Leopold Graf zu: *Briefe*. Hg. Jürgen Behrens. Neumünster 1966.
Voß, Johann Heinrich: *Briefe. Nebst erläuternder Beilagen*. Hg. Abraham Voß. Bd. 1. Halberstadt 1829.
Weissenthurn, Johanna Franul von: *Herrmann. Ein geschichtliches Schauspiel in fünf Aufzügen, in Jamben*. In: dies. *Neue Schauspiele*. Bd. 2. Wien 1817.
Wieland, Christoph Martin: *»Wenn sie fortfahren die Teutschen des 18. Jahrhunderts für Enkel Tuiskons anzusehen«*. In: *Der Deutsche Merkur* II, 2. May 1773, S. 174 ff. In: Wieland *Werke*. Hg. Fritz Martini/Werner Seiffert. Bd. 3. München 1967. S. 273 f.
Zimmermann, Johann Georg: *Von dem Nationalstolze* [Kap. 10-17 der 2. Aufl. von 1760]. In: *Der Siebenjährige Krieg im Spiegel zeitgenössischer Literatur*. S. 10-46.

II. Forschung

Allemann 1967: Beda Allemann. *Der Nationalismus Heinrich von Kleists.* In: Wiese/Henß 1967, S. 305-311 (wieder abgedr. in: W. Müller Seidel (Hg.). *Kleists Aktualität.* Darmstadt 1981. S. 46-54).

Alter 1985: Peter Alter. *Nationalismus.* Frankfurt a. M. 1985 (= es 1250).

Anderson 1988: Benedict Anderson. *Die Erfindung der Nation. Zur Karriere eines folgenreichen Konzepts.* Frankfurt a. M./New York 1988 (= Reihe Campus 1018) (engl. Original: *Imagined Communities. Reflections on the Origin and Spread of Nationalism.* London 1983).

Angress 1986: Ruth K. Angress. *Die Leiche unterm Tisch. Jüdische Gestalten aus der Literatur des neunzehnten Jahrhunderts.* In: *Neue Sammlung* 26 (1986). S. 216-229.

Antoni 1951: Carlo Antoni. *Die Schweizer und die Idee der Nation.* In: ders. *Der Kampf wider die Vernunft. Zur Entstehungsgeschichte des deutschen Freiheitsgedankens.* Stuttgart 1951. S. 9-63.

Bäsken 1937: Rohtraut Bäsken. *Die Dichter des Göttinger Hains und die Bürgerlichkeit. Eine literatursoziologische Studie.* Königsberg/Berlin 1937.

Barbon/Plachta 1995: Paola Barbon/Bodo Plachta. *»Chi la dura la vince« – »Wer ausharrt, siegt«. Arminius auf der Opernbühne des 18. Jahrhunderts.* In: Wiegels/Woesler 1995. S. 265-290.

Barner 1984: Wilfried Barner. *Res publica und das Nationale. Zu Lessings europäischer Orientierung.* In: Barner/Reh 1984. S. 69-90.

Barner/Reh 1984: Wilfried Barner/Albert M. Reh. *Nation und Gelehrtenrepublik. Lessing im europäischen Zusammenhang.* München 1984 (Sonderband zum Lessing Yearbook).

Beck 1982: Angelika Beck. *»Der Bund Ist Ewig«. Zur Physiognomie einer Lebensform im 18. Jahrhundert.* Erlangen 1982.

Behnen 1976: Michael Behnen. *Probleme des Frühantisemitismus in Deutschland.* In: *Blätter für Landeskunde* 112 (1976). S. 244-279.

Bein 1965: Alexander Bein. *»Der jüdische Parasit«. Bemerkungen zur Semantik der Judenfrage.* In: Vierteljahrshefte für Zeitgeschichte 13. 1965. S. 121-149.

Bendix 1982: Reinhard Bendix. *Freiheit und historisches Schicksal.* Frankfurt a. M. 1982.

Berdahl 1978: Robert M. Berdahl. *Der deutsche Nationalismus in neuer Sicht.* In: Winkler 1978 a. S. 138-154 (zuerst 1972).

Berding 1988: Helmut Berding. *Moderner Antisemitismus in Deutschland.* Frankfurt a. M. 1988.

Best 1974: Otto F. Best. *Aufklärung und Rokoko.* Stuttgart 1974 u. ö. (= Die deutsche Literatur. Ein Abriß in Text und Darstellung. Bd. 5. Reclam UB 9617).

Betteridge 1978: Harold Betteridge. *Klopstocks Wendung zum Patriotismus.* In: Hans-Georg Werner (Hg.). *Friedrich Gottlieb Klopstock. Werk und Wirkung. Wissenschaftliche Konferenz der Martin-Luther-Universität Halle-Wittenberg im Juli 1974.* Berlin 1978. S. 179-184.

Blitz 1995: Hans-Martin Blitz: *Lyrische Beschwörungen des Vaterlandes um 1770. Klopstock und der Göttinger Hain.* Wissenschaftliche Arbeit für die Staatliche Prüfung für das Lehramt an Gymnasien. Freiburg i. Br. 1995 (Masch.schr.).

Bödeker/Herrmann 1987: Hans Erich Bödeker/Ulrich Herrmann. *Aufklärung als Politisierung – Politisierung der Aufklärung.* Hamburg 1987 (= Studien zum achtzehnten Jahrhundert 8).

Bohnen 1993: Klaus Bohnen. *Von den Anfängen des »Nationalsinns«: Zur literarischen Patriotismusdebatte im Umfeld des Siebenjährigen Krieges.* In: Scheuer 1993. S. 121-137.

Bosse 1996: Heinrich Bosse. *Patriotismus und Öffentlichkeit.* In: Ulrich Herrmann (Hg.). *Volk – Nation – Vaterland. Konzepte und Programme im ausgehenden 18. und frühen 19. Jahrhundert.* Hamburg 1996 (= Studien zum 18. Jahrhundert. Bd. 18).

Breuilly 1994: John Breuilly. *Nationalism and the State.* University of Chicago Press ²1994.

Brezan 1993: Simon Brezan. *Deutsche Aufklärung und sorbische nationale Wiedergeburt. Eine literaturgeschichtliche Studie zur deutsch-sorbischen Wechselseitigkeit.* Bautzen: Domowina-Verlag 1993.

Brüggemann 1935: Fritz Brüggemann. *Der Siebenjährige Krieg im Spiegel der zeitgenössischen Literatur.* Leipzig 1935 (= Deutsche Literatur in Entwicklungsreihen. Reihe Aufklärung. Bd. 9).

Bruer 1991: Albert Bruer. *Geschichte der Juden in Preußen (1750-1820).* Frankfurt a. M./New York 1991.

Büsch/Sheehan 1985: Otto Büsch/James J. Sheehan. *Die Rolle der Nation in der deutschen Geschichte und Gegenwart.* Berlin 1985 (= Veröff. der Historischen Kommission zu Berlin. Bd. 50).

Busch/Dierse 1989: H. J. Busch/U. Dierse. *Patriotismus.* In: Joachim Ritter/Karlfried Gründer (Hg.). *Historisches Wörterbuch der Philosophie.* Bd. 7. Darmstadt 1989. Sp. 207-217.

Callies 1975: Horst Callies. *Arminius – Held der Deutschen.* In: Engelbert 1975. S. 33-42.

Claussen 1987: Detlev Claussen. *Vom Judenhaß zum Antisemitismus. Materialien einer verleugneten Geschichte.* Darmstadt 1987.

Conrady 1988: Karl Otto Conrady. *Miterlebte Germanistik. Ein Rückblick auf die Zeit vor und nach dem Münchner Germanistentag von 1966.* In: *Diskussion Deutsch.* Heft 100 (1988). S. 126-143.

Conze 1985: Werner Conze. *»Deutschland« und »deutsche Nation« als historische Begriffe.* In: Büsch/Sheehan 1985. S. 21-38.

Dann 1976: Otto Dann. *Die Anfänge politischer Vereinsbildung in*

Deutschland. In: Ulrich Engelhardt (Hg.). *Soziale Bewegung und politische Verfassung. Festschrift Werner Conze*. Stuttgart 1976. S. 179-232.

– 1978 a: Otto Dann (Hg.). *Nationalismus und sozialer Wandel*. Hamburg 1978 (= Historische Perspektiven 11).

– 1978 b: Otto Dann. *Nationalismus und sozialer Wandel in Deutschland. 1806-1886*. In: Dann 1978 a. S. 77-128.

– 1979: Otto Dann. *Geheime Organisationen und politisches Engagement im deutschen Bürgertum des frühen 19. Jahrhunderts. Der Tugendbundstreit in Preußen*. In: Peter Christian Ludz (Hg.). *Geheime Gesellschaften*. Heidelberg 1979. S. 111-137.

– 1986: Otto Dann. *Nationalismus in vorindustrieller Zeit*. München 1986.

– 1987: Otto Dann. *Herder und die deutsche Bewegung*. In: Gerhard Sauder (Hg.). *Johann Georg Herder. 1744-1803*. Hamburg 1987 (= Studien zum 18. Jahrhundert 9). S. 316ff.

– 1989: Otto Dann. *Drei patriotische Gedichte Herders*. In: Wolfgang Frühwald u. a. (Hg.). *Zwischen Aufklärung und Restauration. Sozialer Wandel in der deutschen Literatur (1700-1848)*. Festschrift für Wolfgang Martens zum 65. Geburtstag. Tübingen 1989. S. 211-229.

– 1993: Otto Dann. *Nation und Nationalismus in Deutschland. 1770-1990*. München 1993 (= Beck'sche Reihe 494).

– 1994: Otto Dann. *Die deutsche Nation. Geschichte, Probleme, Perspektiven*. Vierow bei Greifswald 1994 (= Kölner Beiträge zur Nationsforschung I).

Deutsch 1978: Karl W. Deutsch. *Nation und Welt*. In: Winkler 1978 a. S. 51-66.

Dörner 1993: Andreas Dörner. *Die Inszenierung politischer Mythen. Ein Beitrag zur Funktion symbolischer Formen in der Politik am Beispiel des Hermannsmythos in Deutschland*. In: *Politische Vierteljahresschrift* 34 (1993). S. 199-218.

– 1995: Andreas Dörner. *Politischer Mythos und symbolische Politik. Sinnstiftung durch symbolische Formen*. Opladen 1995. Überarbeitet und gekürzt Reinbek bei Hamburg 1996 (= rowohlts enzyklopädie Kulturen und Ideen 568).

Drux 1993: Rudolf Drux. *Die Dichtungsreform des Martin Opitz zwischen nationalem Anspruch und territorialer Ausrichtung*. In: Scheuer 1993. S. 53-67.

Dzwonek/Ritterhoff/Zimmermann 1974: U. Dzwonek/C. Ritterhoff/H. Zimmermann. *Bürgerliche Oppositionsliteratur zwischen Revolution und Reformismus. F. G. Klopstocks Deutsche Gelehrtenrepublik und Bardendichtung als Dokumente der bürgerlichen Emanzipationsbewegung in der zweiten Hälfte des 18. Jahrhunderts*. In: Bernd Lutz (Hg.). *Deutsches Bürgertum und literarische Intelligenz*. Stuttgart 1974 (= Literaturwissenschaft und Sozialwissenschaft 3).

Dzwonek/Zimmermann 1975: U. Dzwonek/H. Zimmermann. *Überle-*

gungen zur Interpretation des Hermann-Motivs bei F. G. Klopstock. In: Engelbert 1975. S. 59-104.

Eberhard 1937: Philipp Eberhard. *Die politischen Anschauungen der christlich-deutschen Tischgesellschaft. Untersuchungen zum Nationalgefühl Achim von Arnims, Baron de la Motte-Fouqués, Heinrich von Kleists und Adam Müllers*. Erlangen 1937.

Ehrlich 1995: Wolfgang Ehrlich. *Christian Dietrich Grabbes »Hermannsschlacht«. Werk und Mythos*. In: Wiegels/Woesler 1995. S. 389-398.

Elias 1989: Norbert Elias. *Studien über die Deutschen. Machtkämpfe und Habitusentwicklung im 19. und 20. Jahrhundert*. Hg. Michael Schröter. (darin S. 159-222: *Ein Exkurs über Nationalismus*). Frankfurt a. M. 1989 (= stw 1008).

Engelbert 1975: Günther Engelbert. *Ein Jahrhundert Hermannsdenkmal. 1875-1975*. Detmold 1975.

Erb/Bergmann 1989: Rainer Erb/Werner Bergmann. *Die Nachtseite der Judenemanzipation. Der Widerstand gegen die Integration der Juden in Deutschland 1780-1860*. Berlin 1989.

Fetscher 1994: Iring Fetscher. *Zum »Frankreichbild« der Deutschen*. In: Carla Hilmes u. a. (Hg.). *Skepsis oder das Spiel mit dem Zweifel*. Festschrift für Ralph-Rainer Wuthenow. Würzburg 1994. S. 212-241.

Fink 1984: Gonthier-Louis Fink. *Nationalcharakter und nationale Vorurteile bei Lessing*. In: Barner/Reh 1984 S. 91-119.

– 1991: Gonthier-Louis Fink. *Das Bild des Nachbarvolkes im Spiegel der deutschen und der französischen Hochaufklärung (1750-1789)*. In: Giesen 1991. S. 453-492.

– 1992: Gonthier-Louis Fink. *Patriotisme et cosmopolitisme en France et en Allemagne (1750-1789)*. In: *Recherches Germaniques* 22 (1992). S. 3-51.

– 1993: Gonthier-Louis Fink. *Kosmopolitismus – Patriotismus – Xenophobie. Eine französisch-deutsche Debatte im Revolutionsjahrzehnt 1789-1799*. In: O. Gutjahr u. a. (Hg.). *Gesellige Vernunft. Zur Kultur der literarischen Aufklärung*. Festschrift für Wolfram Mauser. Würzburg 1993. S. 23-42.

Fischer 1995: Bernd Fischer. *Das Eigene und das Eigentliche: Klopstock, Herder, Fichte, Kleist. Episoden aus der Konstruktionsgeschichte nationaler Intentionalitäten*. Berlin 1995 (= Philologische Studien und Quellen 135).

Fohrmann 1988: Jürgen Fohrmann. *Das Projekt der deutschen Literaturgeschichte. Entstehung und Scheitern einer nationalen Literaturgeschichtsschreibung zwischen Humanismus und Deutschem Kaiserreich*. Stuttgart 1988.

Forchert 1975: Arno Forchert. *Arminius auf der Opernbühne*. In: Engelbert 1975. S. 43-58.

Friedrich 1987: Cäcilia Friedrich. *Johann Wilhelm Gleim: »Preußische*

Kriegslieder in den Feldzügen 1756 und 1757 von einem Grenadier«. In: Volker Riedel (Hg.). *Der Aufklärer Gleim heute*. Stendal 1987. S. 20-26.

Frühwald 1986: Wolfgang Frühwald. *Die Idee kultureller Nationsbildung und die Entstehung der Literatursprache in Deutschland*. In: Dann 1986. S. 129-141.

– 1988: *Antijudaismus in der Zeit der deutschen Romantik*. In: Hans Otto Horch/Horst Denkler (Hg.). *Conditio Judaica*. Tübingen 1988. Bd. II. S. 72-92.

Gajek 1982: Bernhard Gajek. *Achim von Arnim. Romantischer Poet und preußischer Patriot (1789-1831)*. In: Norbert Krause/Norbert Oellers/Konrad Polheim (Hg.). *Sammeln und Sichten*. Festschrift für Oskar Fambach zum 80. Geburtstag. Bonn 1982. S. 264-282.

Garber 1976: Klaus Garber. *Martin Opitz – der »Vater der deutschen Dichtung«. Eine kritische Studie zur Wissenschaftsgeschichte der Germanistik*. Stuttgart 1976.

– 1989 a: Klaus Garber (Hg.). *Nation und Literatur im Europa der frühen Neuzeit*. Tübingen 1989 (= Akten des I. Internationalen Osnabrücker Kongresses zur Kulturgeschichte der Frühen Neuzeit).

– 1989 b: Klaus Garber. *Zur Konstitution der europäischen Nationalliteraturen. Implikationen und Perspektiven*. In: Garber 1989 a. S. 1-55.

Garber 1993: Jörn Garber. *Vom universalen zum endogenen Nationalismus. Die Idee der Nation im deutschen Spätmittelalter und in der frühen Neuzeit*. In: Scheuer 1993. S. 16-37.

Gellner 1991: Ernest Gellner. *Nationalismus und Moderne*. Berlin 1991 (Orig.: *Nations and Nationalism*. Oxford 1983).

Giesen 1991: Bernhard Giesen (Hg.). *Nationale und kulturelle Identität. Studien zur Entwicklung des kollektiven Bewußtseins in der Neuzeit*. Frankfurt a. M. 1991 (= stw 940).

– 1993: Bernhard Giesen. *Die Intellektuellen und die Nation. Eine deutsche Achsenzeit*. Frankfurt a. M. 1993 (= stw 1070).

Giesen/Junge 1991: Berhard Giesen/Kay Junge. *Vom Patriotismus zum Nationalismus. Zur Evolution der »Deutschen Kulturnation«*. In: Giesen 1991. S. 255-303.

Ginzel 1991: Günther B. Ginzel. *Vom religiösen zum rassischen Judenhaß. »Deutschland, Christenvolk, ermanne dich!« Gegen Juden, »Judengenossen« und »jüdischen Geist«*. In: G. B. Ginzel (Hg.). *Antisemitismus. Erscheinungsformen der Judenfeindschaft gestern und heute*. Köln 1991. S. 124-168.

Graml 1995: Hermann Graml. *Zur politisch-kulturellen Tradition des Antisemitismus in Deutschland*. In: Wolfgang Benz (Hg.). *Antisemitismus in Deutschland. Zur Aktualität eines Vorurteils*. München 1995. S. 15-24.

Grieger 1993: Astrid Grieger. *»Etwas zu dem Ruhm und Nutzen meines Vaterlandes beyzutragen«. Die politische Dimension der bürgerlichen*

Kunstkonzeptionen in der Sturm-und-Drang-Zeit. Würzburg 1993 (= Epistemata. Reihe Literaturwissenschaft. Bd. 98).
Habel 1977: Werner Habel. *Deutsch-jüdische Geschichte am Ausgang des 19. Jahrhunderts.* Diss. Köln 1977.
Habermas 1976: *Zur Rekonstruktion des Historischen Materialismus.* Frankfurt a. M. 1976 (= stw 154). S. 92-128.
Härtl 1977: Heinz Härtl. *Arnim und Goethe. Zum Goethe-Verhältnis der Romantik im ersten Jahrzehnt des 19. Jahrhunderts.* Diss. masch. Halle 1977.
– 1987: Heinz Härtl. *Romantischer Antisemitismus. Arnim und die Tischgesellschaft.* In: *Weimarer Beiträge* 33 (1987). S. 1159-1173.
Hansen 1957: W. Hansen. *Lippische Bibliographie.* Detmold 1957.
Hardtwig 1994: Wolfgang Hardtwig. *Nationalismus und Bürgerkultur in Deutschland. Ausgewählte Aufsätze.* Göttingen 1994 (= Sammlung Vandenhoeck).
Hausen 1976: Karin Hausen. *Die Polarisierung der »Geschlechtscharaktere« – eine Spiegelung der Dissoziation von Erwerbs- und Familienleben.* In: W. Conze (Hg.). *Sozialgeschichte der Familie in der Neuzeit Europas. Neue Forschungen.* Stuttgart 1976. S. 367-393 (= Industrielle Welt. Schriftenreihe des Arbeitskreises für moderne Sozialgeschichte. Bd. 21).
Hay 1989: Gerhard Hay. *Johann Heinrich Voß.* In: Gunter E. Grimm/Frank Rainer Marx (Hg.). *Deutsche Dichter.* Bd. 4: *Sturm und Drang.* Stuttgart 1989. S. 189-198.
Henckmann 1986: Gisela Henckmann. *Das Problem des »Antisemitismus« bei Achim von Arnim.* In: *Aurora. Jahrbuch der Eichendorff-Gesellschaft* 46 (1986). S. 48-69.
Hermand 1979: Jost Hermand. *Sieben Arten an Deutschland zu leiden.* Königstein 1979 (= Athenäum Taschenbücher 2141).
Herrmann 1992: Hans Peter Herrmann. *German Professors and the Two World Wars.* In: Reinhold Grimm/Jost Hermand (Hg.). *1914/1939. German Reflections of the Two World Wars.* Madison, WI 1992. S. 154-173.
– 1993: Hans Peter Herrmann. *»Ich bin fürs Vaterland zu sterben auch bereit«. Patriotismus oder Nationalismus im 18. Jahrhundert? Lesenotizen zu den deutschen Arminiusdramen 1740-1808.* In: O. Gutjahr u. a. (Hg.). *Gesellige Vernunft. Zur Kultur der literarischen Aufklärung.* Festschrift für Wolfram Mauser. Würzburg 1993. S. 119-144.
– 1995: Hans Peter Herrmann. *Arminius und die Erfindung der Männlichkeit im 18. Jahrhundert.* In: *Der Deutschunterricht* 47 (1995), H. 2: *Männerbilder.* S. 32-47.
Herrmann/Herrmann 1992: Hans Peter Herrmann/Martina Herrmann. *Schiller: Maria Stuart.* Frankfurt a. M. 2. Aufl. 1992 (=Grundlagen und Gedanken zum Verständis des Dramas).

Hinderer 1978: Walter Hinderer. *Geschichte der politischen Lyrik in Deutschland.* Stuttgart 1978.

Hobsbawm 1991: Eric J. Hobsbawm. *Nationen und Nationalismus. Mythos und Realität seit 1780.* Frankfurt a. M./New York 1991 (Orig.: *Nations and Nationalism since 1780. Programme, Myth, Reality.* Cambridge/New York/Melbourne 1990).

Hoffmann 1994: Lutz Hoffmann. *Das Deutsche Volk und seine Feinde. Die völkische Droge.* Köln 1994.

Hoffmann 1995: Christhardt Hoffmann. *Das Judentum als Antithese. Zur Tradition eines kulturellen Wertungsmusters.* In: Wolfgang Benz (Hg.). *Antisemitismus in Deutschland. Zur Aktualität eines Vorurteils.* München 1995. S. 25-46.

Hofmann-Wellenhof 1887/88: P. v. Hofmann-Wellenhof. *Zur Geschichte des Arminius-Cultes in der deutschen Literatur. Eine Literarhistorische Abhandlung.* In: *Jahresberichte der Steiermärkischen Oberrealschule in Graz.* Graz 1887 und 1888.

Hornstein 1965: Walter Hornstein. *Vom »jungen Herrn« zum »hoffnungsvollen Jüngling«. Wandlungen des Jugendlebens im 18. Jahrhundert.* Heidelberg 1965 (=Anthropologie und Erziehung 14).

Hortzitz 1988: Nicoline Hortzitz. *»Frühantisemitismus« in Deutschland (1789-1870/72). Strukturelle Untersuchungen zu Wortschatz, Text und Argumentation.* Tübingen 1988.

Hroch 1978: Miroslav Hroch. *Das Erwachen kleiner Nationen als Problem der komparativen sozialgeschichtlichen Forschung.* In: Winkler 1978 a. S. 155-172.

– 1994: Miroslav Hroch. *Nationales Bewußtsein zwischen Nationalismustheorie und der Realität der Nationalen Bewegungen.* In: Eva Schmidt-Hartmann (Hg.). *Formen des nationalen Bewußtseins im Lichte zeitgenössischer Nationalismustheorien. Vorträge der Tagung des Collegium Carolinum in Bad Wiessee vom 31. Oktober bis 3. November 1991.* München 1994. S. 39-52.

Hurlebusch 1988: Klaus Hurlebusch. *Friedrich Gottlieb Klopstock.* In: Gunter E. Grimm/Frank Rainer Marx (Hg.). *Deutsche Dichter.* Bd. 3: *Aufklärung und Empfindsamkeit.* Stuttgart 1989. S. 149-176.

Huyssen 1983: Andreas Huyssen. *Sturm und Drang.* In: Walter Hinderer (Hg.). *Geschichte der deutschen Lyrik vom Mittelalter bis zur Gegenwart.* Stuttgart 1983. S. 177-201.

James 1991: Harold James. *Deutsche Identität 1770-1990.* Frankfurt a. M./New York 1991 (engl. Original 1989).

Jeismann 1992: Michael Jeismann. *Das Vaterland der Feinde. Studien zum nationalen Feindbegriff und Selbstverständnis in Deutschland und Frankreich 1792-1918.* Stuttgart 1992.

– 1993: Michael Jeismann. *Grenzfälle. Über alten und neuen Nationalismus.* Leipzig 1993.

Johnston 1990: Otto W. Johnston. *Der deutsche Nationalmythos. Ursprung eines politischen Programms.* Stuttgart 1990.

Jørgensen/Bohm/Øhrgaard 1990: Sven Aage Jørgensen/Klaus Bohm/Per Øhrgaard. *Aufklärung, Sturm und Drang, Frühe Klassik. 1740- 1789.* München 1990. (= Geschichte der deutschen Literatur von den Anfängen bis zur Gegenwart. Begründet von Helmut de Boor/Richard Newald. Bd. 6).

Kaiser 1963: Gerhard Kaiser. *Klopstock. Religion und Dichtung.* Gütersloh 1963.

– 1967: Gerhard Kaiser. *Klopstock als Patriot.* In: Wiese/Henß 1967. S. 145-169.

– 1973: Gerhard Kaiser. *Pietismus und Patriotismus im literarischen Deutschland. Ein Beitrag zum Problem der Säkularisation.* 2. Aufl. Frankfurt a. M. 1973.

– 1975: Gerhard Kaiser. *Klopstock. Religion und Dichtung.* 2. Aufl. Kronberg/Ts. 1975.

Kaschuba 1993: Wolfgang Kaschuba. *Volk und Nation: Ethnozentrismus in Geschichte und Gegenwart.* In: H. A. Winkler/H. Kaelble (Hg.). *Nationalismus, Nationalitäten, Supranationalität.* Stuttgart 1993. S. 56-81.

Kastinger Riley 1982: Helene M. Kastinger Riley. *Die Feder als Schwert. Ludwig Achim von Arnims politische Aufsätze.* In: *Etudes Germaniques* 37 (1982). S. 444-456.

Katz 1978: Daniel Katz. *Nationalismus als sozialpsychologisches Problem.* In: Winkler 1978 a. S. 67-84.

Kaufmann 1993: Hans A. Kaufmann. *Nation und Nationalismus in Schillers Entwurf »Deutsche Größe« und im Schauspiel »Wilhelm Tell«. Zu ihrer kulturpolitischen Funktionalisierung im frühen 20. Jahrhundert.* Frankfurt a. M./Berlin/Bern/New York/Paris/Wien 1993 (= Münchner Studien zur literarischen Kultur in Deutschland 19).

Kelletat 1967: Alfred Kelletat. *Der Göttinger Hain. Hölty – Miller – Stolberg – Voß.* Stuttgart 1967.

Kindermann 1940: Heinz Kindermann. *Das Werden des Hermann-Mythos von Hutten zu Grabbe.* In: *Jahrbuch der Grabbe-Gesellschaft* 3 (1940). S. 26-50.

Kittler 1987: Wolf Kittler. *Die Geburt des Partisanen aus dem Geist der Poesie. Heinrich von Kleist und die Strategie der Befreiungskriege.* Freiburg 1987.

Kleßmann 1969: Eckart Kleßmann. *Romantik und Antisemitismus.* In: *Der Monat* 21 (1969). Heft 249. S. 65-72.

Kloft 1995: Hans Kloft. *Die Idee einer deutschen Nation zu Beginn der frühen Neuzeit. Überlegungen zur »Germania« des Tacitus und zum »Arminius« Ulrichs von Hutten.* In: Wiegels/ Woesler 1995. S. 197-210.

Knaack 1976: Jürgen Knaack. *Achim von Arnim – nicht nur Poet. Die politischen Anschauungen Arnims in ihrer Entwicklung*. Darmstadt 1976.

– 1990: Jürgen Knaack. *Achim von Arnim: Eine politische Biographie*. In: Roswitha Burwick/Bernd Fischer (Hg.). *Neue Tendenzen der Arnimforschung*. Bern/Frankfurt a. M./New York/Paris 1990. S. 9-24.

Knoll 1996: Samson B. Knoll. *Herders Nationalismus – Debatte ohne Ende*. In: Regine Otto (Hg.). *Nationen und Kulturen*. Zum 250. Geburtstag Johann Gottfried Herders. Würzburg 1996. S. 239-248.

Körner 1931/32: Josef Körner. *Romantischer Antisemitismus*. In: *Jüdischer Almanach auf das Jahr 5691*. Prag 1931/32. S. 144-149.

Kohn 1950: Hans Kohn. *Die Idee des Nationalismus. Ursprung und Geschichte bis zur Französischen Revolution*. Heidelberg 1950. (Orig. 1945).

Kopitzsch 1980: Franklin Kopitzsch. *Die Hamburgische Gesellschaft zur Beförderung der Künste und nützlichen Gewerbe (Patriotische Gesellschaft von 1765) im Zeitalter der Aufklärung. Ein Überblick*. In: Vierhaus 1980 a. S. 71-118.

Kord 1992: Susanne Kord. *Ein Blick hinter die Kulissen. Deutschsprachige Dramatikerinnen im 18. und 19. Jahrhundert*. Stuttgart 1992.

Kranefuss 1978: Annelen Kranefuss. *Klopstock und der Göttinger Hain*. In: Walter Hinck (Hg.). *Sturm und Drang. Ein literaturwissenschaftliches Studienbuch*. Kronberg/Ts. 1978. S. 134-162.

Krebs 1992: Roland Krebs. *Hermann au temps des Lumières: á propos du motif germaniques dans le théâtre allemand et français du* XVIIIe siècle. In: *Cahiers d'Études germaniques* (1992) No. 22. S. 179-190.

– 1995: Roland Krebs. *Von der Liebestragödie zum politisch-vaterländischen Drama. Der Hermannstoff im Kontext der deutsch-französischen Beziehungen. Zu Johann Elias Schlegels und Justus Mösers Hermannstücken*. In: Wiegels/Woesler 1995. S. 291-308.

Kreutz 1984: Wilhelm Kreutz. *Die Deutschen und Ulrich von Hutten. Rezeption von Autor und Werk seit dem 16. Jahrhundert*. München 1984.

Krüger 1939: Hans-Karl Krüger. *Berliner Romantik und Berliner Judentum*. Würzburg 1939.

Kühlmann 1992: Wilhelm Kühlmann. *Martin Opitz. Deutsche Literatur und deutsche Nation*. Herne 1991 (Schriften der Martin-Opitz-Bibliothek Herne 1).

Kuehnemund 1966: Richard Kuehnemund. *Arminius or the Rise of a National Symbol in Literature (From Hutten to Grabbe)*. New York 1966 (Orig. The University of North Carolina Press 1953).

Kuhn 1967: Hugo Kuhn. *Walther von der Vogelweide und Deutschland*. In: Wiese/Henß 1967. S. 113-125.

Langenfeld 1990: Klaus Langenfeld. *Johann Heinrich Voß. Mensch – Dichter – Übersetzer*. Eutin 1990.

Leister 1991: Bernd Leister. *Kleists politischer Furor und sein »letztes Lied«*. In: *Kleist-Jahrbuch* 1991. S. 155-168.

Lenk 1989: Werner Lenk. *Die nationale Komponente in der deutschen Literaturentwicklung der frühen Neuzeit.* In: Garber 1989 a. S. 689-687.

Lepsius 1990: M. Rainer Lepsius. *Nation und Nationalismus in Deutschland.* In: ders. *Interessen, Ideen und Institutionen.* Opladen 1990. S. 232-246.

Link/Wülfing 1991: Jürgen Link/Wulf Wülfing. *Nationale Mythen und Symbole in der zweiten Hälfte des 19. Jahrhunderts. Strukturen und Funktionen von Konzepten nationaler Identität.* Stuttgart 1991 (= Sprache und Geschichte 16).

Lipp 1986: Carola Lipp. *Liebe, Krieg und Revolution. Geschlechterbeziehungen und Nationalismus.* In: dies. (Hg.). *Schimpfende Weiber und patriotische Jungfrauen. Frauen im Vormärz und in der Revolution 1848/49.* Baden-Baden 1986. S. 353-384.

Losemann 1995: Volker Losemann. *Nationalistische Interpretationen der römisch-germanischen Auseinandersetzung.* In: Wiegels/Woesler 1995. S. 419-430.

Lübbering 1957: Anton Lübbering (Hg.). *»Für Klopstock«. Ein Gedichtband des Göttinger Hains, 1773.* Tübingen 1957.

Lüchow 1995: Annette Lüchow. *Die »heilige Cohorte«. Klopstock und der Göttinger Hainbund.* In: Kevin F. Hilliard/Katrin Kohl (Hg.). *Klopstock an der Grenze der Epochen.* Berlin 1995. S. 152-220.

Massing 1959: Paul Massing. *Vorgeschichte des politischen Antisemitismus.* Frankfurt a. M. 1959.

Mauser 1990: Wolfram Mauser. *Geselligkeit. Zu Chance und Scheitern einer sozialethischen Utopie um 1750.* In: Karl Eibl (Hg.). *Entwicklungsschwellen im 18. Jahrhundert.* Hamburg 1990 (= Aufklärung Jg. 4. H. 1). S. 5-36.

Mayer-Iswandy 1994: Claudia Mayer-Iswandy (Hg.). *Zwischen Traum und Trauma – Die Nation. Transatlantische Perspektiven zur Geschichte eines Problems.* Tübingen 1994.

Menges 1993: Karl Menges. *Vom Nationalgeist und seinen »Keimen«. Zur Vorurteils-Apologetik bei Herder, Hamann und den andern »Patrioten«.* In: Scheuer 1993. S. 103-120.

Michelsen 1987: Peter Michelsen. *»Wehe, mein Vaterland, dir!« Heinrich von Kleists »Die Hermannsschlacht«.* In: *Kleist-Jahrbuch* 1987. S. 115-136.

Miller 1984: Norbert Miller. *Verstörende Bilder in Kleists »Hermannsschlacht«.* In: *Kleist-Jahrbuch* 1984. S. 98-105.

Mosse 1976: George L. Mosse. *Die Nationalisierung der Massen. Politische Symbolik und Massenbewegungen in Deutschland von den napoleonischen Kriegen bis zum Dritten Reich.* Frankfurt a. M./ Berlin 1976 (Orig. New York 1975).

– 1987: George L. Mosse. *Nationalismus und Sexualität. Bürgerliche Moral und sexuelle Normen.* Reinbek bei Hamburg 1987. (Orig. *National-*

ism and Sexuality. Respectability and Abnormal Sexuality in Modern Europe. New York 1985).
– 1993: George L. Mosse. *Gefallen für das Vaterland. Nationales Heldentum und namenloses Sterben*. Stuttgart 1993.
– 1994: George L. Mosse. *Männlichkeit und der Erste Weltkrieg*. In: *»So ist der Mensch..« 80 Jahre Erster Weltkrieg*. 195. Sonderausstellung. Historisches Museum der Stadt Wien. 15. Sept. bis 20. November 1994. Katalog Wien 1994. S. 57-69.
Moßmann 1994: Susanna Moßmann. *».. aber es bleibt doch immer ein Jude«. Zum Judenbild bei Achim von Arnim und in der »Christlich-deutschen Tischgesellschaft«*. Magisterarbeit Freiburg i. Br. 1994 (Masch.schr.).
Müller 1974: Jörg Jochen Müller (Hg.). *Germanistik und deutsche Nation 1806-1848. Zur Konstitution bürgerlichen Bewußtseins*. Stuttgart 1974 (= Literaturwissenschaft und Sozialwissenschaften 2).
Münkler 1989: Herfried Münkler. *Nation als politische Idee im frühneuzeitlichen Europa*. In: Garber 1989 a. S. 56-86.
Nerjes 1967: Guenther Nerjes. *Symbolik und Groteske in Achim von Arnims »Majoratsherren«*. In: *Seminar* 3 (1967) 1. S. 127-137.
Nipperdey 1975: Thomas Nipperdey. *Zum Jubiläum des Hermannsdenkmals*. In: Engelbert 1975. S. 11-31.
Oesterle 1988: Günther Oesterle. *»Illegitime Kreuzungen«. Zur Ikonität und Temporalität des Grotesken in Achim von Arnims »Die Majoratsherren«*. In: *Études Germaniques* 43 (1988). S. 25-51.
– 1989: Günther Oesterle. *Friedrich Schlegel in Paris*. In: Gonthier-Louis Fink (Hg.). *Die deutsche Romantik und die deutsche Revolution*. Actes du Colloque International. Collection Recherches Germaniques No. 3. Straßburg 1989. S. 163-179.
– 1992: *Juden, Philister und romantische Intellektuelle. Überlegungen zum Antisemitismus in der Romantik*. In: *Athenäum. Jahrbuch für Romantik* 2 (1992). S. 55-89.
Oschlies 1994: Wolf Oschlies. *»Ethnische Säuberungen« – Ursprung und Umfeld eines Unwortes*. In: *Frankfurter Rundschau* Nr. 214. 14. Sept. 1994. S. 12.
Parker 1989: Andrew Parker u. a. *Nationalism and Sexualities*. New York/London 1989.
Peymann/Kreutzer 1984: Klaus Peymann/Hans Joachim Kreutzer. *Streitgespräch über Kleists »Hermannsschlacht«*. In: *Kleist-Jahrbuch* 1984. S. 87-97.
Poliakov 1987: Léon Poliakov. *Geschichte des Antisemitismus*. Bd. VI. *Emanzipation und Rassenwahn*. Worms 1987.
Portmann-Tinguely 1989: Albert Portmann-Tinguely. *Romantik und Krieg*. Freiburg, Schweiz 1989.
Prignitz 1981: Christoph Prignitz. *Vaterlandsliebe und Freiheit. Deutscher Patriotismus von 1750-1850*. Wiesbaden 1981.

Promies 1980: Wolfgang Promies. *Patriotische Lyrik (= Lyrik in der zweiten Hälfte des 18. Jahrhunderts. Abschnitt 3).* In: Rolf Grimminger (Hg.). *Hansers Sozialgeschichte der deutschen Literatur.* Bd. 3,2: *Deutsche Aufklärung bis zur Französischen Revolution. 1680-1789.* München/Wien 1980. S. 592 ff.

Prutz 1841: Robert Eduard Prutz. *Der Göttinger Dichterbund. Zur Geschichte der deutschen Literatur.* Leipzig 1841.

Pulzer 1966: Peter Pulzer. *Die Entstehung des politischen Antisemitismus in Deutschland und Österreich 1667-1914.* Gütersloh 1966.

Rathje 1980: Jürgen Rathje. *Geschichte, Wesen und Öffentlichkeitswirkung der Patriotischen Gesellschaft von 1724 in Hamburg.* In: Vierhaus 1980 a. S. 51-70.

Reinhardt 1992: Volker Reinhardt. *Das Primat der Innerlichkeit und die Probleme des Reiches. Zum deutschen Nationalgefühl der frühen Neuzeit.* In: Bernd Martin (Hg.). *Deutschland in Europa. Ein historischer Rückblick.* München 1992 (= dtv 11499). S. 88-104.

Reissner 1977: H. G. Reissner. *Begegnung zwischen Deutschen und Juden im Zeichen der Romantik.* In: Hans Liebschütz/Arnold Paucker (Hg.). *Das Judentum und die deutsche Umwelt 1800-1850. Studien zur Frühgeschichte der Emanzipation.* Tübingen 1977. S. 325-359.

Richter 1988: Roland Richter. *Wie Walther von der Vogelweide ein »Sänger des Reiches« wurde. Eine sozial- und wissenschaftsgeschichtliche Untersuchung seiner »Reichsidee« im 19. und 20. Jahrhundert.* Göppingen 1988 (= Göppinger Arbeiten zur Germanistik 484).

Ridé 1995: Jacques Ridé. *Arminius in der Sicht der deutschen Reformatoren.* In: Wiegels/Woesler 1995. S. 239-248.

Riedel 1987: Volker Riedel. *Der Aufklärer Gleim heute.* Stendal 1987 (= Schriften der Winckelmann-Gesellschaft X).

Riemenschneider 1993: Hartmut Riemenschneider. *Sprachpatriotismus. Nationale Aspekte in der literarischen Kultur des Barock.* In: Scheuer 1993. S. 38-52.

Riffert 1880: J. E. Riffert. *Die Herrmannsschlacht in der deutschen Literatur.* In: *Archiv für das Studium der neueren Sprachen.* 63 (1880). S. 251 ff.

Rölleke 1971: Heinz Rölleke. *»Kriegslieder« Achim von Arnims. Imitationen eines Fliegenden Blattes im Jahr 1806.* In: *Jahrbuch für Volksliedforschung* 16 (1971). S. 73-80.

Roloff 1995: Hans-Gert Roloff. *Der »Arminius« des Ulrich von Hutten.* In: Wiegels/Woesler 1995. S. 211-238.

Rühle 1967: Jürgen Rühle. *Theater für die Republik, 1917-1933, im Spiegel der Kritik.* Frankfurt a. M. 1967.

Rürup 1974: Reinhard Rürup. *Kontinuität und Diskontinuität der »Judenfrage« im 19. Jahrhundert. Zur Entstehung des modernen Antisemitismus.* In: Hans-Ulrich Wehler (Hg.). *Sozialgeschichte heute. Fest-*

schrift für Hans Rosenberg zum 70. Geburtstag. Göttingen 1974. S. 388-415.

Ryan 1981: Lawrence Ryan. *Die ›vaterländische Umkehr‹ in der »Hermannsschlacht«*. In: W. Hinderer (Hg.). *Kleists Dramen. Neue Interpretationen*. Stuttgart 1981. S. 188-212.

Sahmland 1990: Irmtraut Sahmland. *Christoph Martin Wieland und die deutsche Nation. Zwischen Patriotismus, Kosmopolitismus und Griechentum*. Tübingen 1990.

– 1993: Irmtraut Sahmland. *Ein Weltbürger und seine Nation: Christoph Martin Wieland*. In: Scheuer 1993. S. 88-102.

Sandow 1975: Erich Sandow. *Vorläufer des Detmolder Hermannsdenkmals unter besonderer Berücksichtigung des Hermannsdenkmals im Seifersdorfer Tal bei Dresden*. In: Engelbert 1975. S. 105-128.

Sauer 1888: August Sauer (Hg.). *Der Göttinger Dichterbund*. Kürschners Deutsche National-Litteratur. Bd. 49. Stuttgart 1888.

Schaffry 1995: Andreas Michael Schaffry. *An der Schwelle zur Wissenschaft. Ideologische Funktionen und gesellschaftliche Relevanz bei der Organisation des Diskurses »Altdeutsche Literatur« zwischen 1790 und 1815*. München 1995.

Scherpe 1989: Klaus R. Scherpe. *Der »allgemeine Freund – das Vaterland«. Patriotismus in der Literatur der Mainzer Republik 1792/93*. In: *Monatshefte* 81 (1989). S. 19-26.

Scheuer 1973: Helmut Scheuer. *Ulrich von Hutten: Kaisertum und deutsche Nation*. In: *Daphnis* Bd. 2. H. 2. (1973). S. 133-157.

– 1990: Helmut Scheuer. *Die Dichter und ihre Nation. Ein historischer Aufriß*. In: *Der Deutschunterricht* 42 (1990), H. 4. S. 4-46.

– 1993: Helmut Scheuer. *Dichter und ihre Nation*. Frankfurt a. M. 1993 (= Suhrkamp Taschenbuch Materialien 2117).

Scheuner 1980: Ulrich Scheuner. *Der Beitrag der deutschen Romantik zur politischen Theorie*. Opladen 1980.

Schieder 1986: Theodor Schieder. *Friedrich der Große – eine Integrationsfigur des deutschen Nationalbewußtseins im 18. Jahrhundert?* In: Dann 1986. S. 113-127.

Schleiden 1958: Karl August Schleiden. *Die Dichter des Göttinger Hains*. In: *Der Deutschunterricht* 10 (1958), H. 2. S. 62-85.

Schmidt 1975: Hans Schmidt. *Das Hermannsdenkmal im Spiegel der Welt. Baugeschichte, Beiträge, Besucher, Interpretationen 1838 – 1875 – 1975*. Detmold 1975.

Schmitt 1925: Carl Schmitt. *Politische Romantik*. 2. Aufl. München/Leipzig 1925.

Schönemann 1992: Bernd Schönemann. *Volk, Nation* (Teilartikel). In: O. Brunner/W. Conze/R. Koselleck (Hg.). *Geschichtliche Grundbegriffe. Historisches Lexikon der politisch-sozialen Sprache in Deutschland*. Bd. 7. Stuttgart 1992.

Schönert 1983: Jörg Schönert. *Schlachtgesänge vom Kanapee. Oder: »Gott donnerte bei Lowositz«. Zu den »Preußischen Kriegsliedern in den Feldzügen 1765 und 1757« des Kanonikus Gleim.* In: K. Richter (Hg.). *Gedichte und Interpretationen.* Bd. 2. *Aufklärung und Sturm und Drang.* Stuttgart 1983 (= Reclam UB 7891). S. 126-139.

Scholz 1988: Rüdiger Scholz. *Frühe Zerfallserscheinungen des bürgerlichen Selbst.* In: *Jahrbuch der Psychoanalyse* 23 (1988). S. 213-240.

– 1990: Rüdiger Scholz. *Gesellschaftsgeschichte als »Paradigma« der Geschichtswissenschaft. Das theoretische Fundament von Hans-Ulrich Wehlers »Deutsche Gesellschaftsgeschichte«.* In: Rüdiger Scholz (Hg.). *Kritik der Sozialgeschichtsschreibung. Zur Diskussion gegenwärtiger Konzepte.* Berlin 1990 (= Argument Sonderband AS 166). S. 87-133.

Schrader 1984: Hans-Jürgen Schrader. *Mit Feuer, Schwert und schlechtem Gewissen. Zum Kreuzzug der Hainbündler gegen Wieland.* In: *Euphorion* 78 (1984). S. 325-367.

Schüddekopf 1907: Carl Schüddekopf. *Briefwechsel zwischen Gleim und Ramler.* Tübingen 1907 (= Bibl. des Literar. Vereins in Stuttgart CCXLIV).

Schulin 1992: Ernst Schulin. *Weltbürgertum und deutscher Volksgeist. Die romantische Nationalisierung im frühen neunzehnten Jahrhundert.* In: Bernd Martin (Hg.). *Deutschland in Europa. Ein historischer Rückblick.* München 1992 (= dtv 11499). S. 105-125.

Schulz 1980: Georg-Michael Schulz. *Die Überwindung der Barbarei. Johann Elias Schlegels Trauerspiele.* Tübingen 1980.

Schulz 1993: Gerhard Schulz. *Von der Verfassung des Deutschen. Kleist und der literarische Patriotismus nach 1806.* In: *Kleist-Jahrbuch* 1993. S. 56-74.

Schulze 1985: Hagen Schulze. *Die deutsche Nationalbewegung bis zur Reichseinigung.* In: Büsch/Sheehan 1985. S. 84-117.

– 1985/1994: Hagen Schulze. *Der Weg zum Nationalstaat. Die deutsche Nationalbewegung vom 18. Jahrhundert bis zur Reichsgründung.* München 1985. 4. Aufl. 1994 (= dtv 4503).

– 1989: Hagen Schulze. *Gibt es überhaupt eine deutsche Geschichte?* Berlin 1989.

See 1970: Klaus von See. *Deutsche Germanen-Ideologie vom Humanismus bis zur Gegenwart.* Frankfurt a. M. 1970.

– 1975: Klaus von See. *Die Ideen von 1789 und die Ideen von 1914. Völkisches Denken in Deutschland zwischen Französischer Revolution und Erstem Weltkrieg.* Frankfurt a. M. 1975.

Seeba 1988/89: Hinrich C. Seeba. *»Historia in absentia«: zur Aussparung von Hermanns Schlacht bei Kleist.* In: *Kleist-Jahrbuch* 1988/89. S. 242-252.

– 1993: Hinrich C. Seeba. *»Hermanns Kampf für Deutschlands Not«. Zur Topographie der nationalen Identität.* In: *Deutsche Nationaldenkmale*

1790-1990. Hg. vom Sekretariat für kulturelle Zusammenarbeit nichttheatertragender Städte und Gemeinden in Nordrhein-Westfalen, Gütersloh/Bielefeld 1993. S. 61-76.

– 1994: Hinrich C. Seeba. *Fabelhafte Einheit. Von deutschen Mythen und nationaler Identität*. In: Mayer-Iswandy 1994. S. 59-74.

– 1995: Hinrich C. Seeba. *Hermanns Kampf um Deutschlands Not. Zur Topographie der nationalen Identität*. In: Wiegels/Woesler 1995. S. 355-366.

Segeberg 1988: Harro Segeberg. *Nationalismus als Literatur. Literarisches Leben, nationale Tendenzen und Frühformen eines literarischen Nationalismus in der literarischen Moderne*. In: J. Schönert/H. Segeberg (Hg.). *Polyperspektivik in der literarischen Moderne. Studien zur Theorie, Geschichte und Wirkung der Literatur*. Frankfurt a. M./Bern/New York/Paris 1988. S. 298-337.

Segebrecht 1985: Wulf Segebrecht. *Die Thematik des Krieges in Achim von Arnims »Wintergarten«*. In: *Aurora* 45 (1985). S. 3-316.

Sellin 1988: Volker Sellin. *Nationalbewußtsein und Partikularismus in Deutschland im 19. Jahrhundert*. In: Jan Assmann/Tonio Hölscher (Hg.). *Kultur und Gedächtnis*. Frankfurt a. M. 1988 (= stw 724). S. 241-264.

Sengle 1969/1952: Friedrich Sengle. *Das historische Drama in Deutschland. Geschichte eines literarischen Mythos*. Stuttgart 1969 (1. Aufl. u. d. T.: *Das deutsche Geschichtsdrama*. 1952).

Sheehan 1985: James J. Sheehan. *The Problem of the Nation in German History*. In: Büsch/Sheehan 1985. S. 3-20.

Sheldon 1980: William Sheldon. *Patriotismus bei Justus Möser*. In: Vierhaus 1980 a. S. 31-49.

Spellerberg 1995: Gerhard Spellerberg. *Daniel Caspers von Lohenstein »Arminius«-Roman: Frühes Zeugnis des deutschen Chauvinismus oder Beispiel eines barockhumanistischen Patriotismus?* In: Wiegels/Woesler 1995. S. 249-264.

Sprengel 1991: Peter Sprengel. *Die inszenierte Nation. Deutsche Festspiele 1813-1913*. Tübingen 1991.

Stauf 1991: Renate Stauf. *Justus Mösers Konzept einer deutschen Nationalidentität. Mit einem Ausblick auf Goethe*. Tübingen 1991 (= Studien zur deutschen Literatur 114).

– 1995: Renate Stauf. *».. und die kleinen städtischen Republiken der Griechen waren gewiß nur Puppenwerke gegen die nordischen Staaten ..« Germanenmythos und Griechenmythos*. In: Wiegels/Woesler 1995. S. 309-322.

Stanslowski 1979: Volker Stanslowski. *Natur und Staat. Zur politischen Theorie der deutschen Romantik*. Opladen 1979.

Steig 1901: Reinhold Steig. *Heinrich von Kleists Berliner Kämpfe*. Berlin 1901.

Steinlein 1996: Rüdiger Steinlein. *Vom weltbürgerlich-aufgeklärten Kind zum vaterländisch begeisterten Jüngling – Bilder eines psychohistorischen Typus in der deutschen (Kinder- und Jugend-) Literatur (1750-1850)*. In: G. Oesterle (Hg.). *Jugend – ein romantisches Konzept*. Würzburg 1996.

Sterling 1969: Eleonore Sterling. *Judenhaß. Die Anfänge des politischen Antisemitismus in Deutschland 1815-1850*. Frankfurt a. M. 1969.

Sternberg 1983: Thomas Sternberg. *Die Lyrik Achim von Arnims. Bilder der Wirklichkeit – Wirklichkeit der Bilder*. Bonn 1983.

Stulz 1969: Percy Stulz. *Fremdherrschaft und Befreiungskriege. Die preußische Kabinettspolitik und die Rolle der Volksmassen in den Jahren 1811 bis 1813*. Berlin (Ost) 1969.

Tacke 1993: Charlotte Tacke. *Die 1900-Jahrfeier der Schlacht im Teutoburger Wald. Von der »klassenlosen Bürgergesellschaft« zur »klassenlosen Volksgemeinschaft«?* In: Manfred Hettling/Paul Nolte (Hg.). *Bürgerliche Feste. Symbolische Formen politischen Handelns im 19. Jahrhundert*. Göttingen 1993 (=Sammlung Vandenhoeck). S. 192-230.

Theweleit 1977: Klaus Theweleit. *Männerphantasien*. Frankfurt a. M. 1977 (2 Bde.).

Titzmann 1991: Michael Titzmann. *Die Konzeption der »Germanen« in der deutschen Literatur des 19. Jahrhunderts*. In: Link/Wülfing 1991. S. 120-145.

Unverfehrt 1975: Gerd Unverfehrt. *Ernst von Bandels Hermannsdenkmal – Ein ikonographischer Versuch*. In: Engelbert 1975. S. 129-150.

Vierhaus 1980 a: Rudolf Vierhaus. *Deutsche patriotische und gemeinnützige Gesellschaften*. München 1980 (= Wolfenbütteler Forschungen 8).

– 1980 b: Rudolf Vierhaus. *»Patriotismus« – Begriff und Realität einer moralisch-politischen Haltung*. In: Vierhaus 1980 a. S. 9-30 (auch in Vierhaus 1987. S. 96-109).

– 1987: Rudolf Vierhaus. *Deutschland im 18. Jahrhundert. Politische Verfassung. Soziales Gefüge. Geistige Bewegungen. Ausgewählte Aufsätze*. Göttingen 1987.

Viëtor 1961: Karl Viëtor. *Geschichte der deutschen Ode*. 2. Aufl. München 1961.

Vogel 1992: Barbara Vogel. *Vom linken zum rechten Nationalismus*. In: Bernd Jürgen Wendt (Hg.). *Vom schwierigen Zusammenwachsen der Deutschen. Nationale Identität und Nationalismus im 19. und 20. Jahrhundert*. Frankfurt a. M./Berlin etc. 1992. S. 97-110.

Volkov 1990: Shulamit Volkov. *Antisemitismus als kultureller Code*. In: dies. *Jüdisches Leben und Antisemitismus im 19. und 20. Jahrhundert*. München 1990. S. 13-36.

Wagenbach 1994: Klaus Wagenbach. *Deutsche Schriftsteller und ihr Staat seit 1945. Vaterland, Muttersprache. Offene Briefe, Reden, Aufsätze,*

Gedichte, Manifeste, Polemiken. Mit einem Vorwort von Peter Rühmkorf. Berlin 1994.

Wagner 1988: Irmgard Wagner. *Vom Mythos zum Fetisch. Die Frau als Erlöserin in Goethes klassischen Dramen.* In: Ursula A. J. Becher/Jörn Rüsen (Hg.). *Weiblichkeit in geschichtlicher Perspektive. Fallstudien und Reflexionen zu Grundproblemen der historischen Frauenforschung.* Frankfurt a. M. 1988 (= stw 725). S. 234-258.

Wahlert 1925: Robert Wahlert. *50 Jahre Hermannsdenkmal. Amtliche Festschrift.* Hg. im Auftrag des Ausschusses für die Festfeiern [..]. Detmold 1925.

Weber 1983: Ernst Weber (Hg.). *»Ergießungen deutschen Gefühls in Gesängen und Liedern bey den Ereignissen dieser Zeit« (eine Anthologie patriotischer Lyrik zwischen 1806 und 1813).* o.O. 1814 (Reprint Hildesheim 1983).

Wehler 1987: Hans-Ulrich Wehler. *Deutsche Gesellschaftsgeschichte.* Bd. 1: *Vom Feudalismus des Alten Reiches bis zur Defensiven Modernisierung der Reformära. 1700-1815.* München 1987.

– 1988: Hans-Ulrich Wehler. *Entsorgung der deutschen Vergangenheit? Ein Polemischer Essay zum »Historikerstreit«.* München 1988 (= Beck'sche Reihe 360).

Wehrli 1967: Max Wehrli. *Der Nationalgedanke im deutschen und schweizerischen Humanismus.* In: Wiese/Henß 1967. S. 126-144.

Weigelt 1984: Klaus Weigelt. *Heimat und Nation. Zur Geschichte und Identität der Deutschen.* Mainz 1984 (= Studien zur politischen Bildung Bd. 7. Hg. von der Konrad-Adenauer-Stiftung).

Werner 1982: Hans-Georg Werner. *Freiherr vom Stein, die preußischen Reformen und das dichterische Weltbild Ludwig Achim von Arnims.* In: Heinrich Scheel (Hg.). *Preußische Reformen. Wirkungen und Grenzen. Aus Anlaß des 150. Todestages des Freiherrn vom und zum Stein.* Berlin (Ost) 1982. S. 115-124.

Wiegels/Woesler 1995: Rainer Wiegels/Winfried Woesler. *Arminius und die Varusschlacht. Geschichte – Mythos – Literatur.* Paderborn 1995.

Wiese/Henß 1967: B. von Wiese/R. Henß. *Nationalismus in Germanistik und Dichtung. Dokumentation des Germanistentages in München vom 17. bis 22. Oktober 1966.* Berlin 1967.

Wilke 1978: Jürgen Wilke. *Vom Sturm und Drang bis zur Romantik.* In: Walter Hinderer (Hg.). *Geschichte der politischen Lyrik in Deutschland.* Stuttgart 1978. S. 141-178.

Winkler 1978 a: Heinrich August Winkler. *Nationalismus.* Königstein/Ts. 1978 (= Neue Wiss. Bibliothek 100: Geschichte).

– 1978 b: Heinrich August Winkler. *Der Nationalismus und seine Funktionen.* In: Winkler 1978 a. S. 5-48.

– 1979: Heinrich August Winkler. *Vom linken zum rechten Nationalismus. Der deutsche Liberalismus in der Krise von 1878/79.* In: ders.

Liberalismus und Antiliberalismus. Studien zur politischen Sozialgeschichte des 19. und 20. Jahrhunderts. Göttingen 1979 (= Kritische Studien zur Geschichtswissenschaft 38). S. 36-51 (zuerst 1978).

Wittkowski 1995: Wolfgang Wittkowski. *Arminius aktuell: Kleists »Hermannsschlacht« und Goethes Hermann.* In: Wiegels/Woesler 1995. S. 367-388.

Woesler 1989: Winfried Woesler. *Die Idee der deutschen Nationalliteratur in der zweiten Hälfte des 18. Jahrhunderts.* In: Garber 1989 a. S. 716-733.

– 1995: Winfried Woesler. *»Enkel Hermanns und Thusneldens« – Heines Kritik an der Funktionalisierung des Hermann-Mythos.* In: Wiegels/Woesler 1995. S. 399-410.

Wolff 1936: Heinz Wolff. *Die Dramen »Halle und Jerusalem« und »Die Gleichen« im Zusammenhang der religiösen Entwicklung Ludwig Achim von Arnims.* Diss. Göttingen 1936.

Wülfing/Bruns/Parr 1991: Wulf Wülfing/Karin Bruns/Rolf Parr. *Historische Mythologie der Deutschen 1798-1918.* München 1991.

Ziegler 1986: Vicky L. Ziegler. *Schreibt für Deutschland: Achim von Arnims »Wintergarten« als nationale Literatur.* In: *Akten des* VII. Internationalen Germanistenkongresses 1985. Tübingen 1986. S. 208-214.

Zimmermann 1981: Harro Zimmermann. *Geschichte und Despotie. Zum politischen Ideengehalt der Hermannsdramen F. G. Klopstocks.* In: *Friedrich Gottlieb Klopstock.* München 1981. Sonderband TEXT + KRITIK. S. 97-121.

– 1987: Harro Zimmermann. *Freiheit und Geschichte. F. G. Klopstock als historischer Dichter und Denker.* Heidelberg 1987 (= Neue Bremer Beiträge 5).

– 1993: Harro Zimmermann. *Vom Freiheitsdichter zum Nazi-Idol. Friedrich Gottlieb Klopstock unter den Deutschen.* In: Scheuer 1993. S. 68-87.

Zimmermann 1988: Rolf Christian Zimmermann. *Die kritische Replik der deutschen Spätaufklärung und Klassik auf Arminius-Enthusiasmus und Germanen-Utopie der Epoche.* In: Wolfgang Wittkowski (Hg.). *Verantwortung und Utopie. Zur Literatur der Goethezeit.* Ein Symposium. Tübingen 1988. S. 109-134.

Zons 1990: Reimar Zons. *Von der ›Not der Welt‹ zur absoluten Feindschaft. Kleists »Hermannsschlacht«.* In: *Zeitschrift für deutsche Philologie* 109 (1990). S. 71-83.

suhrkamp taschenbücher wissenschaft
Geschichte, Sozialgeschichte, Zeitgeschichte, Dokumentation

Assmann/Hölscher (Hg.): Kultur und Gedächtnis. stw 724
Baumgartner/Rüsen (Hg.): Seminar: Geschichte und Theorie. stw 98
Becher/Rüsen (Hg.): Weiblichkeit in geschichtlicher Perspektive. stw 725
Broué/Témime: Revolution und Krieg in Spanien. 2 Bde. stw 118
Bude: Bilanz der Nachfolge. stw 1020
Claessens: Kapitalismus und demokratische Kultur. stw 1041
Danker: Räuberbanden im Alten Reich um 1700. stw 707
Dreier/Sellert (Hg.): Recht und Justiz im »Dritten Reich«. stw 761
Duby: Die drei Ordnungen. stw 596
– Ritter, Frau und Priester. stw 735
– Die Zeit der Kathedralen. stw 1011
Duby/Lardreau: Geschichte und Geschichtswissenschaft. stw 409
Eder: Geschichte als Lernprozeß? stw 941
Ehlich (Hg.): Sprache im Faschismus. stw 760
Elias: Studien über die Deutschen. stw 1008
Fend: Sozialgeschichte des Aufwachsens. stw 693
Foucault: Überwachen und Strafen. stw 184
Giesen (Hg.): Nationale und kulturelle Identität. stw 940
Groh, D.: Anthropologische Dimensionen der Geschichte. stw 992
Groh, R./Groh, D.: Weltbild und Naturaneignung. stw 939
Hahn/Kapp (Hg.): Selbstthematisierung und Selbstzeugnis: Bekenntnis und Geständnis. stw 643
Haupert/Schäfer: Jugend zwischen Kreuz und Hakenkreuz. stw 952
Haussmann: Erklären und Verstehen: Zur Theorie und Pragmatik der Geschichtswissenschaft. stw 918
Hinrichs: Ancien Régime und Revolution. stw 758
Hinrichs (Hg.): Absolutismus. stw 535
Jäger: Verbrechen unter totalitärer Herrschaft. stw 388
Koselleck: Kritik und Krise. stw 36
– Vergangene Zukunft. stw 757
Löwenthal: Schriften 1-5. stw 901-905
Lüdtke (Hg.): »Sicherheit« und »Wohlfahrt«. stw 991
de Mause (Hg.): Hört ihr die Kinder weinen. stw 339
Meier, Chr.: Die Entstehung des Politischen bei den Griechen. stw 427
Métral: Die Ehe. stw 357

206/1/8.92

suhrkamp taschenbücher wissenschaft
Geschichte, Sozialgeschichte, Zeitgeschichte, Dokumentation

Moore: Soziale Ursprünge von Diktatur und Demokratie. stw 54
– Ungerechtigkeit. stw 692
Niethammer (Hg.): Lebenserfahrung und kollektives Gedächtnis. stw 490
Otto/Sünker (Hg.): Politische Formierung und soziale Erziehung im Nationalsozialismus. stw 927
– Soziale Arbeit und Faschismus. stw 762
Reif (Hg.): Räuber, Volk und Obrigkeit. stw 453
Reinalter: Die Französische Revolution und Mitteleuropa. stw 748
Reinalter (Hg.): Demokratische und soziale Protestbewegungen in Mitteleuropa 1815-1848/49. stw 629
– Freimaurer und Geheimbünde im 18. Jahrhundert in Mitteleuropa. stw 403
Rosenbaum: Formen der Familie. stw 374
– Proletarische Familien. stw 1029
Rosenbaum (Hg.): Familie und Gesellschaftsstruktur. stw 244
Sabean: Das zweischneidige Schwert. stw 888
Schadewaldt: Die Anfänge der Geschichtsschreibung bei den Griechen. stw 389
Schröter: »Wo zwei zusammenkommen in rechter Ehe ...« stw 860
Schulze (Hg.): Europäische Bauernrevolten der frühen Neuzeit. stw 393
Stolleis: Staat und Staatsräson in der frühen Neuzeit. stw 878
Tibi: Der Islam und das Problem der kulturellen Bewältigung sozialen Wandels. stw 531
Varga: Zeitenwende. stw 892
Wodak/Nowak/Pelikan u. a.: »Wir sind alle unschuldige Täter«. stw 881
Wunder/Vanja (Hg.): Wandel der Geschlechterbeziehungen zu Beginn der Neuzeit. stw 913

Über sämtliche bis Mai 1992 erschienenen suhrkamp taschenbücher wissenschaft (stw) informiert Sie das Verzeichnis der Bände 1 – 1000 (stw 1000) ausführlich. Sie erhalten es in Ihrer Buchhandlung.

206/2/8.92